弘前大学レクチャーコレクション

学びの世界へようこそ

弘前大学出版会　編

弘前大学出版会

第１章　創る　Create

中まで赤いりんご　御所川原（P. 4）

‘紅の夢’の果実（P. 49）

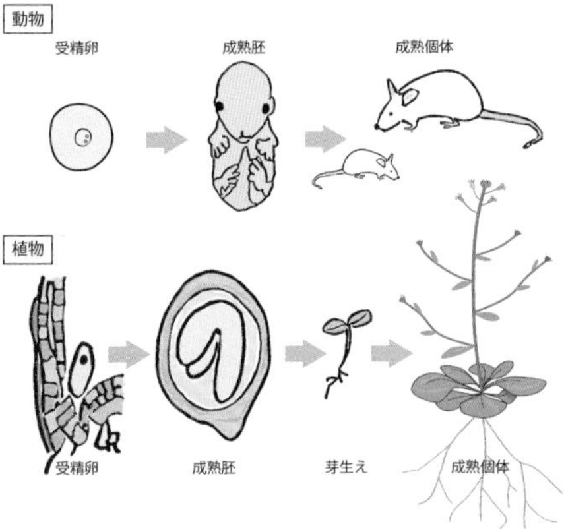

動物と植物の発生の様子（P. 40）

第２章　つなぐ　Connect

２種類の発車標と弘前市のイルミネーション（P. 110）

旧陸軍山田野演習場第９号兵舎（P. 111）

第３章　変える　Change

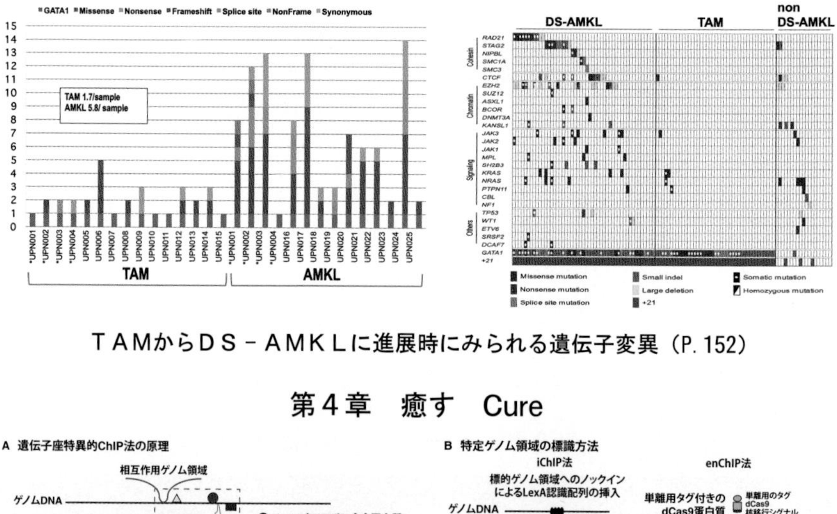

ＴＡＭからＤＳ－ＡＭＫＬに進展時にみられる遺伝子変異（P. 152）

第４章　癒す　Cure

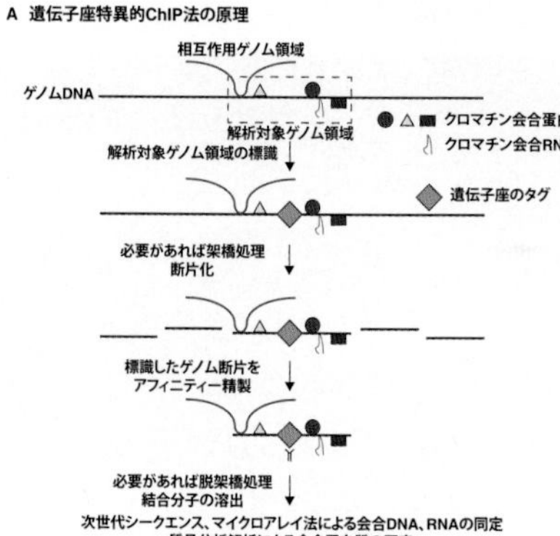

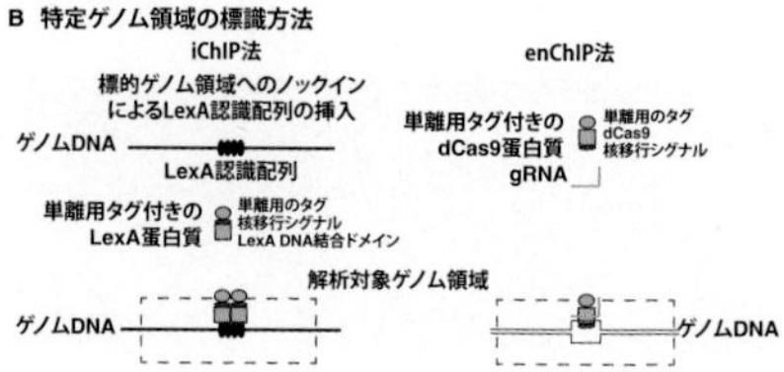

遺伝子座特異的ＣｈＩＰ法（P. 208）

第５章　分かる　Comprehend

法運寺の地獄絵（P. 237）

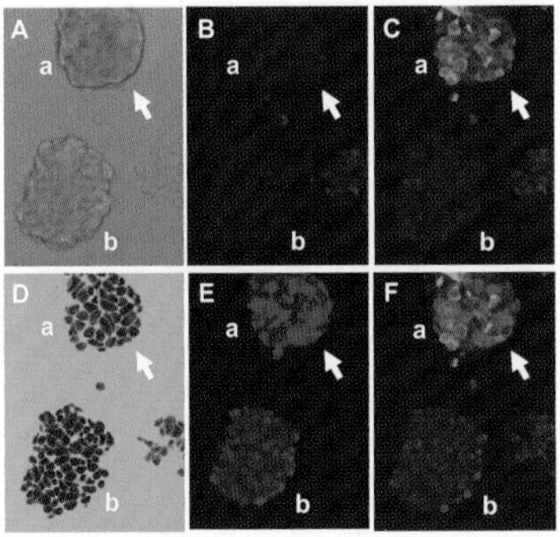

悪性腫瘍を特徴づける大小不同の核をもつ腫瘍細胞塊ａに
蛍光Ｌ－ブドウ糖が強く取り込まれる様子（P. 259）

２つの丸い果物（P. 264）

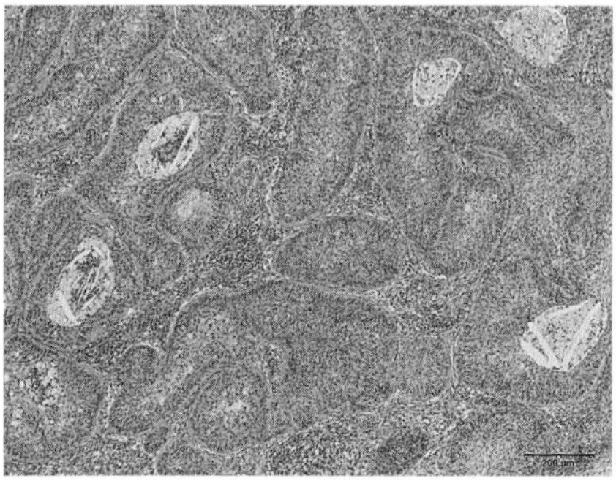

組織標本像（P. 266）

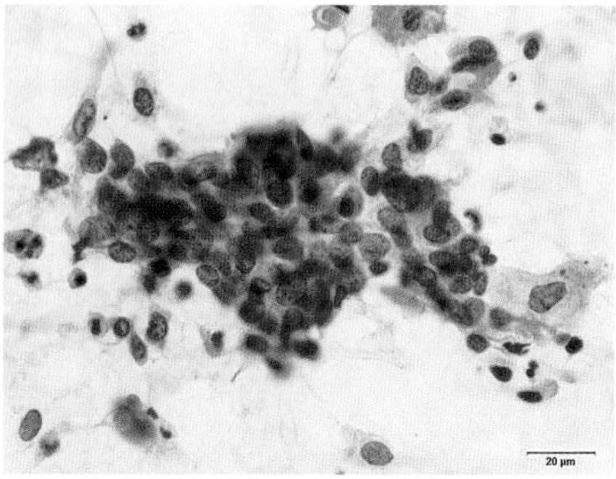

細胞診標本像（P. 267）

コラム　弘前大学へようこそ

発掘調査の風景（P. 303）

弘前大学医学部発祥之地の碑（P. 305）

はじめに

弘前大学長　佐　藤　敬

弘前大学出版会は平成16（2004）年に設立され、これまで250点を超える書籍を出版してきました。その内容は、本学教員と一部は学生の執筆による学術書や教科書が中心ですが、写真集、記録集などに加え、随筆やフィクションも含まれており、多彩なラインナップになっています。今回も素晴らしい本が出来上がり、このような緒言を書く機会をいただいたことを喜ばしく思っています。

学問は本来無限であり、私たちはたとえ生涯をかけても、学問の成就を果たせるものではありません。それこそが学問の魅力かもしれません。そして、特に大学においては、学問の本来の姿を体現していなければならず、さらに、総合大学として弘前大学が備えるべき特徴の一つは高度な多様性です。本書は、広い領域の教育研究に携わる教員によるレクチャーを中心に編まれており、まさしく、高等教育機関による出版物に相応しいものになっています。一方で、本書は肩肘をはって読むのではなく、各章が簡潔にまとめられており、気軽にところどころ選んで読めるのも特長かと思います。

本書は、大学生はもとより、小学生から高齢者まで多くの皆さんに読んでいただけるものと確信し、また、現実にそうなるよう願っています。弘前大学出版会は出版業として成立することを目指してはいませんが、その出版物を通して、大学が社会とつながっていくのは素晴らしいことに違いありません。特に、未来を担う若い人たちが、たとえばこのような書を通して学問に眼を開き、それが契機となって、生涯にわたって学問を遠ざけることなく、やがては現在の学問の範囲を突破してくださるとしたら幸いです。

最後に、このような出版物に結実した教員の皆さんの日々の教育研究活動における努力を称えるとともに、今後も弘前大学が真摯な学問の追究の場であり続けるよう願うものです。そして、本書の企画から出版まで担当いただいたすべての方々に心より感謝申し上げます。

CONTENTS

第 1 章

創る

Create

Lecture 1　地域企業と連携した人材育成
―新商品開発を通じて経営学を実践する―

髙島　克史

はじめに：経営学を実践する

私は、青森県内に立地する地域企業と連携して、大学を卒業し社会で働くようになってからも、大学で学んだ経営学の知識を現場で活用し、地域や企業で活躍できるような人材の育成に取り組んでいます。

私が専門としている経営学は、一般的に積み上げ型の教育（森 2017）が施されます。すなわち、経営学を学ぶ学生は、はじめに経営学入門や会計学入門など経営学に関する基礎的知識を体系的に学びます。その次に、より専門的な経営戦略論・経営組織論・グローバル経営論・簿記システム・会計学・管理会計などといった発展科目を学びます。経営学教育の特徴的な点は、基礎・発展科目だけで終わらないことです。経営学の知識は知っているだけでなく、実際に活用できて初めて価値を持ちます。したがって、経営学教育は「基礎⇒発展⇒実践」という順番で展開されます。これによって、単に経営学について言葉や理論を知っているというレベルから、それを実際に現場で活用し、成果をあげるレベルに到達することを目指しています。

ここでは、経営学教育の最終段階に位置付けられる実践部分に焦点をあてます。実践部分では、PBL（Project-Based Learning；課題解決型学習）という手法を用いています。実践段階では、教室ではなく地域企業の中に入り込みます。そして、学生はあたかも経営コンサルタントのような立場で地域企業が抱える経営課題解決のために活動します。以下で、その詳細を見ていきましょう。

たかしま　かつし　　人文社会科学部　准教授
経営戦略論、ベンチャービジネス論。ベンチャー企業や地域企業の経営成果に影響を及ぼす戦略的要因の探索と斬新なビジネスチャンスの発見実現プロセスに関する研究を行っています。また、地域で活躍する起業家人材の育成にも取り組んでいます。

地域企業と学生の連携事業：活動のルールと特徴

地域企業が抱える経営課題は多種多様ですが、共通していることは「非常に魅力的あるいは特徴的な産品はある。それにもかかわらず、その産品の価値や魅力が地域外あるいは顧客になかなか理解されない」というものです。このような課題に対して、学生は５人でチームを編成し、講義で得た経営学の知識を大いに活用しながら課題解決に取り組みます。

地域企業と学生の連携事業において特徴的な点として２つあげます。１つ目は、PDCA（Plan 企画→ Do 実行→ Check 検証→ Action 改善）サイクルを意識している点です。今や日本中のほとんどの大学が PBL を導入して何らかの講義を行っています。ただその多くは、与えられた経営課題に対して解決案を提示して終わることが一般的です。誤解を恐れず言えば、ほとんどの PBL では PDCA の P（企画）だけに特化しています。そのために、与えられた課題に対する解決案が机上の空論なのか、妥当な解決案なのか不明のままです。

私たちが実施している PBL は、単なるアイデア出しや企画提案（Plan）で終わりません。学生が自らの企画提案を実行（Do）し、その結果を検証（Check）し、その検証結果をもとにより現実的で実行可能な企画提案に仕上げる（Action）というプロセスまで展開しています（森 2017）。このような体験を経ることで、学生は単なる机上の空論ではなく、地に足のついた極めて現実的で有効な企画提案を行う能力を養うことができます。

２つ目は、チーム単位で活動していることです。チームは５人のメンバーで編成されています。各メンバーは、社長・企画・営業・調査・広報のいずれかの役割を担うことになっています。各自が自分の役割を果たしながらも、チーム全体の目的達成のために活動していくことが求められています。

赤いりんごを使った新商品企画

ここでは、具体的に取り組んだ課題の事例を見てみましょう。代表的な事例として、「中まで赤いりんごを使った商品企画と販売」があります。中まで赤いりんごとは、果肉まで赤い「御所川原」という品種です（図１）。御所川原は、青森県五所川原市で生まれ、五所川原市だけで育成されているりんごの品種です。

図１　中まで赤いりんご　御所川原（巻頭カラー）

この御所川原は、中まで赤いということだけが特徴ではありません。御所川原の生産者や加工業者・販売者はみんなただ儲けたいとか美味しいリンゴが作りたいという想いではなく、地元の特産品を作りたいという想いで生産・加工・販売しているのです。

そのような思いのもと、地元の生産者や企業がスイーツを開発するなどさまざまな取り組みがなされていました。ただそこには、御所川原をどのように商品化するか、そしてそれをどのように情報発信するかといった課題が未解決のままでした。そこで、この課題を素材としてPBLを実施しました。

この課題に取り組んだ学生チームは、弘前大学と地域企業が連携したからこそできる商品の企画・市場調査・宣伝を行いました。具体的には、「御所川原を活用した新商品企画」「新商品のターゲットと市場性」「情報発信のためのキャッチコピーの開発」です。

まず新商品の企画から見ていきましょう。学生チームは、地域企業と弘前大学とのコラボ商品という点を強調するために、弘前大学が量産化に成功したプロテオグリカン入りの赤いリンゴジュースを提案しました。プロテオグリカンとは、サケの鼻軟骨を原料とした成分で、それを摂取することで肌が潤ったり軟骨の動きをサポートするといった効果が期待できるものです[*]。学生チームは、プロテオグリカンにはコラーゲンやヒアルロン酸と並ぶ美容成分が含まれていることに注目し、美容ドリンクを企画しました。あわせて、学生チームは、商品の名称を検討しました。その結果、「ゆめひみこ」という名前をつけることにしました（図２）。これは学生チームメンバーの名前から一文字ずつとって並べたものです。

図２　ゆめひみこ

次に、この美容ドリンクの販売に向けて、「どういった人が興味関心を持つのか」「その市場性はどれくらいか」市場調査を行いました。一般の消費者だけでなく五所川原市に観光できた人や東京にあるデパートのバイヤーなど数多くの人々にゆめひみこの試飲などをしてもらいました。もちろん、高く評価をされたこともあれば、辛辣な意見をもらったこともありました。

これらの検証の結果、商品の価値や魅力・想いが消費者にはあいまいに感じられることが課題であり、消費者に一言で胸に刺さるようなキャッチコピーが必要であることがわかりました。

顧客へのアピール力不足を解決するために、一言で魅力を発信できるよう

*参照URL：一般社団法人あおもりPG推進協議会HP（https://www.aomori-pg.org/functionality/）

なキャッチコピーを考えることになりました。そして「女子大生が恋をした甘酸っぱいドリンク ゆめひみこ」や「諦めたくない人のためのドリンク ゆめひみこ」など多様なアイデアが案出されました。最終的には「ごしょがわらのめんこいドリンク ゆめひみこ」というキャッチコピーで販売されることになりました。

こういった活動の結果もあり、2012年度にはゆめひみこが五所川原市地域ブランドに認定されました。もちろん、今日でも五所川原市を中心に販売され続けています。

地域企業と学生の連携事業を通じて得られる効果

地域企業と連携することで得られる効果について３点をあげます。

１つ目として、本物の経営課題をもとに、その原因を探索し、解決案を企画検証するプロセスの中で経営学の知識を現場で活用する能力が養われます。さらには、知っているつもりになっていた知識も確認することができます。それによって、より正確な知識を得ることが可能となります。

ゆめひみこの事例で言えば、学生たちはマーケティングや商品企画に関する知識を調査・企画開発・宣伝広告の現場で活用できるようになりました。すなわち、宣伝広告をするとしても、ただツイッターやFacebookをはじめとしたSNSを通じて情報発信しても効果がありませんでした。商品の魅力を文章にしてアピールしても誰も気にも留めませんでした。そのため、一言で顧客の胸に刺さるようなキャッチコピーが必要になったのです。ではどうすればそういったキャッチコピーは作れるのか、といった一連の課題に答えるためにはマーケティングや商品企画の知識をフル活用する必要がありました。学生はこの経験を経ることで、マーケティングや商品企画を実践的に活用できるようになっていきました。

２つ目として、主体性を養うことができます。これはPBLという手法を通じて得られる効果といえます。一般的に、教室での授業では、先生からの話を聞き、板書の内容を書き留めます。このように与えられる情報を受け取りながら学ぶスタイルはどちらかといえば受動的な態度です。

他方、PBL は学生がもつ知識や経験を最大限に活用して、自ら課題を発見し、解決することが求められます。したがって、PBL を使った講義では、学生は主体的な態度を持つようになっていきます。同時に、PBL では教員の役割が「教える人」から「相談相手」になります。先生から「これは間違い。正解はこれですよ」ということはしません。あくまでも、学生の活動を見守り、学生から相談があればそれに対してアドバイスを送ることが役割です。したがって学生から、「自分としては〇〇したいと思っているけど、どう思いますか」といった具体的な意見や考えを提示された場合にのみ、評価できる点や再検討すべき点などに言及します。

３つ目として、コミュニケーション力が養われます。PBL では、チーム内で役割分担して行動します。この役割分担がポイントです。

一例を示しましょう。役割分担した場合、企画や営業担当者と調査担当者の間でしばしば意見の衝突が起きます。調査担当者は、アンケート調査や官公庁が発行しているデータに基づいて、課題の原因を分析し、企画提案の基礎を作ります。当然、自ら見つけて整理した数値など客観的データに基づいた企画提案が妥当だと考えます。他方、企画や営業担当者は、地域企業担当者と普段から話し合いを行っていることから、産品や地域に対する数値化されることのない主観的想いを聞いて知っています。そのため、客観的データだけではなく数値化されていない地域企業の想いなども考慮した企画を提案しようと考えます。

チームメンバー間では課題解決という同じ目的を持ってはいるものの、そのための解決案が異なることで意見衝突が起こります。このような意見衝突に直面した時に、「多数決をとって、どちらかの意見を採用するのか」「第3の案を考えだすのか」「もう一度はじめからやり直すのか」などチームメンバー全員でどのように乗り越えるかがポイントです。このような異なる考え方の人と結論が出るまでとことん話し合うことでコミュニケーション力を高めることができます。実際に、自治体や企業に勤めるようになると、皆さんと年代・出身・家族構成・価値観などが異なる人と一緒に働くことになります。当然、その中では意見衝突が出てくることもあります。そのような場面に直面したときにも、ここで養ったコミュニケーション力が活きてきます。

おわりに：経営学の実践力を身に着けて、社会で活躍しよう

経営学を学びたいと考える皆さんの中には、経営コンサルタントや商品企画など企業の中で新しい価値を創造する仕事に携わりたいと思っている人がいると思います。また、営業や広報といったような価値を発信する仕事に携わりたいと思っている人もいると思います。こういった価値創造や価値発信に関する仕事はこれからも必要とされ続けるでしょうし、人でなければ担えない仕事だと私は考えています。

ただ、ここで述べてきたように、知識を現場で活用できるレベルまで到達しないと価値創造や価値発信に携わる仕事につくことは容易ではありません。そのためにも、専門知識を知っているだけでなく、現場での経験を通じて体得しなければなりません。こういった経験を通じて、仕事をするための基礎となる主体性（精神的な素養）やコミュニケーション力（社会的素養）も同時に体得することができるはずです。事実、地域企業と学生の連携講義を受講した学生の中には、地域自治体や民間企業の中ではじめから企画・製品開発やマーケティング部門などで活躍していたり、経営コンサルタントとして調査や経営者への助言を行っている者もいます。

もし将来、地域や企業の中で価値創造や価値発信に関する仕事に携わりたいと考えている人は、弘前大学で経営学の門をたたいてみてください。

参考文献

１）森樹男「経営学教育とキャリア形成」、菅原良他編著『キャリア形成支援の方法論と実践』東北大学出版会、2017年、127-141頁。
２）弘前大学人文学部・農学生命科学部『地域とともに育む大学生の就業力Ⅱ－大学生のチャレンジ2011－』弘前大学就業力育成事業事務局、2012年。

おすすめの本

・大西正志他編著『地域と連携する大学教育の挑戦』ぺりかん社、2016年。

Lecture 2　文学を学校教育で扱う理由
―「読まされる」から「読んでいく」へ ―

鈴木　愛理

「そんなにたくさん本を読むのに、ルツは国語の成績があまりあがらないのね」

母は指摘する。たしかに、ルツは国語があまり得意ではない。お話の中のキツネの心理や、会ったこともない男の主人公の気持ちを推し量れ、と言われても、ばかばかしくてやっていられないと、ルツはひそかに思っている。そんなもの、実際にキツネになってみないと、会ってみて話でもしてみないと、わかりっこないのに。

（川上弘美『森へ行きましょう』日本経済新聞出版社、2017年、31頁）

文学が嫌いな人なら、何のために国語の授業で文学を扱うのだろうと疑問に思ったことがあるでしょう。文学が好きな人でも何のために何時間も同じ作品を読まされるのかと訝しんだことがあったかもしれません。

国語教育が、話す・聞く、書く、読む能力を伸ばすということを目指して営まれているのだとすれば、その中で文学が扱われる理由はいったい何なのでしょうか。

本を読むときに何が起きているのか

本を読みなさいと言われたときに、なぜ本を読まなければいけないの？ と問い返した人はどれくらいいるでしょうか。その問いに答えてもらえた人や自分なりに考えた人は少ないかもしれません。

すずき　えり　　教育学部　講師
1984年、愛知県生まれ。専門は、国語教育学、文学教育。主な著作は『国語教育における文学の居場所』（ひつじ書房、2016年）、『青森の文学世界』（共著、弘前大学出版会、2019年）。

ひとはなぜ本を読んできたのでしょう――本を読むことは、世界や自分について知り、考えさせられることでもあります（もちろんそうさせられるのは本を読むことによってのみではありません）。その意味で、読書はたった一人の個人的な営みのようにみえても世界につながる行為であり、また読むひとが社会や文化から切り離されては存在しえない以上、社会的な営みだということができます。

しかし本を読んでいる最中に社会や世界につながっていると感じるわけではありません。では本を読んでいるときに何が起きているのでしょうか――それを観察して言葉にすることは難しく、完全に解明することはできないと言ってよいでしょう。ただひとつ言えることがあるとすれば、読みたいものを読んでいるとき、そこには社会や世界、私自身をも忘れさせるような時間がもたらされているということではないでしょうか。時間を忘れて、読んでいるということ以外のことには何も気づかない、あるいは読書していることさえも意識にのぼらない状態は「没頭」と呼べるでしょう。アメリカの心理学者であるミハイリ・チクセントミハイの言葉で言えば「フロー（Flow）」です。

文学教育・読書教育を研究する山元隆春は、読書体験について書かれた文章には「フロー」と判断できる記述が散見することを指摘したうえで、「読書への「没頭」が読者である「わたくし」の非在によって成り立つ」と述べています[1)]。つまり時を忘れるような「没頭」（フロー）には、我を忘れていること（わたくしの非在）が含まれているということです。これは文学の読書に限ったことではありません。また読書に限ったことでもないでしょう。のめり込むという行為のすべてに同じことが言えると思います。

ひとはなぜ本を読んできたのか――その問いはこう言い換えることができます。ひとはなぜ時を忘れ我を忘れる行為に身を投じるのか。ひとはいかに生くべきか、社会はいかにあるべきかについて考えるためでしょうか。趣味や娯楽、暇つぶしのためでしょうか。そうしたことも否定はできませんが、それは本を読んだあとのこと、あるいは本を手に取るきっかけに過ぎません。読書について考えることが難しいなら、あなたがのめり込める何かについて思い出し、考えてみてください。そこには、その行為自体への愛があります。それをすること自体が目的であり、それ以外の何かのためにするのではないはずです。ひとが「没頭」および「わたくしの非在」を求めるのは、現実（時間や空間の限界）から解き放たれ、自由になることに幸せや喜びを感じるからではないでしょうか。

文学という〈出来事〉

もう少し、読むということ自体について考えてみましょう。ブック・デザイナーのピーター・メンデルサンド（アメリカの老舗名門出版社のアート・ディレクター）は、「読書に没頭している時のよくある比喩として、川に浮かぶという表現がある。私たちは、まるでオールのないボートに浮かんでいるかのように物語に流されている。」[2)] と言います。「流されている」という状況には受動性が含まれていますが、そうした状況に至るためには、進んで流れに身を任せるという能動性が隠れています。また、そもそも読むという行為自体、主体性と責任を伴う創造的な行為なのです。

例えば、「犬」という言葉からイメージすることは一人ひとり異なります。「犬」という言葉の意味を決定するのはほかの誰でもない〈わたくし〉です。言葉の意味はそれを読むひとの経験や状況などによって決定されます。読書とは、読者が言葉とやり取りしながら意味をつくり出す現象であり、それが生み出される過程のことです。読みは、読者の抱いているものによって左右されるので、ひとによって読みが異なるのは当然のことでしょう（テクストと読者の共同によって読みが生成されるという考え方は、ルイーズ・ローゼンブラット、ロバート・プロスト、ヴォルフガング・イーザー、デヴィッド・ブライヒ、ロバート・スコールズなど、多くの学者が主張しています）。

さらに言えば、同じテクストを同じひとが読む場合でも、同じように読むことは二度とできません。なぜなら、初めて読む〈わたくし〉と、ふたたび読む〈わたくし〉とがまったく同じということがありえないからです。読みはつねに一回限りのもので、一回一回がかけがえのない〈出来事〉なのです。「読書の物語は、記憶された物語だ。私たちは読書する時、没頭する。

没頭すればするほど、経験に対して分析的な思考を向けることが難しくなる。だから、読書の感想を語る時、私たちは「読んだ」記憶について話しているに過ぎない。／そしてこの読書の記憶は正確ではない。」[3] というように、読みを再現しようと試みたとしてもそれは失敗に終わります。

しかし、そうしたある種の不完全さが多いということが文学（文学として読めること）の特徴であり、読み続けることを可能にしているのです。山元は文学教育の根拠を求めるにあたって、「テクストのフラジリティを完全にそこなってしまわないからこそ読み続けることができるのだ、ということを私たちは考えていかなくてはならない。」[4] としています。ここで言う「フラジリティ」とは確定しえないもの（確定してはならないもの）のことで、ドイツの文学研究者・イーザーが『行為としての読書』（岩波書店、1992年。原著は1976年）で示した「空所（gap、blank）」と似ています。イーザーは、どんなテクストにも読者が埋めなければならない「空所」があり、それは意味創造という、面倒でありながらも楽しい、作者との共同作業を引き起こすものであり、かつ絶対的に正しい唯一の意味を確定することはできないものと考えました。

「フラジリティ」や「空所」は、読者が反射的に埋め合わせたくなるものであり、読者のテクストへの参加を促すものです。また読者は（無意識に）「空所」を埋め合わせることができるときに読むことができるとも言えます。しかしそれは、確定できないはずのことを確定してしまっているということでもあり、「フラジリティ」をそこなわせているということでもあるのです。そのことに私たちは普段、気がつくことがないかもしれません。そこに着目することで見えてくることがあるなら、文学という〈出来事〉に目を凝らす意味があるのではないでしょうか。自分はどのように読んでしまっているか、その読みはどのように形づくられたか、ほかの人たちは……ということを、不完全ながらも語り出していくなかで見えてくる何かに、文学を授業で扱う意味を見いだすことは可能でしょう。山元の言を借りるなら、「小説の学習は、そのような細部の吟味の学習でもある。むしろ細部にこだわることによってテクストの意味の確定性がゆらぐということに関心を持つ読者を求めて、私たちは小説の学習を進めるわけだし、文学教育を営んできたのではなかったのであろうか。永遠に確定することのかなわぬ「意味」を追い求めてきたのではなかったか。」[5]——つまり、意味を確定することを求めるのではなく、ゆらぎ続ける意味の、その瞬間瞬間を創造していくことが文学を読むことの授業にはあるのです。そこでは文学観のみならず、人生観や現実観、世界観などがゆさぶられ、崩され、再び組み立てられます。それは現実についての認識が更新され、深化していく経験となるのです。

文学を学校教育で扱うまえに
—文学にしかできないことはないとしても—

文芸評論家の加藤典洋は、間違いうるなかで考えることのうちにこそ考える意味があるという考え方を「可誤性」と名付け、そうした考え方に文学の力がこめられていると考えました[6]。「フラジリティ」をそこなわないということは、確定できないと決めつけて「フラジリティ」を見過ごしたり、確定できないことに居直ったりすることではなく、ある意味に確定したがる（せざるをえない）〈わたくし〉や〈わたしたち〉をみつめ続けることに尽きるのかもしれません。読書のあと、作品の細部から翻って〈わたくし〉の細部への注目を誘うことにこそ、文学を読めるようになる意味はあるでしょう。

「フラジリティ」や「空所」に誘われて、読書に「没頭」し、「わたくしの非在」をくぐり抜けた先に文学の授業があってほしい——そう願うのは簡単ですが、そうはいかないのが現実です。

小説家のカズオ・イシグロは、文学に限らない多様な芸術形式の重要性について次のように述べています。「文学は、私たち自身を理解する助けにもなるでしょう。なぜなら、私たちの国や私たちの小さな派閥の中で、私たちはいとも簡単に「自分たちは正しいやり方をしている」と強く信じ込み、自分たちや自分たちの思い込みが何に基づいているのかを立ち止まって観察しないからです。／こうした理由から、私は、文学は非常に重要だと考えています。文学はとても真剣で、厳粛で、高尚である必要はありません。わたしたちが語ることは、しばしばユーモアや娯楽の中で起こることです。私は、これらのさまざまな物語の語り方には、それぞれ価値があると考えています。映画もあります。日本には漫画もあります。多様な芸術形式があります。テレビもあります。演劇もあります。／それらは、この世界に生きていく中で感じる私たちの気持ちを、交換する手段です。私たちが自分たち自身を見つめ、自分たちを観察することに役立ち、障壁を越えて人々を理解することを助けるでしょう。文学は人間の活動にとって、非常に重要な部分です。」[7)]

文学でなくてもよい、わたしたちを立ち止まらせ、わたしたちを観察させる何かを教えることが学校教育には必要でしょう。そして文学にもその可能性があるのなら、文学に出会わせ、文学の「没頭」に誘うこともやはり必要ではないでしょうか。

そのためには読書生活の充実が欠かせません。読書家の人でも、すべての本をおもしろいと思っているわけではありません。読書をおもしろいと深く実感した経験から、期待外れの本と出会っても別の本を読めばいいと思えるというだけのことです。エラ・バーサド、スーザン・エルダキン著、金原瑞人、石田文子訳『文学効能事典』（フィルムアート、2017年）は、読むひとの心や身体の調子に合った（とは言い切れない気もしますが）本を紹介しながら、読書に関する悩みについての処方箋を示してします。たとえば「途中で投げ出すことができない」という悩みには、「最初の50ページを一気に、それが無理なら２回で読むようにしよう。その時点で、もしその本がみぞおちにしみ込まなければ、読むのはやめよう。」（251頁）と答えています。「没頭」という経験への道筋を考えるのもまた、文学教育の仕事の一部かもしれません。

参考文献

１）山元隆春「書物への没頭／わたくしの非在ー読書体験成立の条件ー」、『月刊国語教育研究』第423号、2007年、6～11頁。
２）ピーター・メンデルサンド著、細谷由依子訳『本を読むときに何が起きているのか』フィルムアート、2015年、307頁。
３）ピーター・メンデルサンド著、細谷由依子訳『本を読むときに何が起きているのか』フィルムアート、2015年、9頁。
４）山元隆春「テクストのフラジリティと文学教育の根拠」、『日本文学』第52巻3

号、2003年、31頁。

5）山元隆春「テクストのフラジリティと文学教育の根拠」、『日本文学』第52巻3号、2003年、31頁。

6）加藤典洋「矛盾と明るさ―文学、このわけのわからないもの―」、中野新治編『語り紡ぐべきもの〈文学の力〉とは何か』笠間書院、2019年、96〜97頁。

7）「NHK NEWS WEB まるわかりノーベル賞 カズオ・イシグロ氏 単独インタビュー全文」2017年12月10日更新。
(https://b.hatena.ne.jp/entry/s/www3.nhk.or.jp/news/special/nobelprize2017/jyusho_bungaku/kazuo-ishiguro.html)

おすすめの本

・多和田葉子『言葉と歩く日記』岩波書店、2013年。

・中村邦生『はじめての文学講義』岩波書店、2015年。

Lecture 3　心をクリエイトする営み
―精神看護―

則包　和也

私たちはどのような存在なのか

“Create 創る”を主題としたエッセイを執筆することになりました。Create は英語ですが、日本でも日常的に使われていて、皆さんにも馴染みのある外来語だと思います。だから、ここからはカタカナの“クリエイト”を、“創る・創造”という意味で使っていきます。

では皆さんはクリエイトという言葉に対して、どのようなイメージを持っているのでしょうか？ 芸術的なセンスのような特別な才能が必要だというイメージや、無から有を生み出すような難しいイメージを持つ人も多いかもしれません。

けれども私はこう考えるのです。私たちは、今この瞬間にもクリエイトしているのだ、と。

なぜなら、私たちは“反応”しているからです。まず、周囲から受ける様々な刺激を、全身の細胞を駆使して情報として受けとめます。次に、それが自分にとってどのような影響を及ぼすのかを判断します。そしてその判断は、言葉や行動として表現されるのです。これらの反応は意識する・しないにかかわらず、体の中で絶えず起きている過程であり、まさに私たちは瞬間、瞬間、クリエイトしている存在であるのです。このように考えると、私たちはクリエイトを続けることによって生きている、ということが逆説的に浮かび上がってくると思いませんか？

そもそも私たちの体は、様々な原子が集まってできています。仮に1個のバケツの中に体を構成する全ての原子を入れたとしたらどうなるでしょう

のりかね　かずや　保健学研究科　准教授
香川県で生まれ、讃岐うどんで育つ。趣味は音楽と妄想。
精神看護学を専門とし、認知行動療法を看護に活用することを研究テーマとしている。

か。ゆっくりと丁寧に、あるいは、激しく一心不乱にかき混ぜても何も起こらないでしょう。しかし、私たちは生命として存在しており、自分の意思で体を動かすことができます。さらに、体を通して得た体験を判断し、記憶して、学習することができます。つまり私たちは単なる原子の寄せ集めではなく、様々な反応の連綿とした連なりによってクリエイトされた存在であるとも考えられるのです。

私たちと集団とクリエイト

それでは、そのような存在である私たちを、少しスケールの大きな視野で振り返ってみましょう。私たち現生人類（ホモ・サピエンス）は、約30〜20万年前（諸説あります）にアフリカ大陸で生まれ、長い時間をかけながら世界各地に移動していきました。これまでに少なくとも６種類以上の人類が存在したことが知られていますが、私たち以外は絶滅してしまったそうです。つまり、私たちは一番新しい人類であり、かつ最後の人類である[1)]といわれているのです。しかし、私たちは他の動物と比較して、特に優れた身体能力をもっているわけではありません。また、鋭い牙や爪などの武器や硬い甲羅も持っていません。このような“かよわい”存在である私たちは、なぜ生き残ることができたのでしょうか？

その理由の一つに、私たちが集団生活をしてきたことが挙げられています。狩猟の際には、１対１では全く歯が立たない大型動物に対しても、20対１、50対１、100対１なら何とか太刀打ちできたでしょう。また、採集を集団で行えば、より多くの量を集めることができたでしょう。さらに、約１万年前からは世界各地で農耕が始まった[2)]と報告されていますが、農作物は放置したままでは上手く育ちません。土を耕す、種を蒔く、排水を整えるなど、数々の手間をかけて、ようやく収穫することができるのです。すると必然的に、その土地で長く住むことが必要になり、定住者が増えていったことでしょう。農耕が上手くいって、食料調達のための移動を必要としなくなれば、身内だけではなく他の複数の家族と共存して生活をすることになり、集団のサイズは狩猟採集の時よりも大きくなっていったでしょう。

しかし、農耕にもリスクがあります。気候の変化、地殻変動などの影響をまともに受けてしまうのです。そのような厳しい環境においては、“ソレはコウすれば食べられる”、“アレをコウするためにはこの方法が効率的だ”などの様々な工夫がなされたことでしょう。これは、まさにクリエイトです。そして、集団生活という環境は、クリエイトした工夫の伝達や共有をするためには好都合だったのです。つまり集団生活とクリエイトは、私たちが生き延びることができた重要な要因であったと考えられるのです。

私たちが集団生活で発達させたもの

それでは、集団生活において大切になるのはどんなことだと思いますか？

クリエイトした様々な工夫をスムーズに実施するためには、共同作業をする必要があります。そのような場面では、“相手は何を感じているのだろうか？”ということを把握することが大切になります。これは“心の理論”と呼ばれており、対人関係を形成・維持するための中核となる能力です。私たちは遥か昔から集団生活の中の共同作業によって、この能力を発達させてきたのではないかと考えられるのです。

心の理論の発達は、私たちの意識や能力、行動などに様々な変化をもたらしたことでしょう。他者の内面を推測することは、自意識という「自分自身がどうであるか、どう思われているかについての意識」（『広辞苑』）の相乗的な発達につながったはずです。それに伴って、客観的視点で物事を捉えるという能力の発達も促され、集団の中での自分のふるまいが相手にどのような影響を及ぼすのかについて、因果関係を推測したり、論理的に考えたりする思考能力の発達にもつながったでしょう。

また心の理論の発達は、人と人との関係性に着目し、相手を思いやるという行為につながります。「何かあったの？　大丈夫？」と困っていることを察して声をかけられると、孤独じゃないんだと感じて不安が安らぎます。「そんなことがあったの。それは大変だったね」と気持ちをわかってくれると、嬉しくなって少し元気がでます。

このように心の理論は、人と人とがコミュニケーションや共感によってつながることの喜び、嬉しさ、安心感の源となり、現代社会まで脈々と受け継がれているのです。

では、心の理論を発揮しすぎるとどうなるでしょうか？ おそらく相手のちょっとしたしぐさや言葉の一つ一つがとても気になってしまうでしょう。“私がこう言った時に、あんな表情をしたということは？”という推測を何度も繰り返してしまったり、“こんな書き込みをするということは、私を嫌いだからに違いない”と受けとめて、相手の気持ちを決め付けてしまったりすることが多くなるでしょう。

けれども、他者の内面をいくら考えても正解は見つかりません。それにもかかわらず、私たちは憶測や可能性に過ぎないことを悩み続けたり、事実だと思いこんだりするのです。そのために、不安や焦りが大きくなってストレスが溜まり、心に大きなダメージを受けてしまうこともあります。これは心の理論を高度に発達させた私たち人類の宿命といえるのかもしれません。

私も、あなたも、あなたの大切な人も

392万。

突然ですが、これが何の数字かわかるでしょうか？ これは、１年間で心の病で通院したり、入院している人の数です（内閣府 2014年)。例えば、青森県と秋田県と岩手県の人口の合計は、約352万人（2018年）ですから、この数をさらに上回る多くの人たちが、心の病を抱えていることになります。病の原因はよくわかっていないのですが、前述したストレスが強く関わっていることが近年報告されており、このストレスを生む要因の一つが人間関係です。つまり心の病は、私も、あなたも、あなたの大切な人も含めて、誰にでも起こり得ることであり、決して珍しい病気ではないのです。

心の病を抱えた人へのアプローチ

では、心の病を抱えた人に対して、どのように関わったらいいのでしょうか？

皆さんの頭の中には、優しく、丁寧に、誠実に、などの言葉が思い浮かんでくるのかもしれません。全くその通りなのですが、これだけではありません。私が大切にしているのは、認知（物事に対する受けとめ方や考え方）に着目しながら看護をしていくことです。これは認知療法（Aaron T. Beck; 1921～）のアプローチであり、世界的に注目されている治療法の一つです。

認知療法というと難しそうなイメージを持つかもしれませんが、その基盤となる理論は「ある人の感情と行動は、その人が自分自身を、世界を、未来をどう考えるかによって強く規定される」[3)] というシンプルなものです。例えば、新発売のチョコレートを食べた時に、“美味しい！”と認知すると、どんな気持ちになるでしょうか？ おそらく“幸せ～”という感情が沸き起こり“また買う”という行動につながるでしょう。でも“美味しくない”と認知するとどうなるでしょうか？ おそらく“がっかり”した気持ちになって“もう買わない”という行動につながるでしょう。

このように、出来事、認知、感情、行動を一連の過程として捉えていくのが認知療法の基本になりますが、同じ体験をしても人によって受けとめ方は違うはずです。認知は千差万別なのです。その微妙な、あるいは、大きな違いが、感情や行動にも反映されます。つまり認知は、その人らしさ（個性）の源となるものなのです。

その一方で、認知は体調や気分、周囲の状況などの影響を受けやすい側面もあります。心に余裕がない時は、服装やヘアスタイルなどの身だしなみに気がまわらないなど、自分を客観的に見られなくなった経験を持つ人は多いはずです。また、ストレスが溜まっている時に他人がヒソヒソ話をしていると“自分の悪口を言っているのでは？”と受けとめてしまった経験のある人も決して少なくないでしょう。

また、パターン化しやすいのも認知の特徴の一つです。例えば私たちは、うどんを食べる時は箸を使う、スパゲティの時はフォーク、カレーライスの時はスプーンと、ほぼ瞬間的に判断します。これと同じように、友だちに挨拶したのに返事がなかった場合、“私は嫌われている”という考えが瞬間的に浮かび、悲しくなってしまう人もいるでしょう。あるいは“なんて非常識な人だ”という考えが浮かんで、怒りがこみ上げてくる人もいるでしょう。

これは自動思考と呼ばれており、私たちは一つ一つじっくりと考えることを省略する傾向があることから、認知には人それぞれのクセ（認知の偏り）がついている可能性があるのです。

このように、認知はなかなか厄介なのです。

そのため認知療法では、認知を把握することに重きを置くのです。把握した認知が、感情や行動に対してどのように影響を及ぼしているのかを相手と共有しながら、その認知が偏っていないか、どのように偏るのか、どんな時に偏りやすいか、などを話し合います。そして、そのような認知によって心にダメージを受けているのであれば、ダメージをできるだけ少なくしていく方法を検討していくのです[4)]。

共同作業でサポートする

しかし、自分の物事への受けとめ方を振り返ることは決して簡単ではありません。自分を冷静に客観的に見ることは、精神的苦痛を伴うことが多いのです。

だから独りではなく一緒に行うのです。それはまさに、相手との共同作業であり“相手は何を感じているのだろうか？”ということや、“自分自身がどうであるか、どう思われているか”について共有する場面となるのです。ある時は、尻込みする相手の背中をそっと押しながら、またある時は、急いで行こうとする相手に休憩を提案しながら、今までの自分を自分で変えていく過程をサポートするのです。

このように考えると、触ることはもちろん、MRI（磁気を用いる画像検査）でも、CT（エックス線を使った検査）でも確認できない心に働きかけて変化をもたらすことは、クリエイトであり、リ・クリエイト（再創造）とでも呼べる営みなのかもしれません。

認知に着目する精神看護は、そのような営みの一つです。認知が変化することによって、感情が楽になることを目的とする働きかけは、私たち人類の未来にも影響する重要な役割となるでしょう。

もし、このエッセイを読んで“認知”に関心を持ったら、参考文献として紹介した認知療法に関する著書を読んで理解を深めてほしいのですが、まずは、有名な芸術家であるエッシャー（M. C. Escher；1898～1972）がクリエイトした数々の作品を鑑賞して、認知の変化がもたらす驚きや喜びの感情を実感することをお勧めします。ちょっとした認知の変化によって、新しい視点・視野を得ることができる体験を楽しみながら、クリエイトな営みについて考えていただけると幸いです。

参考文献

１）更科功『絶滅の人類史 なぜ「私たち」が生き延びたのか』NHK 出版、2018年。
２）ダニエル・E・リーバーマン著、塩原通緒訳『人体600万年史　科学が明かす進化・健康・疾病』早川書房、2015年。
３）井上和臣編著『認知療法・西から東へ』星和書店、2004年。
４）大野裕『はじめての認知療法』講談社現代新書、2011年。

Lecture 4　新しい酸化ストレス応答機構の発見と生命進化

伊東　　健

真実を見出すことの尊さ

大学で学ぶまたは大学で働く（大学人と呼びます）ことの最大の魅力は真理を追求できることだと思います。仏教の開祖であるブッダは真実を知る（悟る）ことにより苦悩から脱却したわけですが、私も同様に真理を知ることで大きな喜びを感じます。ところで、仏教は実体験や観察・考察によってのみ真理を説いてきましたが、西洋科学はこれに「仮説に基づいた実験と検証」すなわち“サイエンス”という方法を加えました。この方法によって、真理へと辿り着く道は飛躍的に拡大しました。ブッダもサイエンスも、真理または知識を増やすことが人類の幸福のために重要だと考えます。

私は現在、進化論を土台にした予防医学の確立を目指して研究をしています。本レクチャーでは私がそのような学問を志すに至った経緯を紹介することをとおして、私が歩んできた分野の面白さを感じていただければ幸いです。

私が影響を受けた進化論学者、そしてレドックス反応とエネルギー

私は進化論が好きです。進化論だけが、どうして自分がこの世界に存在しているのかを合理的に説明するからです。私が最も影響を受けた進化論者であるリチャード・ドーキンス[1)]とニック・レーン[2)]は進化論の生みの親であるチャールズ・ダーウィンと同じ英国出身の科学者です。この２人は、進化論を一般大衆に紹介するのに非常に重要な役割を果たしました。リチャー

いとう　けん　　医学研究科　教授
専門の研究分野は酸化ストレス応答の分子機構の解明です。生体が本来持つストレス防御機構の賦活化による加齢性疾患の予防を目標に研究を行っています。

ド・ドーキンスは情報理論としての進化論（ＤＮＡが主役を担います）を発展し、遺伝子が自然選択の最小単位であること、利他的（文字どおり他を利する）な行動までもが本来「利己的な遺伝子」が生存目的を果たすための一方法であることを明らかにしました。また、ニック・レーンはその著作『Vital Question』の中で、生命の共通項目を洗い出し、生命の誕生の本質に迫ったのです。生物は、大きく真性細菌、古細菌、真核生物という３つのドメイン（界）に分類されますが、全ての生物は共通して生体膜を挟んだプロトンの濃度勾配によりエネルギー（ＡＴＰ）を生成しています[3)]。ニック・レーンはこのことに注目して生命の誕生に関する現在最もわかりやすい仮説を提示しました。

それでは現在、生物でプロトンの濃度勾配がどのようにして形成されるかというと酸化還元反応（英語で言うとレドックス反応）により作られます。レドックス反応は、エネルギーを持った電子（エネルギー準位の高い電子）が不安定なところから安定なところへ移動する反応です。この移動の過程でエネルギーが放出されて細胞にとって利用可能なエネルギー（ＡＴＰ）が最終的に作られます。地球上に酸素分子が誕生して以来、動物は最終的な電子の受取り手として酸素分子を使用するようになりました。つまり、酸素分子は電子を受け取って水になりますが、これは物質の最も安定な存在様式の１つです。酸素分子は以前にあった物質よりも電子を受け取る力が強かったので、以前より多くのエネルギーを発生し、動物は大きくなり、複雑な形態を持ち飛躍的な進化を遂げました。つまり、酸化還元反応ほど、生命を語る上で大事なものはありません。エネルギー産生（レドックス反応）を行っているのはミトコンドリアという細胞内小器官です。

活性酸素と親電子性物質

ミトコンドリアにおけるレドックス反応は完全ではなく、電子が途中で漏れ出し、酸素分子が電子を１個もらうとスーパーオキシドという活性酸素になります。活性酸素は他の物質から酸素を奪う性質（すなわち酸化力）が強く、種々の生体物質を酸化してその機能を阻害します。このような状態を酸化ストレスと言います[4]。ただ、ミトコンドリアから出る少量の活性酸素はシグナル分子として働くこともわかっています。例えば私たちは運動をすると、種々の分子機構により、細胞内の活性酸素量が増大し、これが細胞内シグナル物質として働いて運動の健康増進作用を促進することがわかっています。

親電子性物質は分子中に極性のかたよりにより、電子密度の低い部位を持っており（図１A)、他の分子の負電荷密度の高い部位（非共有電子対）と求電子的に反応し、新たに共有結合を形成します（アダクト形成）（図１B)[5]。

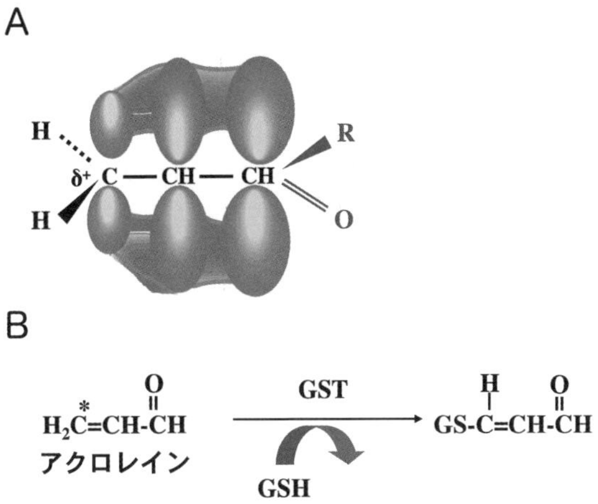

図１　親電子性物質の構造と役割

A．分子の中では、たくさんの電子がその周りにある電子軌道をぐるぐる回っています。この電子を電子雲という形で表しますが（図の灰色の部分)、その中には比較的動きやすい電子もあります（例えばパイ電子)。このような電子は酸素のように電子を強く引きつける原子があるとそちらの方に引っ張られ、その結果電子の不足した炭素電子が生じます。このような分子を総称して親電子性物質と言います。

B．アクロレインは喫煙などにより生じるアルデヒドの一種です。ＧＳＨは親電子性物質を抱合して解毒化します。＊は電子の不足した炭素原子を表す。

アダクト形成するとしばしばその分子の機能が失われ、毒性を発揮します。分子中のチオール基（ＳＨ基）は、生体で最もエネルギー準位の高い電子軌道を持つため電子を他の分子に与える（共有する）性質が強く親電子性物質との反応性が高いことが知られています。生体では、ＳＨ基は主にシステインに含まれます。グルタチオン（ＧＳＨ）は、システイン、グリシンおよびグルタミン酸よりなるトリペプチドですが細胞質中に数mMという高濃度で存在し、親電子性物質に対する防御において中心的な役割を果たします。ＧＳＨと親電子性物質との共有結合形成を触媒するのがグルタチオン*S*−転移酵素（ＧＳＴ）と呼ばれる酵素です。この反応をＧＳＨによる抱合と言います。つまり、親電子性物質はＧＳＨにより抱合され（これと同時に親電子性は中和されます）、より水に溶けやすくなって尿中に排泄されます。ＧＳＨは親電子性物質の抱合に関わる以外に、活性酸素の解毒にも利用されます。つまり、ＧＳＨは活性酸素である過酸化水素に電子を与えて水にします。親電子性物質を大量に投与するとＧＳＨが抱合反応に使われるため枯渇し、活性酸素の解毒ができにくくなります。このため二次性に活性酸素の増加すなわち酸化ストレスが生じます。

電子の欠乏している物質に対する防御機構

動物に親電子性物質を投与するとＧＳＴやその他の親電子性物質を解毒化する酵素が誘導されることを米国のポール・タラレー博士らが発見しました。親電子性物質の毒性作用の中で最も悪名の高いものはその発がん作用です。親電子性物質は特に酸化されやすいグアニンなどの塩基と共有結合し、これによりＤＮＡの点突然変異を誘導し発がんを促進します。タラレー博士はある種の親電子性物質（つまり酵素誘導は起こしやすいが発がんは起こしにくい親電子性物質）がＧＳＴを強く誘導して親電子性物質を解毒化して発がんを抑制することを見つけました。このような発がんを抑制するような親電子性物質には、ブロッコリーに含まれるスルフォラファンという物質が特に有名ですが他にもたくさんあります。以下酵素誘導は起こしやすいけれども発がんは起こしにくいような性質を持つ親電子性物質を“治療性の親電子性物質”と呼ぶことにします。

親電子性物質がＧＳＴなどの酵素誘導を起こすメカニズムの解明が世界各国の研究者により行われました。この酵素誘導は転写レベル（つまりｍＲＮＡの誘導により）でなされることがわかり、その誘導に必要な遺伝子制御配列が決定されました。この配列は抗酸化剤応答配列または親電子性物質応答配列と呼ばれています。私はそれまでに行っていた転写因子の研究から、この酵素誘導にＮｒｆ２という転写因子が重要であるという仮説をたて、遺伝子欠失マウスを作成して実験することによりこれを証明しました。つまり、Ｎｒｆ２遺伝子欠失マウスにおいては親電子性物質をいくら食べてもＧＳＴの誘導がおきませんでした（図２）。仮説が真実であった時の感動、そしてそれを論文として発表した時に世界中から届いた賞賛の手紙は決して忘れられません。

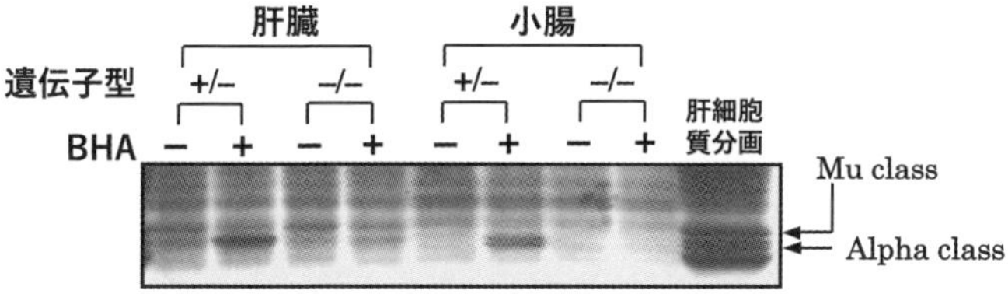

図２　肝臓及び小腸をすりつぶしてタンパク質を抽出して電気泳動したゲルをタンパク質染色した結果

Ｎｒｆ２変異ヘテロ接合体（+/-）のマウスではＮｒｆ２を１分子持っているために親電子性物質であるブチルヒドロキシアニソール（ＢＨＡ）を投与した時に肝臓及び小腸においてＧＳＴが誘導されますが、Ｎｒｆ２変異ホモ接合体（-/-）のマウスではこの反応がおきません。（文献６より改変して引用。）

さらに米国の研究者との共同研究によりＮｒｆ２遺伝子欠失マウスでは治療性の親電子物質による発がんの抑制が起きず、Ｎｒｆ２がこの反応に必須であることを実証しました。また、Ｎｒｆ２の活性化は投与された親電子性物質の解毒化のみならず、他の親電子性物質の解毒化や活性酸素の解毒化酵素など数百にも及ぶ遺伝子を一気に誘導することがわかりました。つまり、Ｎｒｆ２が活性化すると酸化ストレスは抑えられます。酸化ストレスは、アルツハイマー病や脳卒中など様々な疾患に関与することがわかっていますので、Ｎｒｆ２の活性化は種々の疾患の制御や予防に重要な意味を持ちます。実際に治療性親電子性物質の１つであるジメチルフマル酸は2017年に多発性硬化症の治療薬として日本でも使われ始めＮｒｆ２の働きは臨床の世界でも応用が始まりました。

親電子性物質に対するセンサーＫｅａｐ１の発見

私はＮｒｆ２が親電子性物質によってどのように活性化されるのを知るためにその分子機構を解析して、Ｎｒｆ２制御因子であるＫｅａｐ１を発見しました[6)]。Ｎｒｆ２は通常強い転写の促進活性を示しますが、Ｋｅａｐ１を細胞に導入するとその活性は強く抑えられます。この状態に親電子性物質を添加するとこの抑制はなくなってしまうことから、Ｋｅａｐ１によるＮｒｆ２抑制の解除こそが親電子性応答の鍵を握ることが明らかになりました。その後この研究は大きく発展し、現在、通常はＫｅａｐ１がＮｒｆ２タンパク質を分解してＮｒｆ２の活性を抑制することが明らかになっています。また、親電子性物質に対して主なセンサーとして働くのはＫｅａｐ１に存在するシステイン残基であることがわかっています。Ｋｅａｐ１に存在する26個ほどのシステイン残基がたくさんの種類の親電子性物質のいずれかを結合し、それによりＫｅａｐ１のＮｒｆ２タンパク質分解活性が抑制されてＮｒｆ２は活性化するのです。

Ｎｒｆ２応答経路の進化的な意義

Ｎｒｆ２の主な役割の１つは親電子性物質の解毒化です。現在、Ｎｒｆ２は食事や大気中に含まれる親電子性物質をそれぞれ、小腸および肺において解毒化しています。それでは、進化論的にそれはどのような働きをしてきたのでしょうか。

植物は外敵である微生物や種々のストレスで生成される活性酸素から身を守るために抗酸化物質をたくさん持っています。このような抗酸化物質には親電子性物質が多く含まれます。動物が植物を食べる時にこの親電子性物質を解毒化することが必須であったと考えられます。したがって、動物における解毒化酵素誘導機構はこのような捕食者－被捕食者の関係の中で維持・進化（つまり改良）して現在にいたっていることが考えられます。実際に、肝臓や小腸といった解毒化器官においては動物の酵素誘導反応はとても強いことがわかっています。

これとは別に酸化ストレスが強い細胞は何かと考えてみましょう。それは酸素を運んでいる赤血球で、常に酸素の毒性に晒されています。実際にヘモグロビンは酸素濃度の高いところでは酸素と強く結合するので、細胞を酸素の毒性から防いでいる、と考えることができます。ですので、ヘモグロビンは組織に酸素を運ぶだけではなく、最大の抗酸化タンパク質なのです。ヘモグロビンは化学分子であるヘムとタンパク質であるグロビンから構成されます。実際にＮｒｆ２はヘム合成遺伝子やグロビンの遺伝子発現を制御する因子として発見されました。近年ではＮｒｆ２はグロビンとヘムの両方の合成に重要であるということがわかってきつつあります。Ｎｒｆ２は真核生物が多細胞になって、組織へと酸素を運ぶ必要性が生じた時に進化したのかもしれません。ちょうどこの頃には、大気中の酸素濃度も上昇しつつあったわけです。

内因性親電子性物質の役割

先ほど活性酸素が細胞内情報伝達に関わっていることを述べましたが、親電子性物質も実際に私たちの体の中で産生され、Ｎｒｆ２応答経路の活性化に役立っています。多くは細菌や異物などの貪食に関わっているいわゆる‘掃除屋’と呼ばれるマクロファージという細胞が炎症反応を起こした場合に親電子性物質の産生が誘導されます。有名なのは細胞膜のリン脂質から切り出されて産生されるプロスタグランジン（15-ｄｅｏｘｙ-プロスタグランジンＪ２）であり[7]、もう１つはＴＣＡ回路から産生されるイタコン酸です[8]。マクロファージでは細菌の殺菌などのために多くの活性酸素が産生されることがわかってきています。誘導された親電子性物質によりＮｒｆ２は活性化され、酸化ストレスを抑制するとともに炎症も抑制する方向に働きます。このように、活性酸素や親電子性物質などの反応性物質は大量に産生されると毒となりますが、少量の場合には細胞内伝達物質として働きます。

情熱を傾けられる仕事を見つけること

人生を賭するに値する職業に就けることほどの幸せはないと思います。「大学人」とはまさにそのような職業の１つです。ただ、真実を明らかにするということは、本来仏教の修業のように厳しく難しいものです。それは一緒に研究してくれる仲間がいなければ乗り越えられないことだと思います。一方で真実を知り、悟りを開くことは最大の快楽でもあります。その喜び、難しさを語り合えることのできる職業が現代の「大学人」です。より多くの方が「大学人」となり、真理の探究が進むのを期待しています。

参考文献

１）リチャード・ドーキンス著、日高敏隆、遠藤知二、遠藤彰訳『延長された表現型』紀伊國屋書店、1987年。
２）ニック・レーン著、斉藤隆央訳『生命の跳躍』みすず書房、2010年。
３）二井將光『生命を支えるＡＴＰエネルギー』講談社ブルーバックス、2017年。
４）坂内四郎『ストレス探究』化学同人、1994年。
５）伊東健、山本雅之「親電子物質応答の分子機構」、『生化学』第76巻４号、2004年、339-348頁。
６）Itoh K. Chiba T, Takahashi S et al. An Nrf2/small Mat heterodimer mediates the induction of phase II detoxifying enzyme genes through antioxidant response elements. Biochem Biophys Res Commun. 1997; 236: 313-322.
７）Itoh K, Mimura J, Yamamoto M. Discovery of the negative regulator of Nrf2, Keap l : a historical overview. Antioxid Redox Signal. 2010;13: 1665-1678.
８）Mills ER, Ryan DG, Prag HA et al. Itaconate is an anti-inflammatory metabolite that activates Nrf2 via alkylation of KEAP1. Nature. 2018; 556: 113-117.

Lecture 5　光る物質を創る
―光化学の研究―

川上　　淳

私の研究室では、普段、発光性の有機分子の合成と応用に関する研究をしています。つまり「光る物質」を合成しています。そこで、本レクチャーエッセイでは「光る物質」に関するお話をしたいと思います。

光る物質を創るようになったきっかけ

最初に、私がこの分野の研究を始めたきっかけからお話ししたいと思います。

化学は、「無機化学」、「有機化学」、「物理化学」、「分析化学」の４つの分野に分類することができます。私が大学生の頃に一番興味をもったのは、「有機化学」です。それは、講義で習った有機反応機構（有機分子の合成反応を、電子の動きを示す矢印を使って理解する手法）が、とても面白く美しく感じたからです。そのため、大学４年生の卒業研究を行う研究室は、有機化学の研究室に行こうと決めていました。

当時の私の通っていた大学には、有機化学第一研究室、有機化学第二研究室、有機化学第三研究室の３つの有機化学の研究室がありましたが、有機化学第三研究室は生化学の研究をしていて、新しい有機分子を合成するような研究は行っていなかったので、有機化学第一研究室か有機化学第二研究室のどちらかにしようと思いました。両研究室を見学に行ってみると有機化学第一研究室の方が、大学院生も沢山いて活気があったので、有機化学第一研究室に所属することにしました。ただ、研究室に漂うニンニクのような不快な

かわかみ　じゅん　　理工学研究科　准教授
1965年生まれで弘前市出身。幼少の頃と大学及び大学院（東京都と千葉県）、そして米国留学（ユタ州）の計15年間を除き、弘前市で暮らす。現在は、有機蛍光色素の合成と応用に関する研究に従事。

臭いが少し気になりました。

有機化学第一研究室は、研究室内に２つの研究グループがあり、グループ毎に大部屋と小部屋に分かれて実験をしていました。大部屋では当時セレン化合物を使った合成実験をしていて、それが臭いの原因だったようです。私は、小部屋を指導する先生から「小部屋は臭くない」と聞き、迷わず小部屋の有機光化学の研究グループを選び、「光る物質」即ち発光性の有機分子（有機蛍光色素）の合成をスタートしました。

これが、その後20年以上にわたり光る物質を創るようになったきっかけですが、現在もなお飽きることなく研究を続けられていることを考えると、小部屋を選択して良かったと思っています。

分子の発光メカニズム

ここで、「光る物質」が発光するメカニズムについて説明したいと思います。

分子は、通常は基底状態という安定な状態にいますが、光（$h\nu$）を照射すると光エネルギーを吸収して不安定な励起状態になります。励起状態になった分子は、再び安定な基底状態に戻るために、余分なエネルギーを光や熱として放出します（図１）。

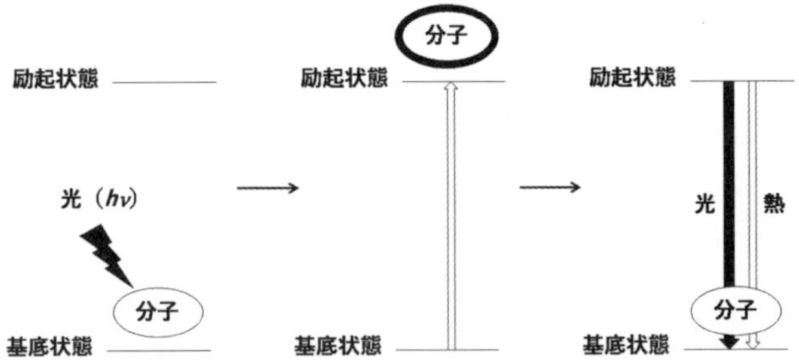

図１　発光のメカニズム

励起状態から基底状態に戻る際の光を放出する過程を輻射過程、熱を放出する過程を無輻射過程と呼び、この２つの過程が競合していて、輻射過程が無輻射過程に勝れば発光性の光る分子となります。

また、励起状態は化学反応によっても作り出すことができます。化学反応によって作り出された励起状態からの発光は、「化学発光」と呼ばれ、コンサート会場などで見かける発光性のスティックは、化学発光によるものです。その他、ホタルやクラゲなどの発光する生物が知られていますが、「生物発光」と呼ばれる生物からの発光も、基本原理は化学発光と同じで、化学反応により作り出された励起状態からの発光です。

蛍光と燐光

さて、発光のメカニズムは理解して頂けたと思いますが、実は励起された分子からの発光には「蛍光」と「燐光《りんこう》」の２種類があります。その違いについてお話ししたいと思います。

分子には分子軌道があり、最も低いエネルギー準位の軌道から電子が入りうまっていきます。そして、電子に占有されている最もエネルギーの高い分子軌道をホモ（Highest occupied molecular orbital，ＨＯＭＯ）と呼び、更にエネルギー準位の高い電子に占有されていない空の分子軌道のうち、最もエネルギーの低い分子軌道をルモ（Lowest unoccupied molecular orbital，ＬＵＭＯ）と呼びます。

基底状態から励起状態の生成は、電子遷移によるものなので、ＨＯＭＯからＬＵＭＯへの電子遷移で表すことができます。電子は回転方向によって２種類のスピンをもつのですが、これは矢印を使って示します。一般的な分子の基底状態は、パウリの排他原理に従いスピンの向きの異なる電子２個がＨＯＭＯに収容されます。これを一重項基底状態と言います。ここで、電子遷移が可能な光を照射すると電子が１個ＨＯＭＯからＬＵＭＯに遷移し、一重項励起状態になります。ＬＵＭＯに遷移した電子１個が項間交差により電子のスピンを反転させると三重項励起状態となります。一重項励起状態から基底状態に戻る際の発光を「蛍光」、三重項励起状態から基底状態に戻る際の発光を「燐光」と言います（図２）。

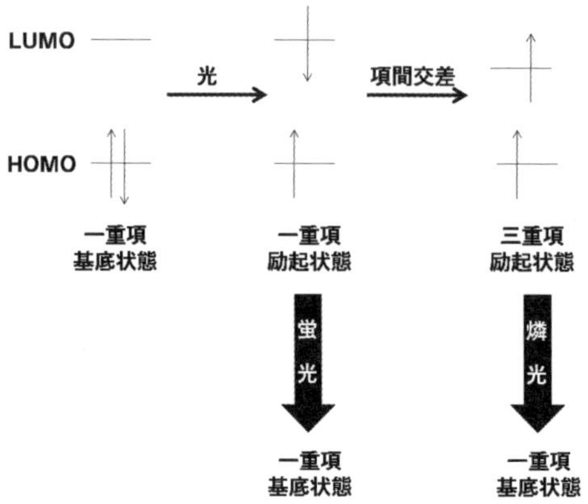

図２　蛍光と燐光

蛍光と燐光には明確な違いがあります。それは、寿命です。蛍光は一重項励起状態から一重項基底状態への遷移なので、スピン多重度が同じため許容遷移で直ぐに基底状態に戻ることができます。そのため、照射している光を消すと、蛍光は観測されなくなります。即ち、蛍光の寿命は短いのです。一方、燐光は三重項励起状態から一重項基底状態への遷移のため、スピン多重度が異なり理論的には遷移が起らない禁制遷移です。実際には、スピン−軌道相互作用により遷移は可能ですが、本来は起こらない遷移のため基底状態に戻るまでに時間がかかります。よって、燐光の寿命は長くなります。

一般の社会では、蛍光も燐光も区別なく蛍光と言われる場合が多いのですが、例えば、時計の文字盤等が、部屋の電気を消して暗くなったあとも、しばらくの間発光しているのを見たことがあると思います。これは、文字盤に塗られた夜光塗料（蓄光塗料）による燐光です。是非この機会に、蛍光と燐光の違いを覚えて下さい。

それからこれは余談ですが、先程説明したＨＯＭＯとＬＵＭＯを合わせてフロンティア軌道と呼びます。このフロンティア軌道の密度や位相によって、分子の反応性が支配されるという理論（フロンティア軌道理論）を確立したのが日本人の福井謙一先生です。福井先生は、1981年にロアルド・ホフマンとともにノーベル化学賞を受賞されています。

蛍光性トリプタンスリンの発見

私の研究室では、「光る物質」として、様々な蛍光性のトリプタンスリンを合成して研究を進めています。ここでは、蛍光性のトリプタンスリンの発見についてのお話をしたいと思います。

皆さんは、植物の藍（タデアイ）を知っているでしょうか。藍は、日本における藍染め染料の原料植物としてよく知られていますが、古くから「藍は肌荒れに効く」として民間伝承の薬としても用いられてきました。この民間伝承に着目して、弘前大学では2002年から教育学部の北原晴男教授が中心となり、藍に関する研究がスタートしました。その結果、藍から抽出されたトリプタンスリン（図３ａ）という物質が、アトピー性皮膚炎の原因菌であるマラセチア・フルフル菌に対して高い抗菌性を示すことがわかりました。それは、アトピー性皮膚炎の治療薬としても用いられる硝酸ミコナゾールの６倍もの高い抗菌性でした。その後、2003年に医学研究科の花田勝美教授らが、マラセチア菌が関与する皮膚疾患のある患者に対し臨床試験を行ったところ、マラセチア毛包炎が消え、皮膚に対する刺激反応やアレルギー反応についても問題ないことがわかりました。更に、医学研究科の中根明夫教授らの研究により、接触性皮膚炎に対して抑止効果があることもわかりました。

私の研究室では、2006年から北原教授らとの共同研究を開始し、天然からは得ることのできない種々のトリプタンスリン誘導体を化学合成して、抗菌性に対する構造活性相関を調べていました。その過程で、トリプタンスリンの2-位の水素をアミノ基（$-NH_2$）に置換した2-アミノトリプタンスリン（図３ｂ）が他のトリプタンスリン誘導体に比べて物凄くよく光ることを偶然見つけました。そこで、更に調べてみると、2-位の電子供与性のアミノ基と6-位の電子求引性のカルボニル基（C=O）とが共役した構造（単結合と不飽和結合とが交互に連なった構造）をしており、励起状態での強い分子内電荷移動（Intramolecular charge transfer, ＩＣＴ）により、溶液中では周りの環境（溶媒極性）に応じて蛍光の色が変化する正の蛍光ソルバトクロミズムという面白い性質を示すこともわかりました。

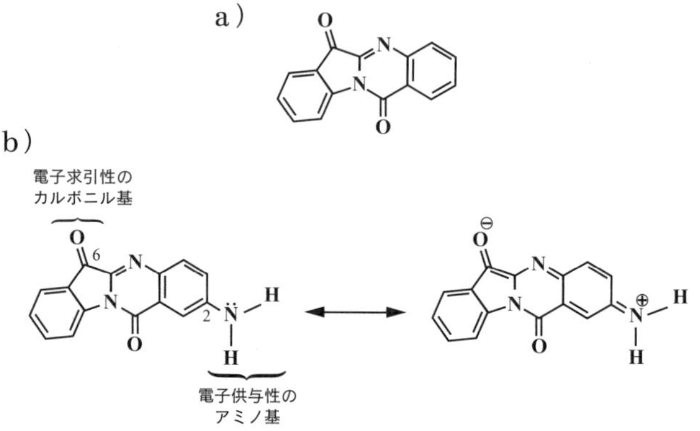

図３　a) トリプタンスリンと b) 2- アミノトリプタンスリンの共鳴構造式

蛍光性のトリプタンスリンに関する報告はそれまでになく、2009年に特許を出願して、2014年１月に特許を取得しました（トリプタンスリン誘導体、特許第5448046号）。

この原稿はモノクロ印刷のため、「光る物質」の美しい蛍光を皆さんにお見せすることができないのがとても残念なのですが、川上研究室のホームページ（http://www.st.hirosaki-u.ac.jp/~jun/jklab/jklab001.html）にアクセスして、蛍光性トリプタンスリンの蛍光発光の様子を是非ご覧下さい。

蛍光センシング材料

「光る物質」の用途としては、皆さんは何を思い浮かべるでしょうか。これまでは発光性着色材料　(染料、顔料、インク）として多く利用されてきましたが、近年では有機ＥＬ発光体、色素増感太陽電池、色素レーザー、蛍光イメージングプローブ等、多様な用途が拓かれています（図４)。

私の研究室ではその中で、環境中の有害金属イオンを検出する蛍光性化学センサーや、生体物質が「いつ」、「どこで」、「どのように」作用しているかを明らかにするために用いられる蛍光イメージングプローブなど、蛍光センシング材料に関する研究を進めています。

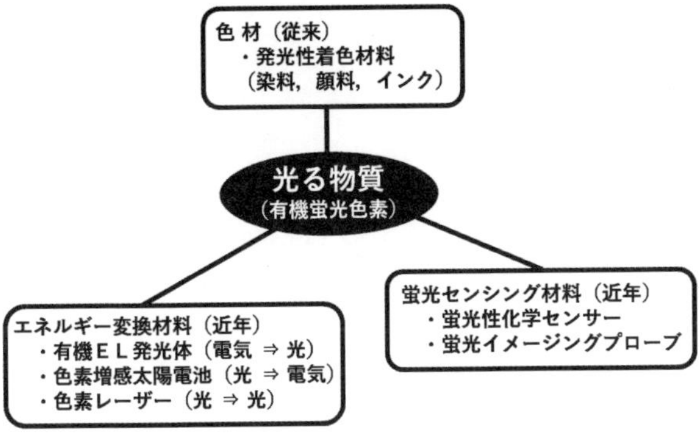

図４　光る物質（有機蛍光色素）の用途

例えば、先程紹介した2- アミノトリプタンスリンとベンゼン環が４つ縮環したピレンという物質をポリエーテル鎖でつないだ系では、蛍光共鳴エネルギー移動（Fluorescence resonance energy transfer，ＦＲＥＴ）という現象により、通常は溶液中でピレンに光を照射して励起するとＦＲＥＴ -on により2- アミノトリプタンスリン由来の赤色の蛍光が観測されますが、鉄イオン、銅イオン、水銀イオンが存在するとＦＲＥＴ -off となることでピレン由来の青色の蛍光に変わります。すなわち、金属イオンを検出する蛍光性化学センサーとしての性質を示します（図５ａ）。また、2-アミノトリプタンスリンの2-位のアミノ基を、同じ電子供与性のヒドロキシ基（-OH）に換えた2-ヒドロキシトリプタンスリンでは、基底状態では pH に応答したヒドロキシ基のプロトンの解離・会合が起りますが、励起状態では pH に依存することなくプロトン解離し、水やヘモグロビンの吸収のない「生体の窓」（650 nm ～900 nm）と呼ばれる波長領域で発光することから、生体内での蛍光イメージングプローブとしての応用が期待されています（図５ｂ）。

私の研究室の研究成果の一部を紹介しましたが、光る物質を用いた研究の重要性は多様な用途とともに増していて、世界中で活発に研究が行われています。

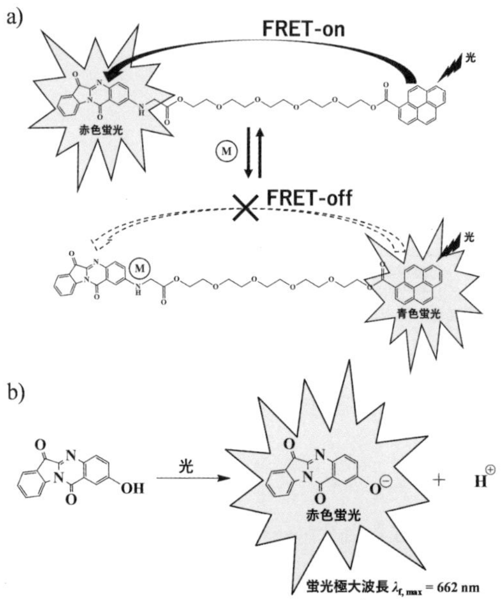

図５　a) 金属イオンの蛍光センシング（Ⓜは金属イオン）と
b) 2- ヒドロキシトリプタンスリンの「生体の窓」での発光

おわりに―「光る物質」を創りたい人達へ―

「光る物質」のお話は如何でしたか。弘前大学理工学部物質創成化学科では、授業科目に私の担当する「光化学」という講義があります。また、大学院に進学すると「有機光化学特論」という更に高度な内容の講義もあります。特に、このレクチャーエッセイを読まれて、「光る物質」や「光化学」に興味を持たれた高校生の皆さんは、是非弘前大学に進学して下さい。そして、一緒に「光る物質」を創りましょう！　皆さんと弘前大学でお会いできる日を楽しみにしています。

参考文献

１）杉森彰、時田澄夫『光化学』裳華房、2012年。
２）光化学協会光化学の事典編集委員会『光化学の事典』朝倉書店、2014年。

Lecture 6　植物の形つくりと細胞分裂の制御
―動くことのできない植物の静かなる生存戦略―

笹部美知子

青森には樹齢何百年という大木が数多く存在していることが知られています。このような長い寿命はどのようなしくみに支えられているのでしょうか？ その理由は植物特有の形つくりにあります。皆さんもご存知のとおり、植物は移動することなく生涯同じ環境で生活するのに対し、動物は移動する能力を持ち場所を変えながら生活するという大きな違いがあります。一見すると、動くことのできる動物は植物より生存に有利に感じるかもしれません。しかし現在地球上に、動物だけでなく多様な植物が溢れていることを考えると、植物の生存戦略も成功していると言えそうです。動くことができない植物ですが、生体内の小さな細胞の中はダイナミックに動き、正確なタイミングで正確な方向に新しい細胞を生み出し、美しく多様な形をつくり出しています。美しいだけでなく生存戦略にも優れた植物の形つくりのしくみの一端を紹介したいと思います。

植物と動物は異なる発生過程をとる

動物も植物も受精卵という１細胞が分裂を繰り返すことにより、多様性に富んだ形態を持つ個体を完成させます。受精卵が成体になるまでの過程は「発生」と呼ばれており、特に発生の初期段階（動物では孵化もしくは出産まで、植物では発芽まで）は「胚発生」と呼ばれます。動物も植物も同じくたった１つの受精卵からスタートするにも関わらず、成体になるまでの発生戦略は動植物間で全く異なっていることが知られています。私たち動物は、複雑で多様な形をした器官を多数持っていますが、生まれた時には、大人が

ささべ　みちこ　　農学生命科学部　准教授
植物の細胞分裂を制御する分子メカニズムの研究。細胞分裂と細胞の運命決定のメカニズムに少しでも近づきたいと思いながら研究をしています。趣味はドライブと音楽鑑賞。

持っているこれらの器官（目や耳、肺、生殖器官など）をほぼ完成させています。それらの器官は成長と共に機能的に成熟していきますが、見た目は大きく変わりません。つまり、動物は胚発生の間にほぼすべての器官を完成させています（図１）。

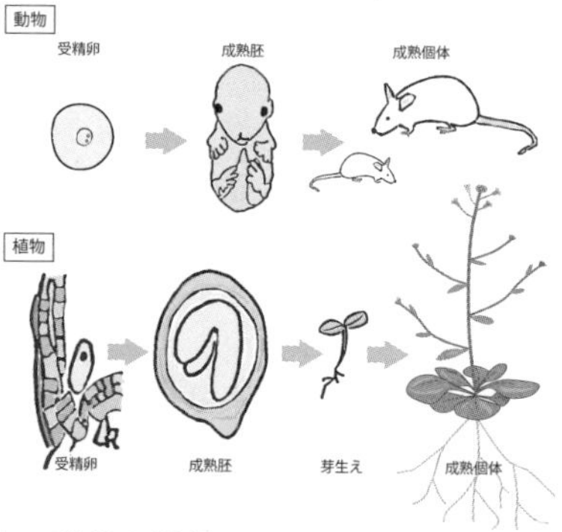

図１　動物と植物の発生の様子（巻頭カラー）
動物は成熟胚において成熟個体とほぼ同じ器官を備えている（上）。植物は胚発生後に根・茎・葉・花をつくる（下）。

一方植物は、根、茎、葉（花）というたった３つの器官から構成されていますが、これらは全て胚発生後（発芽後）に形成されることが分かっています。発芽直後の芽生えの段階で、全て揃っているのでは？ と思った方もいるかもしれません。しかし、芽生えで見られる葉のような器官は、成体で見られる本葉とは異なった形を持つ「子葉」と呼ばれる特別な器官で、本葉とは区別されています。このように、胚発生の後に新しい器官をつくることができるのは、植物が胚発生中に、「分裂組織」と呼ばれる未分化な「幹細胞」の集団を形成し、発芽後もそれら分裂組織を維持し続けているからです。植物は、胚発生の間に子葉の付け根に「茎頂分裂組織」を、幼根の先端に「根端分裂組織」を形成します（図２ａ）。発芽後は、茎頂分裂組織から葉や茎などの地上部の器官を、根端分裂組織から根の器官を形成しながら成長し、そして子孫を残すための生殖器官である花器官は成長の最終段階になりやっと形成されます。そのため、最終的な成体は芽生えとは大きく異なった姿をしているのです（図１）。植物特有のこの発生システムは、動くことのできない植物にとって非常に理にかなっています。例えば、乾燥、低温や貧栄養といった環境の変化に対して、植物は移動して回避することはできませんが、葉や花を形成するスピードやタイミング、根の伸長度合いをコントロールすることによって、その変化に対応し生存の可能性を高めているのです。

植物は胚発生後の発生システムに加えて、全ての細胞が高い再生能力を有していることも特徴の１つです。植物の１部を切り取って適切な条件で培養すると、植物細胞は再び根や葉を分化させ、１つの植物体に再生することができます。このような性質を「分化全能性」といい、農業分野では古くから植物のこの能力を利用して、組織培養や挿し木といった技術を開発させてきました。そのしくみは、長年の研究にも関わらずまだ全容解明には至っていませんが、動物細胞の分化全能性が胚発生の間に消失してしまうことを考えると、植物細胞の高い再生能力は、植物では胚発生後に全ての器官がつくられるということと関係しているのかもしれません。最初の問いに戻ると、樹齢何百年という樹木の寿命は、少なくともその一端はこのような特徴的な植物の発生システムに支えられているのです。

植物の発生を支える分裂組織

茎頂分裂組織や根端分裂組織が、どのように形成され、維持されているのかは未解明な点も残されていますが、モデル植物であるシロイヌナズナ（*Arabidopsis thaliana*）を用いた研究から、茎頂分裂組織や根端分裂組織を形成するために必要な遺伝子が見つかりつつあります。ここでは茎頂分裂組織を例に、植物の発生を支える分裂組織の構造と機能、そしてその形成に関わっている因子について紹介します。

茎頂分裂組織は、茎の先端に位置する未分化な細胞群です。この組織は中心部（Central zone；CZ）と周縁部（Peripheral zone；PZ）と呼ばれる領域から構成されており、その外側に分化した器官の原基が形成されます（図２ｂ）。CZ と PZ の細胞はいずれも未分化細胞ですが、その性質が異なっていることから異なる名称で呼ばれています。CZ の細胞は、分裂すると娘細胞の１つは自分自身に（自己複製）、もう１つの娘細胞は PZ の細胞となります。一方、PZ の細胞は何度か自己複製の分裂を繰り返した後に、分化した娘細胞を PZ の外側に送り出し、器官原基の発生を促しています。つまり、CZ の細胞は PZ を生み出す未分化細胞、PZ の細胞は、器官に分化する細胞を生み出す未分化細胞です。茎頂分裂組織の重要な役割は、未分化な細胞を維持したまま、器官分化するための細胞を分裂組織の外側に送り出し続けることです。未分化細胞と分化細胞のバランスが崩れると、どちらに傾いても正常な発生はできません。例えば、未分化細胞が少なくなると分化細胞の供給が止まり発生は停止してしまいます。逆に未分化細胞が増え続けると未分化な細胞の塊が形成されるのみで、器官の形成はやはり止まってしまいます。

シロイヌナズナの変異体を用いた研究から、茎頂分裂組織における未分化細胞と分化細胞のバランスを正常に保つのに必要な因子のいくつかが明らかになっています。１つは様々な遺伝子セットの働きをオンにするスイッチとして機能するタンパク質（転写因子）である SHOOT MERSTEM LESS（STM）と WUSCHEL（WUS）、もう１つはペプチドリガンド分子 CLAVATA3（CLV3）とその受容体 CLAVATA1、2（CLV1、CLV2）から開始される CLAVATA シグナル経路です（図３ａ）。STM 及び WUS 遺伝子が機能しなくなった変異体では、茎頂分裂組織が全く形成されなかったり、発芽後に未分化細胞を維持

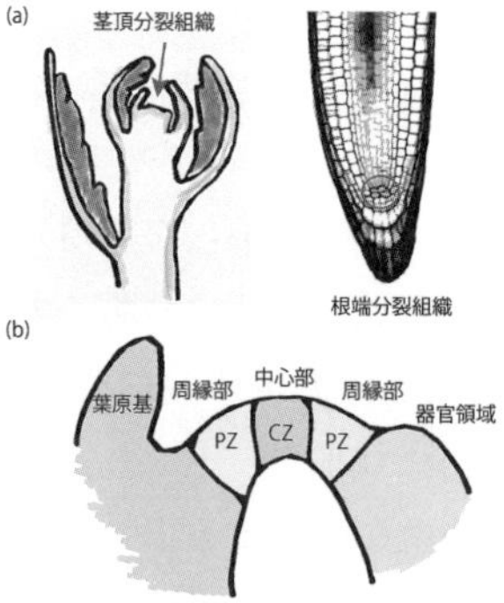

図２　植物の分裂組織

（ａ）植物の茎頂分裂組織と根端分裂組織。個体において未分化な細胞集団を内包している。

（ｂ）茎頂分裂組織の構造。中心部（CZ）と周縁部（PZ）に区画分けされる。福田裕穂編『成長と分化』朝倉書店、2001年より改変。

することができず、成長の初期段階で発生が止まってしまいます。これらのことから、STM と WUS は茎頂分裂組織の形成と維持に必要であることが明らかとなりました。

一方、CLAVATA 遺伝子群の変異体では、未分化細胞が過剰に蓄積された結果、大きくドーム状に膨らんだ茎頂分裂組織が形成されてしまいます。これらの変異体では、器官分化が著しく遅れることから、CLAVATA シグナル経路は未分化細胞を分化させるのに必要な経路であることが分かりました。これらの遺伝子やシグナル経路がどのような分子をコントロールしているのか等、分子メカニズムの詳細は現在精力的に研究が進められていますが、興味深いことに、分化に寄与する CLAVATA シグナル経路と未分化細胞の維持に機能している WUS は、茎頂分裂組織を維持するために、お互いにその働きを調節しあっていることが明らかになっています。具体的には、図 3 に示すように、WUS は未分化細胞を維持する機能と同時に、CLAVATA シグナル経路において上流で機能している CLV3 遺伝子の発現を促進する機能を持っていること、一方で、CLAVATA シグナル経路は分化を誘導すると同時に、WUS 遺伝子の発現を抑制する機能も持っていることが明らかとなったのです。もし、何らかのバランスが崩れ、CLAVATA シグナルの働きが強ま

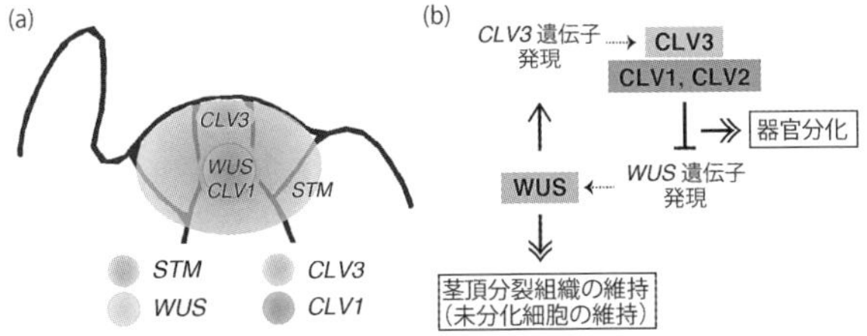

図 3　茎頂分裂組織の維持に関わる遺伝子とその機能

（a）茎頂分裂組織の維持に関わる遺伝子群の発現パターン。CLV3 遺伝子は茎頂分裂組織中央部の最外層とその内側の層の 2 層で発現している。中央部の CLV3 発現領域の直下には、WUS 遺伝子及び、CLV3 ペプチドの受容体をコードする CLV1, 2遺伝子が発現している。STM 遺伝子は中央部と周縁部で発現しており、器官領域では発現が消失する。

（b）茎頂分裂組織の維持に関わる遺伝子間のフィードバック制御。

福田裕穂編『成長と分化』朝倉書店、2001年より改変。

ると、WUS 遺伝子の発現領域は狭くなり未分化細胞が減少すると考えられますが、そのような場合には WUS の制御下にある CLV3 遺伝子の発現がすぐさま抑制され、CLAVATA シグナル経路の機能は適切な状態に戻り、WUS の発現領域も正常に戻るというわけです。この制御により WUS 遺伝子の発現領域が限定されることで、茎頂分裂組織における未分化領域の維持と、その周辺領域における分化が保証されています（図３ b）。このような緻密なフィードバック制御により、茎頂分裂組織が生涯を通して維持されることが、植物の形づくりの基盤となっているのです。

植物のかたち作りと細胞分裂：分裂方向の制御

茎頂分裂組織により生み出された細胞は、どのように種固有の多様な形を作り上げていくのでしょうか？ 多細胞生物では、発生の様々な段階で決められたパターンに沿って分裂することが知られており、分裂方向の制御が細胞分化や器官形成の制御、そして種固有の形つくりと密接に関係していることが知られています。植物の茎頂分裂組織では、PZ 領域の未分化細胞がランダムな方向への細胞分裂を繰り返すのに対し、分化領域では局所的な細胞増殖と、規則的な分裂パターンが誘導されることにより器官形成が促されると考えられています。つまり、方向づけされ細胞分裂が開始されるわけです。

動物細胞では、細胞分裂の方向は、微小管構造体である中期紡錘体の位置と向きによって決定されていることが示されています。この時、分裂方向（紡錘体の向き）は、様々な内的・外的要因によって制御されていることが明らかになりつつありますが、紡錘体の向きを決める要因として、①細胞の性質を決める内因性の物質（分化決定因子など）、②細胞の形、そして③隣接する細胞や細胞外基質との接着が報告されています。細胞は、発生ステージや周囲の細胞・組織との関係に応じて、これら要因のいずれかに依存して適切な分裂方向を決定しています。

一方、植物細胞では、細胞分裂の方向の決定は動物より早く、細胞分裂開始時に形成される植物特異的な微小管を主成分とする構造体、分裂準備帯（Preprophase band; PPB）により決定されます。間期の植物細胞は表層微小管と呼ばれる規則的な配向を持った微小管束により、細胞膜の内側が裏打ちされていますが、分裂期の前期直前にこの表層微小管は消失し、将来の分裂面に帯状の微小管束、PPB が形成されます（図４）。PPB は、前期に入り核膜が崩壊すると消失してしまうのですが、PPB が形成された領域に集積する複数のメモリータンパク質が同定されており、これらが標識となり分裂方向が決定されていることが明らかとなっています（Müller 2019）。

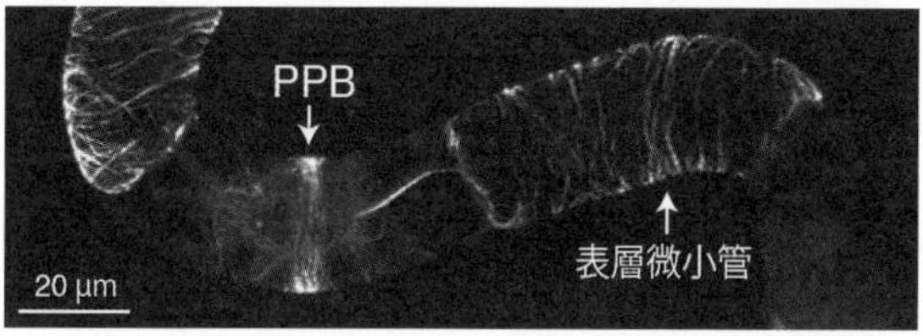

図４　植物細胞における分裂準備帯と表層微小管

ＧＦＰ蛍光タンパク質を融合した微小管マーカータンパク質をタバコ培養細胞に導入し、微小管構造を可視化した。中央の細胞には、M期に入る直前に見られる分裂準備帯（PPB; preprophase band）が、両側の細胞には間期の細胞で見られる表層微小管が観察される。

分裂方向の決定と細胞質分裂

植物の形つくりにおいて最後の重要なイベントは細胞質分裂の実行です。染色体が２つに分かれた後、動物の細胞質分裂は外側から内側への陥入により引き起こされるのに対して、植物の細胞質分裂は、細胞膜と細胞壁からなる細胞板が細胞の内側から外側に向かって形成されることにより実行されます（図５）。決定された分裂面を直接陥入させる動物細胞に対して、植物細胞では内部で形成された細胞板を、PPB により規定された場所にガイドする必要があります。そのため、植物における細胞質分裂は、細胞板というしきりを作ることに加えて、分裂方向の制御とも密接に関係していると考えられています。

植物細胞の細胞質分裂は、分離された染色体の間に形成される植物に特異的な微小管構造体、フラグモプラスト（核膜形成体）の中で進行します。フラグモプラストの中心部では、細胞壁や細胞膜の形成に必要な物質を含んだ

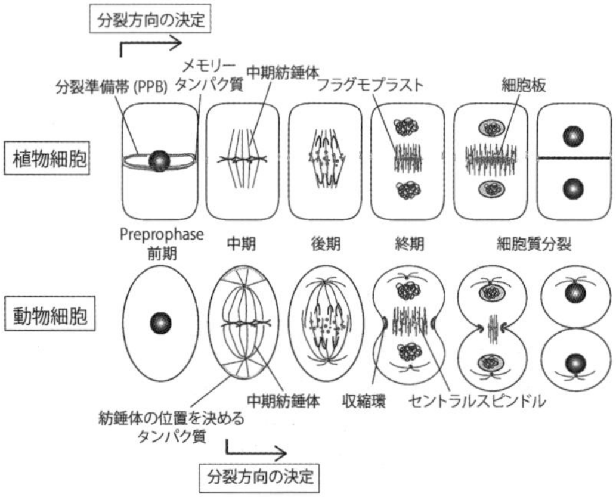

図５　植物細胞と動物細胞の細胞分裂と分裂方向の決定

植物細胞（上）と動物細胞（下）の細胞分裂の模式図。植物細胞では中期に入る直前に、動物細胞では中期に分裂方向が決定される。

膜小胞が集積・融合し、融合した膜構造体の中で細胞壁成分が合成されることにより細胞板の形成が進んでいきます。内部で細胞板が形成されると、フラグモプラストは細胞板をとり囲むようにリング状の構造となり、細胞板形成を伴いながら遠心的に拡大し、最終的には PPB に規定された場所に到達することにより細胞分裂を完了させると同時に適切な位置に細胞板を挿入するのです（図５）。細胞板の拡大成長はフラグモプラストの拡大成長に依存しているので、分裂方向をガイドするタンパク質はフラグモプラスト上に存在している可能性が高いと考えられています。実際、フラグモプラストの拡大成長を制御する因子の変異体の中には分裂の方向に異常が見られるものが複数見つかっています[2)]。また、PPB の位置をメモリーするタンパク質に結合するタンパク質として見つかったフラグモプラスト上に存在するタンパク質が欠損すると、分裂方向に異常が生じることが報告されており、今後、これらのタンパク質の詳細な機能解析が待たれます。

PPB が最初に見つかってから約30年がたとうとしていますが、PPB の形成、PPB 形成位置のメモリー、そしてそのメモリーされた場所に細胞板をガイドするという植物の分裂方向の制御に関わるタンパク質がこの間に出そろってきた感があります。今後は、これらのタンパク質の機能を詳細に研究することで、細胞レベルでの分裂方向の制御機構については近い将来明らかになってくるのではないでしょうか。しかし、先に述べたように動物細胞では中期紡錘体の位置を決める要因が報告されていますが、植物細胞ではPPBの形成位置が個体においてどのような要因により決められているのかについては明らかになっておらず、個体における形つくりの全容を理解するには、まだ多くの課題が残されています。是非、少し足をとめて周囲の植物を観察してみて下さい。多種多様な植物があるにも関わらず、それぞれの種は驚くほどの規則性で形をつくっていることに気がついていただけると思います。しかし、そのしくみの理解はまだ断片的です。多くの若い皆さんが、この分野の研究に参入してくれることを願っています。

参考文献

１）Müller S. Plant cell division - defining and finding the sweet spot for cell plate insertion. Curr Opin Cell Biol. 60, 2019,9-18.（doi: 10.1016/j.ceb.2019.03.006.）

２）笹部美知子、町田泰則「植物における細胞質分裂の制御機構」、『生化学』第88巻４号、2016年、465-476頁（doi:10.14952/SEIKAGAKU.2016.880465）。

３）福田裕穂編『成長と分化　朝倉植物生理学講座４』朝倉書店、2001年。

おすすめの本

・岡田清孝、町田泰則、松岡信監修『新版　植物の形を決める分子機構』秀潤社、2000年。

・柴岡弘郎『植物は形を変える』共立出版、2013年。

Lecture 7　弘前大学育成リンゴ品種の過去と未来

林田　大志

リンゴ食べてますか？？

皆さん、リンゴは好きですか？？ 私は大好きです。生食はもちろん、ジュースやジャムなどに調理したもの、老若男女好まれております。食物繊維やビタミンC、ミネラルなどが豊富で「１日１個のリンゴは医者を遠ざける」ということわざのとおり、非常に栄養価に優れています。最近では、リンゴポリフェノールの一種であるプロシアニジンが、抗酸化作用を有し、脂肪吸収抑制効果もあると報告されています。

弘前大学農学生命科学部附属生物共生教育研究センター藤崎農場

青森県のリンゴの歴史は明治時代から始まり、今では日本の約６割の生産量を占めています。そして、弘前大学農学生命科学部附属生物共生教育研究センター藤崎農場は、日本国内はもちろん、世界でも最も多く栽培されているリンゴ品種‘ふじ’が育成された旧農林水産省園芸試験場東北の後身であり、現在のリンゴ産業の基盤を築いた場所であると言えます。弘前大学でも1981年よりリンゴ新品種の育成プロジェクトが始まり、贈答用としての大果系統、高付加価値化を主目的とした赤肉系統、玉回しや摘葉といった着色管理のいらない黄色系統の選抜を進めてきました。2010年に品種登録された弘前大学育成赤肉リンゴ品種‘紅の夢《くれないのゆめ》’を初め、いくつかの品種がこれまでに登録されました。他の果樹と同様に多品種化が進んでいる近年の動向に沿った、弘前大学育成リンゴ品種を紹介していきます。

はやしだ　たいし　　農学生命科学部　助教
藤崎農場栽植のリンゴ、ナシ、カシスなどを利用して、栽培上都合の悪い生理学的問題を圃場レベルで改善および解明する研究を行っている。また、様々な要望に応えた新品種の育種も行い、その栽培研究を行っている。

果皮のみならず果肉まで赤いリンゴ‘紅の夢’

育成過程

‘ふじ’は日本のリンゴ生産量の約５割を占めており、ミカンなどの他の果樹に比べ有力品種一品種の生産割合が高いです。しかし近年、消費者は‘ふじ’のみならず珍しく、おいしいリンゴを求める傾向があります。また、インターネットなどの普及により、生産者個人による小規模でのリンゴ販売が可能となっています。さらに、個人での販売では生果のみならず加工品の販売も可能であることから、加工用品種の生産も重要であるため、日本では現在、多種多様な品種が育成・登録されています。

藤崎農場では、塩崎雄之輔弘前大学名誉教授によって、高付加価値を目的として果皮のみならず果肉まで赤色に着色し、豊産性で果肉の淡紅色を生かした加工品の製造原料としても適しているリンゴ品種が選抜され、2010年に品種登録しました（登録番号19259）。それが‘紅の夢’です。

果実特性

‘紅の夢’の外観は‘紅玉’に似て円～偏円形で、果皮が‘紅玉’よりさらに濃い暗紅色、果実重が‘紅玉’より大きい300g 前後です。糖度は13%、酸度が0.7%程度と酸味が強く感じられ、‘紅玉’と似た味です。貯蔵性は普通冷蔵で約３か月です。本品種の最大の特徴は果肉が淡紅色に着色することであり（図１）、生食も可能であるが果肉色を生かした加工原料としても‘紅玉’以上の期待が高まっています（図２）。

図１　‘紅の夢’の果実（巻頭カラー）

命名由来と紅の夢普及推進委員会

加工に適したリンゴと言えばかつては生食もされた‘紅玉’ですが、その生産量は徐々に低下し、幻のリンゴになりつつあります。そんな‘紅玉’の果たせなかった「生食でき加工にも適したリンゴとして多くの皆さんに愛される」という「夢」を実現してほしいとの願いを込めて名づけられたのが‘紅の夢’です。また、‘紅の夢’を中心に青森県内の行政、企業、生産者を核とする「赤い果肉リンゴ紅の夢普及推進委員会」を立ち上げています。日本一のリンゴ産地青森県の有する生産、販売、普及に関して高い技術とノウハウを持った個人や団体といったこれまで個別に活躍していた横のつながりを‘紅の夢’という新たなリンゴのもとに集い強化し、地域産業の活性化に貢献してきました。

図２　‘紅の夢’を用いた加工品

赤肉リンゴの機能性

‘紅の夢’は果皮に含まれる赤色成分であるアントシアニンの一種シアニジン -3- ガラクトシドが果肉にも含まれます。リンゴ‘ふじ’よりもアントシアニン含量が多く、既存のリンゴを超える機能性を有することが報告されています。また、‘紅の夢’には脂質の過酸化を抑える抗酸化作用、善玉コレステロールを増加させることによる血漿脂質改善作用、a-グルコシダーゼ活性を阻害し糖吸収を緩やかにし、糖尿病を予防する作用などがあることが明らかになっています。見た目の美しさに加え、健康に良いという機能もあることは、商品開発、消費の喚起の上で非常に心強いです。現在、青森県内外で‘紅の夢’を通して様々な共同研究、商品開発がすすんでおり、今後も研究・商品開発に協力し続けていきたいと考えています。

赤肉リンゴには着色機構の異なる２系統が存在する!!

果肉が着色するリンゴには２系統あり、タイプ１は果肉のみならず果芯と葉が赤色に着色する系統、タイプ２は果芯や葉は赤く着色せず、果肉だけが赤く色づく系統です。前者は幼果期から果肉が赤く着色しており、果実が肥大するに従って着色は薄くなります。一方、後者は幼果期の果肉はまったく着色しておらず、成熟直前に着色が始まります。弘前大学育成の赤肉リンゴは後者の系統のリンゴです。それぞれ、一長一短があり、前者は着色が安定しているものの、大きな果実を生産すると着色が薄まるため、肥大を抑えなければなりません。一方、後者は大型の果実を生産できるが果肉着色の安定化のためには工夫が必要です。

次世代の赤肉リンゴ品種

10月～12月まで赤肉リンゴのリレー出荷供給体制を拡充するため、弘前大学では‘紅の夢’に加え早生の‘HFF60’晩生の‘HFF33’という２品種の赤い果肉のリンゴを2016年に品種登録しています。リンゴ‘HFF60’の最大の特徴は、果皮が黄色で、果肉が赤いことです（図３）。成熟すると果肉の赤色が果皮を通してピンク色に見えることから、見た目の珍しさ、美しさはもちろんのこと、果肉だけでなく果皮も赤色であるため果実を切らないと果肉の着色程度が正確に確認できない‘紅の夢’と異なり、外観から果肉着色を正確に確認できます。リンゴ‘HFF33’は、‘ふじ’のような縞模様を有し、貯蔵性が極めて高いことが最大の特徴です（図４）。また、どちらも酸味が抑えられており、生食としての利用が期待できます。これら２つの赤肉品種が今後、青森県のリンゴ産業に大きく貢献できるよう普及・研究活動を努めていきたいと思っております。

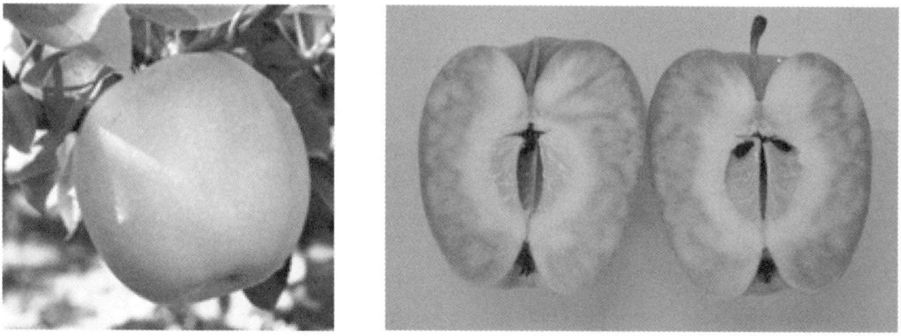

図３　‘HFF60’の果実と断面

図４　‘HFF33’の果実と断面

今後の普及に期待　高糖度で貯蔵性の良い黄色リンゴ『きみと（HFF63）』

育成過程

着色管理の省力化を目指して育成した『きみと（HFF63）』は、晩生の黄色い果皮のリンゴ品種です。‘ふじ’と同時期に収穫され、黄色い果皮を持つ品種としては同じく弘前大学において育種した‘こうこう’がありますが、枝が直立し、花芽が付きにくく、剪定が難しいことが普及を妨げていました。‘こうこう’は高糖度でスクロース含量が多く、果肉に蜜が入りやすいことから、消費者の評価が高く、特に対面販売やインターネット販売で好評を得ています。そこで、果肉に蜜が入り高糖度でスクロース含量が多い特徴を維持しながらも、生産者が作りやすい品種の育成を目指し、選抜を行いました。

‘きみと’は1980～90年代に弘前大学名誉教授の塩崎雄之輔氏により主要品種同士の交雑により育成されました。そして、‘こうこう’と同様の濃厚な甘みを持ち、かつ‘ふじ’と同様の剪定で良質な果実を生産することができる品種が選抜され、2016年３月25日に農林水産省より‘HFF63’として品種登録が認められました（登録番号第25147号）。DNA マーカーを利用した遺伝子型解析の結果、本品種の両親はどちらが花粉親、種子親かまでは明らかにできなかったものの、‘ふじ’および‘東光’の組み合わせで作出されたものであることが明らかとなっています。

栽培特性と果実特性

‘きみと’の丸葉台における樹勢、樹の型および樹姿はそれぞれ同時期に収穫される‘ふじ’と同様の「中」、「分枝型」、「開張」です。そのため、生産者が栽培しなれた‘ふじ’と同様の樹体管理、剪定手法の適用が可能です。自家不和合性遺伝子 S-RNase 型は S2S9が検出されました（S 遺伝子型が一致すると果実を着けない）。これは既存品種の‘金星’、‘春明21（あおり21）’および‘トキ’と同様で、これらの品種との交雑和合性はありません（受粉できない）。さらに、弘前大学で育成した S2S3S9の遺伝子型を持つ‘弘大みさき’とも交雑和合の関係ではないことが明らかになっています。

収穫期は‘ふじ’と同じ11月の上旬～中旬で、丸葉台の場合１果重が350g 前後の果実を生産します（図５）。硬度は平均で78.5 N としっかりと歯応えのある果実です。糖度は果実全体の果汁を絞った測定で15％と非常に高く、一方、リンゴ酸含量は0.34％と比較的少ないことから、甘味を強く感じるリンゴ品種です。また、収穫を遅らせると、‘こうこう’同様に果肉に多

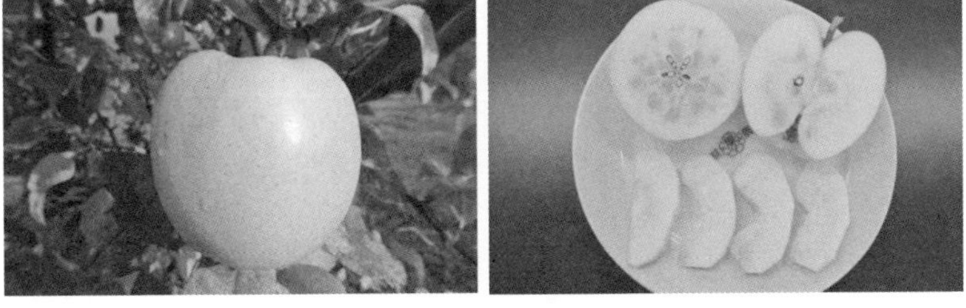

図５　『きみと（HFF63)』の果実と断面

量の蜜を蓄積する特性も有しています。貯蔵性は極めて良好で、実験では収穫後150日後までの普通冷蔵に伴う品質の低下は見られませんでした。さらに、1-MCP（鮮度保持剤）やCA貯蔵技術（温度、酸素、二酸化炭素を制御し呼吸作用を抑え長期貯蔵を可能にする技術）を利用すれば、さらに長期間の貯蔵も可能であると考えられます。

栽培適地と普及性

これまでに‘きみと’に大きな栽培上の問題点は見られないです。無袋栽培を行っても‘はるか’のような果面にサビを発生することはなく、‘王林’のように果点が目立つこともなく、表面が滑らかです。さらに、果皮、果肉ともに硬度が高いことから、‘こうこう’でみられるような収穫時の押し傷や打撲痕も発生しにくいという特徴も有しています。また、矮性台を使った栽培では、大型の果実が生産されています。静岡における暖地での栽培試験において、‘きみと’はほのかな酸味も感じられるさわやかな高糖度果実に仕上がり、硬度の低下もなく着色管理の必要もないことから、暖地での栽培適性もあると考えられます。ただし、寒冷地の栽培で見られる著しい蜜の蓄積はみられません。

命名由来

‘HFF63’として品種登録した‘きみと’は登録商標によって‘HFF63’の愛称として知財管理を行っています。‘きみと’は女性的な名前の多いリンゴ品種の中で、青リンゴのさわやかなイメージに合う、青年的な爽快感を示したかったこと。あえて漢字で表せば『黄実徒』となるように、『黄色い果実の仲間』というような、親近感を表現したかったことから命名しました。加えて、生産者、消費者の身近な存在になり、共に育てていってもらいたいという願いを込めて『君と』（With you ＝あなたと共に）との思いも込めています。また、将来の海外展開に備え、Kimitoとローマ字にした場合でも標記しやすいこと、発音に混乱が生じないこと、意味を説明しやすいこと等にも留意しています。

今後の展望

先に説明した黄色リンゴ‘きみと’、赤肉リンゴ‘HFF33’と‘HFF60’を介して、紅の夢と同様、産学官連携を行い、青森県リンゴ産業の発展に貢献したいです。また、‘紅の夢’や品種登録したHFFシリーズを親にした後代の更なる育種選抜も続けていきたいと考えています。さらに、料理研究家の協力をもとに、これまで見向きもされて来なかった品種に、加工用リンゴとして新しい価値を見出し、見直すような品種選抜を行っていきたいと考えています。世代を超え、たくさんの人々の努力と協力で品種登録に至った大学の育成品種たちが、今後さらに広い世界で多くの人々に出会い、その人らしく利用され、愛されることを切に願っています。

参考文献

1）前多隼人、林田大志、松本和浩「赤い果肉のリンゴ「紅（くれない）の夢（ゆめ)」の健康機能性」、『フードケミカル』第34巻12号、2018年、25-27頁。
2）松本和浩、前多隼人「切った瞬間,驚きに包まれるリンゴ'紅の夢'（大学発！美味しいバイオ)」、『生物工学会誌』第92巻1号、2014年、34-35頁。
3）松本和浩他「リンゴ新品種‘HFF63’／きみとTMの育成過程とその特性」、『園芸学研究』第17巻1号、2018年、114-122頁。
4）松本和浩、林田大志「新品種の栽培技術（vol.288） 高糖度で貯蔵性の良い黄色リンゴ「きみと（HFF63)」、『果実日本』第74巻2号、2018年、14-17頁。

おすすめの本

・農山漁村文化協会『現代農業』シリーズ。
・日本園芸農業協同組合連合会『果実日本』シリーズ。

Short Essay 1　古典語（古典ギリシア語・ラテン語）を学ぶということ

今井　正浩

古典語とは、ここでは、古典ギリシア語・ラテン語のことを言います。

わたくしは、1996年4月に、人文学部（当時）に西洋古典学（ヨーロッパの歴史文化の源流の一つである古代ギリシア・ローマの歴史文化を専門に研究する学問）の専任教員として着任しました。以来、二十数年にわたって、本学の教養教育等において、古典ギリシア語やラテン語の授業を担当してきました。受講者の数は決して多くはないものの、非常に熱心な学生諸君に支えられて、今日にいたっています。

わたくしが古典語を学び始めたのは、大学１年生の時に、同じクラスでヨーロッパ史の研究を志望していた友人から、古典ギリシア語の文法書を見せてもらったことがきっかけです。ごく単純な興味から始めた古典語の学習が、思いもよらず、その後のわたくし自身の一生を決定づけることになったというわけです。その友人は、その後、ヨーロッパ史とは別の分野に関心を移したために、古典語の学習をやめてしまいましたが、わたくし自身は、今でもその友人に感謝しています。

わたくしたちは、一体何のために外国語を学ぶのでしょう。その理由は人によって様々であると思いますが、多くの場合は「必要に迫られて」ということでしょう。わたくしたちがその習得に多くの時間とエネルギーを費やしてきた英語にしても、これを学び始めたのは、英語が中学校（現在は小学校）の必須科目の一つに設定されていたことにあります。その英語が、グローバル化の急速な進展にともなって、世界共通のコミュニケーションツー

いまい　まさひろ　　人文社会科学部　教授
西洋古典学
1960年、山口県岩国市生まれ。専門は西洋古典学（ヨーロッパの文化的源流にあたる西洋古典古代の原典を研究する学問。現在の専門の研究テーマは、古代ギリシア・ローマの医学思想・科学思想。

ルとしての重要度を増してきています。今後、そのような意味で利用価値の高い英語への一極集中が一段と進んでいく中で、英語以外の外国語のニーズが相対的に低下していくということも予想されます。

そのような状況の中で「もはや歴史的遺物にすぎないような古典語を学ぶことに、一体どんな意味があるのか」と尋ねられれば、この問いに対して、わたくしは「古典語を学ぶことは、ヨーロッパの歴史文化の源泉を掘り起こすことである」と答えたいと思います。それは、日本人にとっては「他者」にあたるヨーロッパを根本的に理解するというだけでなく、そのような「他者」理解を通して、わたくしたち自身をより一層深く理解することにつながると考えるからです。

Short Essay 2　教えてもらいましょう、教えてあげましょう

佐藤　裕之

大学では所定の単位を取得することが卒業の条件ですが、規定に沿って単位を得なければならない科目も、ある程度自由に選択して単位を得なければならない科目もあります。多様な分野にわたる知識をすべて網羅して学ぶことは現実には不可能なわけですから、適切に分野や科目を選んで学習に取り組むしくみになっているわけです。高等学校と比べると、大学では自分で学ぶ科目を決めなければならない場面が増えてきますから、自分で学ぶという姿勢が一層大切になってきます。理工系に限りませんが、自分の意志で学んでいることを自覚して取り組むことは、大学生としてよい時間を過ごすためにも大切なことだと思います。

高等学校や大学で教えられている科目やその内容は、時とともに変わり続けています。高校生の皆さんが今学んでいる内容も、皆さんの父母の皆さんや祖父母の皆さんが高校時代に学んできた事柄と同じというわけではありません。科学や技術の世界は、速いスピードで変化し続けているわけですから、教科書の内容が変わっていくのも当然のことと言えるでしょう。

さて、新しいことを学ぶのは楽しいことですが、嫌々でも学ばなければいけない場面も少なくはありません。自分だけで考えて力をつけていくことはとても大切なことですが、他の人から教えてもらいながら学ぶことも大切なことです。単に短い時間に力をつけることができるということよりも、自分とは異なる考え方や発想に気づくことができるという点から他の人から教えてもらうことには意味があります。特に、学ぼうとしている人と同じような経験をしてきた人から教えてもらうと、自分だけでは気づかなかった難しさ

さとう　ひろゆき　理工学研究科　教授
1961年岩手県生まれ。1999年弘前大学に着任。材料工学を専門とし、社会基盤を支える強度材料や高温変形の研究を進めている。2017年アドミッションセンター長、2018年４月より理工学研究科長を務める。

や面白さを理解することが楽になるでしょう。教壇に立つ先生は、十分に理解を深めることができた人の場合が多いでしょうから、初学者が気づきにくい難しさや、前提となる知識や常識の不足に気づきにくいこともあるのです。

先に記したように、教科書に書かれていることはどんどん変わっていくことがありますから、数年前に学んだ人と20年前に学んだ人とは、常識や前提が違うこともあり得ます。私自身も経験することですが、私が高校で教えてもらった内容と、新入生の皆さんが学んできた内容は同じとは限りません。私が当たり前と思ってきたことが、新入生の皆さんにとっては当たり前のことではないこともあるのですが、そのことになかなか気づくことができないこともありました。

大学では、いくつかの授業で、ティーチングアシスタント（TA）と呼ばれる補助者が教員と一緒に授業や演習をすることがあります。弘前大学では、大学院生の皆さんにお願いすることが多いのですが、大学院生の皆さんは最近まで大学生として勉強を進めてきたわけですから、教員よりも学習者に近い立場で気がつくことも少なくありません。教える人がより詳しく説明をしたほうがわかりやすくなったり、一言を添えることでもっとわかりやすくできたりすることもあるのですが、このようなことには教員よりも学習者としての経験があればこそ気づくこともあるのです。

人に教えることは、自分自身の理解を深めることにもつながります。相談されたり教えてあげたりすることで、あらためて気づくこともあります。一人で勉強することで身につくことも多いのですが、大学での勉強を志す皆さんには、ぜひティーチングアシスタントを含めて先輩や友人と一緒に勉強することを想像してみてほしいと思います。自分自身で勉強することの大切さに加えて、他の人に教えてあげることや教えてもらうことを通して気づくことがあることも、大学で経験し、理解してほしいと願っています。

Short Essay 3　好奇心はつながる
—私の大学生活—

渡邉　誠二

私が大学に入って一番に驚いたことは、世の中にそれまで全く触れたことのない領域の学問があるということでした。下は私が通っていた大学で１年生のときに受けた講義の教科書[1)]の図です。これは何かというと、貝類（軟体動物腹足綱）の体の構造なのですが、よく見ると神経（図 b-d の1-5）や腸（図 b,c の6）がねじれています。巻貝の殻を想像すればなるほどと思うのですが、この“ねじれ”は扁平な形態のアワビなどでも見られ、貝類によくみられる特徴です。しかも種によって一旦できたねじれが“ねじれ戻り”によって再び左右対称になったりします。退屈な講義と評した同級生もいましたが、この大学１年次に出会ったねじれは、その後も時々記憶の底から引き出されて発生学の研究者として私が歩むきっかけともなりました。

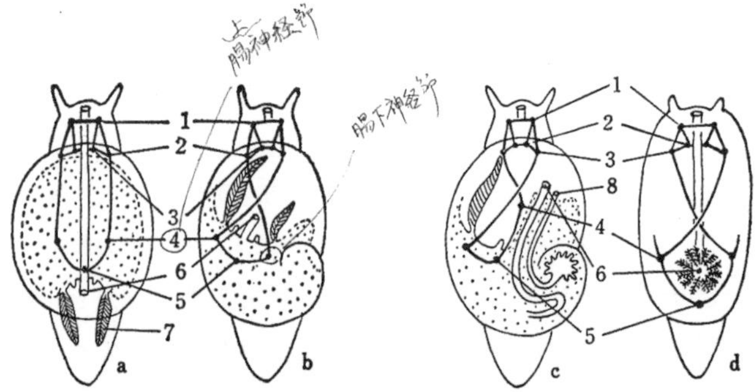

腹足類のねじれを示す図

a.原始的左右相称型　b.アワビ等　c.多くの海産腹足類　d.裸鰓類（ウミウシ）
1. 頭部神経節　2. 体側神経節　3. 足神経節　4. 中央神経節　5. 内臓神経節
6. 肛門　7. 鰓　8. 排泄孔

わたなべ　せいじ　医学研究科　講師
ヒトの精子と卵子に染色体異常が生じる原因を研究しつつ、産婦人科学講座や不妊クリニックと共同して不妊症に悩む方の治療成績改善に長年挑んでいます。2005 年日本不妊学会（現日本生殖医学会）学会賞受賞。現在はリンパ管研究も。

必然的に進んだ動物学専攻課程の３年次に、この貝類のねじれが高校で習ったカエルやウニなどの発生様式とは異なる螺旋《らせん》状のねじれを伴った受精卵の分裂（螺旋《らせん》卵割）に始まることを学びました。同時に、実はヒトの受精卵の分裂様式が同じ脊椎動物のカエルよりもこの貝類の様式に近いということを知りました。このときの驚きは、無脊椎動物に興味を持っていた私が最終的にヒトの受精研究者として働く方向へと舵を切らせました。大学へ入学してすぐに出会った“ねじれ”に囚われてしまったということでしょう。以後、ヒトの精子や卵子にＤＮＡのダメージ（染色体異常）が生じるメカニズムを解明し、不妊治療へと応用する研究を継続しています。

弘前大学医学部に着任してからは、新たにヒトの解剖学（形態学）についての研究と教育が加わりましたが、やはりここでも新たな“ねじれ”に出会うこととなりました。皆さんのお腹に収まっている胃から大腸までの消化管は、胎児のときに貝類の180度どころか270度もねじれているのです。子供の頃、お腹が痛くなったときに平仮名の「の」の字を書くようにお腹をさすってもらったことがあるでしょう。これはねじれた腸に対してとても理にかなっているのです。「ヒトの胎児期の成長は、進化の過程をなぞる」とヘッケル[2]（1834～1919）の反復説が説いているように、このねじれはヒトと貝という遠縁の生き物へ共に受け継がれてきた太古からの進化の証と言えるでしょう。私の研究人生もこのねじれに導かれて無脊椎動物からヒトへと進化の系統樹をより高い枝へとなぞって来たのだなとこの文章を書きながら改めてねじれの魅力（魔力？）を感じています。

最後に、人生という系統樹を歩いている皆さんに私が研究の過程で大事にしてきた二つの言葉をご紹介します。一つは「失敗こそ宝」です。世界の論文雑誌に毎年多くの研究成果が発表されています。しかし、それらにはどのように成功したかということは書かれていますが、こうすると失敗するということは基本的に書かれていません。ですが、この失敗こそがその研究者だけが知るノウハウやコツだったりします。失敗は無駄ではありません。恐れずに経験を積み上げることが大事と考えています。また同時に、失敗が続いたり物事が思うようにいかない時も「立ち止らない」ことを心がけています。その時に自分が出来ることを続けていると、どこからか助けてくれる人が現れて道が開けるものです。皆さんの進化の分岐路で道しるべのひとつになれば幸いです。

参考文献

１）内田亨『増補 動物系統分類の基礎』北隆館、1974年。
２）八杉龍一他編『岩波生物学辞典　第４版』岩波書店、1996年。

第２章

つなぐ

Connect

Lecture 1　コミュニケーションというつながり方
―「盛り上がり」と「誤解」の心理学―

日比野愛子

はじめに：コミュニケーションを問い直す

「コミュニケーション」は、現代社会のさまざまな場面で求められるキーワードとなっています。「コミュニケーション能力が高い」というとき、みなさんはどのような能力を思い浮かべるでしょうか。有無を言わせず他人を説得する能力？ あるいは、他人の気持ちをうまく察する能力のこと？ では、みなさん自身はコミュニケーションが得意でしょうか。それとも苦手でしょうか。コミュニケーション、コミュニケーションと騒がれる現在では、むしろコミュニケーションに苦手意識を持っている人も多いかもしれませんね。

この章は、コミュニケーションはちょっと苦手だなと感じている人に興味を持って読み進めていただければと考えています。大学での学びとは、世の中で素晴らしいとされていたり、当たり前だとされていたりする常識にたいして何かしらの引っかかりを覚えたときに、その疑問の答えを明らかにしていく営みであるからです。

まず、社会心理学の観点からコミュニケーションとは何かを問い直すところから出発します。その後、コミュニケーションに対する２つの常識を解きほぐしていきます。具体的には、「盛り上がるのが良いコミュニケーションである」、「誤解がないのが良いコミュニケーションである」という常識を取り上げます。

ひびの　あいこ　　人文社会科学部　准教授
奈良県出身。専門のテーマは、新しいテクノロジーと社会の関係性。問題をみんなで考えるためのゲーム開発を時々行っています。みなさんが知の相互作用を楽しむことを手助けしたいと考えています。
ホームページ：http://www.fibonacci-ah.net/

さて、大学での学びにはもう１つポイントがあります。それは、大学では、みなさん自身が研究を行う主役となってさまざまな知識を生産できることです。ここが、高校までの学びと大きく変わる点です。実際にこの章で登場する調査の１つも、私のゼミナールの学生が卒業研究で取り組んだものです。

コミュニケーションの伝達モデルと温泉モデル

コミュニケーションとは何か。これを考えるときに、大きく２つの世界観に沿うことができます。１つは、伝統的な心理学にそった世界観です。これを「伝達モデル」と呼ぶことにします。伝達モデルによると、コミュニケーションとは、心を持った個人が、別の個人に、メッセージ（伝達内容）を、なにかしらの媒体を活用して、渡すものです。ここで登場するのは、メッセージの送り手、受け手、伝達内容、伝達する媒体の４つです。伝達モデルで考えると、良いコミュニケーションとは、伝達内容を正確に、ちゃんと相手に伝えられることとなります。コミュニケーションを扱う記事でも、この４つに注意しているものが多いのではないでしょうか。たとえば、「就職活動のときにきちんと靴をみがきましょう」というアドバイスは、メッセージの「送り手」の外見をよくすることで、好ましい印象を与えようとする工夫といえます。

もう１つは、伝統的な心理学から離れ、人と人との関係性そのものに注目する世界観です。こちらを「温泉モデル」と呼びましょう。温泉モデルでは、個人にはあまり注意を払いません。むしろ注目するのは場全体の空気――専門的な言葉で言い換えると「規範」――です。社会心理学者の杉万俊夫の説明によると、規範とは集合体に属する人々の認識や行為の基盤となるものであり、創出されたり、維持されたり、変容したり、消えたり、絶えず動いています。みなさんも、ある場の雰囲気がなんとなくあたたかくなるのを感じたり、逆にある失言で場が一気に凍り付いたり、そうした変化に身を置いた経験があるかと思います。温泉モデルのもとでのコミュニケーションとは、こうした場の規範を作っていく一連の過程を指します。それは、特定の個人がすべてコントロールできるものではありません。むしろ、周囲の環境や人々の置かれた状況、それまでの関係性、その場に偶然生じたイベントなどによってある種ランダムに作られるのです。情報を渡すのではなく、場の規範に浸るという表現がうまくあてはまるため、この世界観を「温泉モデル」と呼ぶことにします。

盛り上がるのは良いこと？

それでは、温泉モデルを念頭に置いた上で、具体的なコミュニケーションの問題を考えていきましょう。良いコミュニケーションとは何かと問われるとき、１つには、会話で活発に発言が出てくるのが良いコミュニケーションと答えられるかもしれません。まずはこの常識を見直してみましょう。

私は以前、仲間の研究者・実践者たちとコミュニケーションゲームを開発していました。そのゲームでは、生活習慣病についてのコミュニケーションを行ないます。６人の参加者が１つのチームで話し合うように設定しており、３人が誘惑者役、３人が人間役となるのですが、このとき誘惑者役のプレーヤーは、人間役のプレーヤーに対し、不健康な生活をとらせようと説得・誘惑します。

このとき、６人チームの中でどのような組み合わせでお互いに会話してもらうのがよいか、私たちは模索していました（図１）。

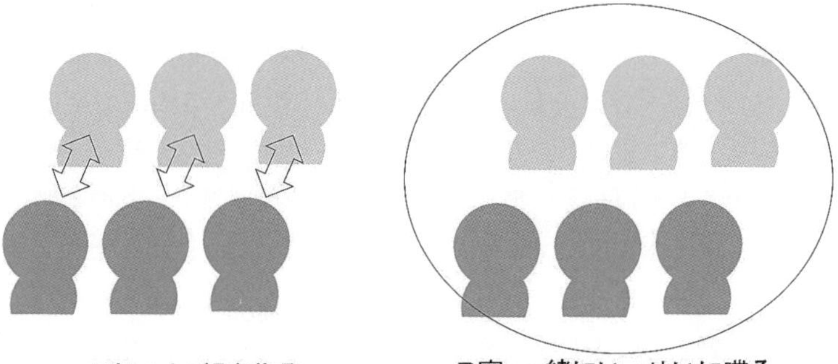

図１　どちらが盛り上がる？

１つの案（A案）は、３人の誘惑者が担当を決めて、基本的に１人ずつ別の人間を誘惑するものです。誘惑者と人間役の２人ペアが３組できることになります。別の案（B案）は、３人の誘惑者がタッグを組んで、一緒に他の人間役の人たちを誘惑するものです。A案（２人１組をつくる）の方が全体でのやりとりは少なくなり、B案（６人が一緒にいっせいに喋る）の方が、やりとりが多くなります。

それでは、この２つの案のうち、どちらの方が会話が盛り上がったでしょうか。答えはB案。みんなで喋る方がたくさんの会話が生じ、笑いも起こって、盛り上がっていました。実験のときの様子を観察していても、B案を試してみたグループの人々はある人の話に乗って、別の参加者が話を膨らませるなど、会話の連鎖が生じていました。それに比べて、A案を試してみたグループでは、２人の間で会話はなされているものの、静かで、そもそも会話をしていない時間も多いように見えました。

全員が互いにやりとりできる場で会話が活性化するだろうと私たちも予想していましたので、この結果はそれほど驚くものではありませんでした。しかし、最後に質問紙を配って参加者の受け止め方をたずねたとき、意外な結果を目にすることになりました。それは、「（生活習慣病について）何か新しい発見があった」「よく考えることができた」のような知識の生成をたずねた項目では、A案、すなわち２人１組でやりとりをして会話が少なったグループの方が、満足度が高かったのです。

楽しいのも良いコミュニケーションですが、個人では思いつかなかったアイデアが新しく生まれてきて、物事の理解が深まるのもまた良いコミュニケーションのあり方です。最近の社会心理学やコミュニケーション研究の中では、集団で知を生み出すメカニズムにも注目が集まっています。面白いアイデアが生じ、問題が解決できるのは、集団ならではの醍醐味だといえます。そこでは必ずしも「活発な場の規範」が必要とされるわけではありません。会話が生じていないような場でも、その余白の多さこそがアイデアの出現に役に立つのかもしれません。

誤解がないのは良いこと？

続いて、コミュニケーションの中で生じる「誤解」について取り上げます。伝統的な伝達モデルに沿うと、誤解とは、送り手の伝えたい内容が、間違った内容で受け手側に伝わってしまう現象です。当然、悪いものだと見なされます。出てくる問いも、「どのようにしたら誤解を減らすことができるか」といったものになるでしょう。

私のゼミナールの学生だった本宮あかりさんは、「仄《ほの》めかし」に注目して、いったん生じた誤解がどのように修正されていくかを調べました。仄めかしとは、言外の含みのことで、会話の中で話者が直接は述べていないけれども、間接的に伝えようとしている内容のことです。たとえば、暑い部屋の中に友達と一緒にいるとき、自分がエアコンのスイッチのすぐ近くにいるとします。このような状況で、友達が「ねえ、この部屋暑くない？」と話しかけてきたら、多くの場合私たちは言外の意味（＝暑いからエアコンをつけてほしい）を読み取り行動するでしょう。私たちの日常会話で仄めかしは頻繁に登場します。ただし、仄めかしを用いることで言いたいことが伝わらなかったり、逆に話者が意図していなかったことを聞き手が勘違いして読み取ってしまったり、さまざまな誤解も生じます。

調査では、日常生活の中で仄めかしが失敗したときその誤解がどのように修正されるかを調べていきました。注目したのは、仄めかしの中でも間接的要求と間接的拒否と呼ばれるものです。間接的要求には、友達にエアコンをつけてくれるよう頼むときの例が挙げられます。これに対して間接的拒否は、たとえば、知り合いから映画に一緒に行こうと誘われたけれども気が乗らず、「今月はお金がないんだ」と述べるなど、間接的な表現でもって断りを入れることを指します。

インタビューでさまざまなエピソードを集め、仄めかしに対する誤解が起こったときの前後の過程を調べていきました。面白いことに、間接的要求と間接的拒否では、誤解が生じた後にどのように修正されるかが異なっていました。間接的要求が伝わらないときは、すぐに直接的要求に切り替えるケースが多かったのです。たとえば、相手を誘ったのにうまく伝わらないときでも、すぐに直接的な表現で誘うことによって、関係性が維持されていました。こうした切り替えはすでに親密な関係性ができているときにより容易にできていました。

これに対して、間接的拒否をめぐる誤解は、修正されることが少ないようでした。間接的に断っているのに、聞き手はその意図をくまず、うやむやになったまま、最初の誘いに乗ってしまうことが多かったのです。たとえば下記のような会話の例が挙げられます。Ｒさんと Ｓさんは知り合いで、Ｒさんは Ｓさんをドライブに誘おうとしています。

Ｒさん：どこ行きたいとかリクエストある？　〇〇〇とかを考えてるんだけど。
Ｓさん：ああ、いいですね！　他は誰に声かけているんですか？
Ｒさん：ごめん、かけてないや。
Ｓさん：誰かに声かけてみますか？　△△△ちゃんとか。
（間接的拒否として２人だけでは行きたくないことを仄めかす)。
Ｒさん：まあ、いたらいたで楽しいのかな。任せるよ。

後日
Ｓさん：△△△ちゃん行けないみたいです、残念……。
（２人では行きたくないことを間接的に伝えている)。
Ｒさん：せっかくなので２人だけどドライブに行きませんか？
Ｓさん：じゃあ、行きます。

この間接的拒否のケースで面白い点は、仄めかしによる情報の伝達がどのように受け取られたのかの確認が互いにとって曖昧なまま、会話が維持されていったように見えることです。Ｒさんに Ｓさんの間接的拒否が伝わらなかったとも解釈できます。同時に、Ｒさんは Ｓさんの意図に気づかないふりをしているとも解釈できます。

伝統的な伝達モデルで考えるならば、会話における誤解はコミュニケーション上のエラーです。しかし関係性に注目する温泉モデルから眺めると、そもそも多くの誤解を含みながら規範が作られていく点に目を配ることができます。誤解が生じてもあらためて意思疎通が行われることで関係性の維持・進化が生じることもあります。他方、ＲさんとＳさんの会話のような事例は、状況の不透明さをそのままにしながら、（意図せざる結果として）新たな規範を作っている例と見ることができます。

まとめ：よく分からなくても、つながっていく

この章では、コミュニケーションを、集団全体の規範の生成という角度から見直してきました。コミュニケーションは、その場の多様な構成要素によって成り立っています。そして、良いコミュニケーションのあり方もまた多様であることが分かってきます。盛り上がりや明瞭さにあふれたコミュニケーションを作ることができると確かに楽しいです。けれども、落ち着いた場や、冷たい雰囲気の場の経験、あるいは、分かり合えない経験や、その場の人とつながらない経験、そうしたさまざまな経験もまた、別の状況から振り返るときに何かしらの重要な意味を持つのです。

この章で紹介した内容は、コミュニケーションが苦手でそもそもコミュニケーションとは何だろうという問題意識から出発して得られたものです。ぜひみなさんも大学での学びを通じて自らが抱えている疑問の答えを見つけてみませんか。

参考文献

1）杉万俊夫『グループ・ダイナミックス入門―組織と地域を変える実践学―』世界思想社、2013年。

2）日比野愛子、江間有沙、上田昌文、菱山玲子「生活習慣病対策ゲームの開発実践：知の生成をうながすゲーミング・インタラクションに注目して」、『日本経営工学会論文誌』第65巻３号、2014年、211-218頁。

3）本宮あかり「言語コミュニケーションにおける仄めかしが招く誤解の行方」、2018年度弘前大学人文学部提出卒業論文、2019年。

おすすめの本

・平田オリザ『わかりあえないことから―コミュニケーション能力とは何か―』講談社現代新書、2012年。
・岡本信一郎『言語の社会心理学―伝えたいことは伝わるのか―』中公新書、2013年。

Lecture 2　「若者の政治参加」から考える大学での学び

蒔田　　純

ここでは、「大学で学ぶということ」について、若者の政治参加を例にしてお話ししたいと思います。よく言われているように、我が国では特に若い世代の政治的な無関心や選挙での低投票率が問題になっています。大学では、世の中で起こっていることについて科学的に分析し、その原因と結果を明らかにする、という作業が求められます。そして、それを基に、学生たちはその対象に対して、改善したり、促進したり、さらに新たな問いを立ててそれを解明したり、といった独自のアプローチを行っていくのです。「なぜ若者は政治に関心がないのか、どうすれば若い世代が投票に行くようになるのか」といった問題は、若い皆さんたちに非常に身近なテーマであり、大学での研究の題材として非常に良いと思います。

民主主義を採っている我が国では社会の在り方を決めるのは我々国民一人ひとりです。中でも若い世代の皆さんはこれから社会の中心になっていく訳ですから、他の世代以上に政治に対して積極的に関わっていく姿勢が必要です。社会や政治との関わり方を考える場合、まずは、皆さんが自らの立ち位置を明確にし、その上で、自分自身と社会・政治をつないで考える（＝“Connect”する）ことが重要です。そのためには、若者の政治との関わり方について、その背景や構造を客観的・論理的に説明できるようにする必要があるのです。大学で学ぶということは、このように、現実社会における課題解決を念頭に、そのために必要な科学的材料を見つけ出す作業、あるいは、その訓練をすることだと言えます。

まきた　じゅん　　教育学部　講師
1977年　石川県生まれ
専門は政治学。現在は、政治教育や若者の政治参加について研究。
著書『政治をいかに教えるか－知識と行動をつなぐ主権者教育－』弘前大学出版会、2019年。

事実を把握する―「若者の政治参加」とは何か―

物事の背景や構造を明らかにするには、まずは、対象とするものが現在どのような状態であるかを正確に認識しなければなりません。これが間違っていては、その後どんなに良い分析をしたとしても意味を為さないことになります。若者の政治参加を考える場合、「若者がどの程度政治に参加しているか」についての客観的なデータを見る必要があります。

一口に「政治参加」と言っても、その内容は様々です。まず思いつくのは選挙で投票することでしょうが、それ以外にも、特定の問題について政治家に陳情したり、署名活動・デモ行進等をしたり、議会を傍聴したり、特定の候補者の政治活動を手伝ったり、あるいは、政治問題について友達と話し合ったりすることも、広い意味での政治参加の一つと言ってよいかもしれません。科学的に物事を解明するためには、まずは自分が明らかにしたいことを現実に落とし込んで、分析が可能な形に具体化させるという作業が必要になってきます。政治参加の問題で言うと、上に挙げた様々な政治参加の方法から、自らが分析しようとするものを選び取り、「政治参加」を自分なりに定義しなくてはなりません。

ここで重要なのは、具体的な分析対象を選ぶ際、明らかにしたいことが最もよく反映された、代表的・象徴的と考えられるものを選ぶということです。上では「特定の候補者の政治活動を手伝うこと」を「政治参加」の一例として挙げましたが、それが人々の「政治参加」の度合いを最もよく表しているかと言うと、そうは思わない人が多いのではないでしょうか。大半の人は特定の候補者の政治活動を手伝った経験がないでしょうから、これは、人々の「政治参加」の度合いを見るには、非常に偏ったものだと判断せざるを得ません。「政治参加」を色々な角度から分析するためのいくつもの指標の中の一つであれば分かりますが、一つ二つ程度の少ない指標でそれを表す場合、より一般的だと考えられるものを選ばなくてはなりません。

ここでは、「選挙での投票率」を選ぶことにします。選挙権は18歳以上の全国民に与えられた権利であり、「政治参加」の度合いを表す指標としてこれ以上のものはないでしょう。図１は衆議院総選挙の年代別の投票率の推移を表したものです。「若者の政治参加」を考える場合、「政治参加とは何か」と同じように、「若者とは何か」も定義する必要があります。一般的に「若者」というと10代～20代くらいを指すと考えられるので、ここでも10代・20代の投票率を見ることにします。とは言え、18歳に選挙権が引き下げられたのは2015年で、それ以降、衆議院選挙は2017年の１回しか行われていないので、図１の中でも10代の投票率は2017年のデータしか示されていません（△印）。よってここでは、20代の投票率を主に見ることにします。20代の投票率は、1960年代から現在に至るまで、ほぼ一貫して全年代の中で最も低く、しかも他の年代との差も大きいことが図から読み取れます。ここから、「20代の投票率は他の年代に比べて特に低い」、つまり、「若者は政治参加の度合いが低い」ことが確認できた訳です。

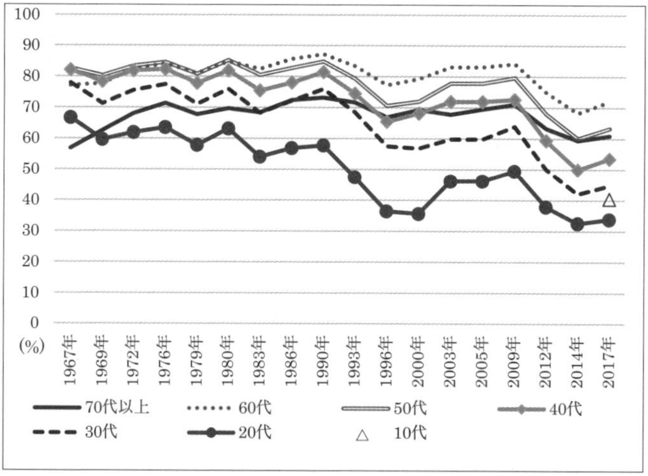

図１　衆院選における年代別投票率の推移

（出典）総務省『衆議院議員総選挙年齢別投票率調』を基に著者作成

因果関係を考える―「若者の低投票率」はなぜ起こるか―

事実が把握できたら、次にその背景や構造を考えます。背景や構造とは、「どのような背景によってその事実が起こっており、そこには、どのような原因と結果の構造があるのか」ということ、つまり、対象となる事柄の因果関係を明らかにするということです。科学とは、すなわち、事象の因果関係を解明することだと言えます。物理や生物等の理科系の分野に限らず、政治学・経済学等の文科系の分野でも同じです。「重力があるから物が上から下に落ちる」ことを明らかにするのと、「固い支持基盤があるから政治家が選挙で当選する」ことを明らかにするのとは、原因と結果の関係性を解明するという点で変わりはないのです。

「若者の政治参加の度合いが低い（＝20代の投票率が低い）」という事象がどのような要因によって起こっているのか考える時、まずは、論理的に、あるいは、常識的に考えて「こうではないか」という理由を挙げ、自分なりの仮説を立てます。例えば、「若者はメールやSNS等、インターネットを介したコミュニケーションに慣れているので、物理的に投票所に行かなければならない選挙を敬遠する。よって若者の投票率は低い」という仮説を立てたとします。

次にこれが本当かどうか検証する訳ですが、その際は、「インターネットを介したコミュニケーション」を定義し、若者とその他の世代でのその使用頻度の差を明らかにした上で、それと選挙での投票との関係性を分析する、という作業の流れが必要です。これを行う時も、少数の人からじっくり話を聞いて詳細を把握するという方法や、大勢の人に簡易な質問をして大まかな傾向を把握するという方法等、様々なやり方があります。ここでは、紙面の関係上、順を追った細かな分析をすることはできませんので、関係がありそうなアンケート調査の結果を少し見てみることにします。

表１は総務省が若者に対して2016年に行った調査で、直近の選挙（2016年７月の参議院選挙）に行かなかった人が、なぜ行かなかったのかを示したものです。ここでは３番目に「投票所に行くのが面倒だったから」が入っており、「物理的に投票所に行くことに対するコスト」が投票に行かない主な理由の一つになっていることが分かります。また表２は2015年に連合が若者に対して行った調査の中で「選挙がどのように変わったら「投票しよう」という気持ちが強くなると思うか」に対する回答結果を示したものです。これによると、「インターネットで投票ができたら」が断トツの１位であり、やは

表1　投票に行かなかった理由

今住んでいる市区町村で投票することができなかったから	21.70%
選挙にあまり関心がなかったから	19.40%
投票所に行くのが面倒だったから	16.10%
どの政党や候補者に投票すべきかわからなかったから	11.90%
自分のように政治のことがよくわからないものは投票しない方がよいと思ったから	10.70%
私一人が投票してもしなくても世の中は変わらないと思ったから	9.70%
選挙によって政治はよくならないと思ったから	7.90%
不在者投票の手続きが面倒だったから	5.40%
選挙結果がどのような影響をもたらすかわからなかったから	4.10%
不在者投票制度を知らなかったから	3.50%
今の政治を変える必要がないと思ったから	2.00%

（出典）総務省『18歳選挙権に関する意識調査（対象：18～20歳）』（2016年12月）を基に筆者作成

表2　選挙がどのように変わったら
「投票しよう」という気持ちが強くなると思うか

インターネットで投票ができたら	54.6%
もっと候補者の比較がしやすければ	26.7%
もっと政治について知れる・学べる機会があれば	25.7%
期日前投票が今よりも簡単にできたら	25.3%
一票の格差が改善されたら	22.7%
投票することが当たり前の空気になれば	21.5%
もっと候補者を知れる機会があれば	21.1%
もっと自分と似た考えの候補者が見つけやすければ	20.9%
出先（駅や旅行先など）で投票ができたら	20.3%
深夜や早朝などの投票が今よりも簡単にできたら	16.1%
投票すると割引サービスが受けられるなどのメリットがあれば	16.0%
マイナス一票など、落選させたい候補者が選べたら	15.0%
もっと政治についてオープンに話し合える機会があれば	13.2%
その他	2.1%
特になし	8.3%

（出典）連合『若者の関心と政治や選挙に対する意識に関する調査（対象15～23歳）』（2015年8月）を基に筆者作成

りインターネット投票は若者の政治参加に関係がありそうだと分かります。

もちろん、上の仮説を科学的に検証するには、ここに挙げた調査結果だけではまだまだ不十分です。しかし、客観的な裏付けをしていくことによって自分が立てた仮説を立証していく、つまり、因果関係を明らかにしていく、ということの意味は理解できたのではないでしょうか。

ちなみに、ここに挙げた仮説や調査手法はできる限り分かりやすく説明するために示したものですが、これらだけをとっても、学問的に詰めなければならない点が多々あります。例えば、図１からは、20代の投票率が60年代から現代まで一貫して他の年代より低いことが分かりますが、インターネットが一般に浸透し始めたのは90年代半ばからであり、上の仮説では、60年代から一貫して投票率が低いことを説明できません。また、表１、表２は同じ「若者」と言っても、よく見ると対象としている年齢が違っており（表１は18～20歳、表２は15～23歳）、これは図１で「若者」と考えた「20代」とも異なるため、これらを本当に結び付けて考えてよいのか、という問題が出てきます。

研究は、このような次々と現れてくる問題点との戦いです。一つクリアしたと思ったら今度は別の問題が見つかる、という試行錯誤の繰り返しの末、ゴールにたどり着くことができるのです。学生も、私のような教員・研究者も、日々、このような苦労を味わいながら、何とか真実を明らかにしようと頑張っています。

現実社会にアプローチする―どうすれば若者は投票に行くのか―

物事を科学的に解明できた時、それだけでも大きな成果ですが、それを基にして、現実の社会に対して積極的に関わっていくことも大切です。研究者の中には、「研究は中立性・公平性が重要なので、現実社会にはできるだけ関わらない方がよい」という考え方の人もいます。しかし、どんな研究も究極的には「世の中を良くする」という動機と無縁ではないはずですので、少なくとも研究の結果得られたものを社会に還元していく、という姿勢は必要だと思います。

「若者の政治参加」について言えば、「若者はなぜ投票に行かないのか」に関する一定の研究成果が得られたとすると、それを基に、現実の若者の投票率を向上させることに貢献できるのではないか、と考えられます。実際、上の仮説に見たような「物理的に投票所に行くことのコスト」が投票率と関係することは学問的にも明らかになっており、それを基に、共通投票所（駅やショッピングセンター等、人の多く集まる場所に設置できる投票所）という新たな制度が2016年につくられて、既に活用されています。インターネット投票はさすがにまだ実現していませんが、2013年にはそれまで禁止されていたインターネットによる選挙運動が解禁され、これによって若い世代がより選挙に関わりやすくなったと言われています。

青森県選挙管理委員会では、学生を中心とする「あおもり投票率向上サポーター」を組織し、県内選挙の投票率向上に向けた若者目線からの施策を提言してもらいました。私が弘前大学で受け持つ政治学ゼミの学生もこれに参加し、普段の研究や生活実感を踏まえた提案を行った結果、選挙啓発イベントで配布するグッズやSNSを用いた啓発戦略等に意見が採り入れられました。大学で学んだ成果を自治体の正規の施策に反映できるというのは非常に貴重な機会であり、学生にとっては、「研究を基に社会に貢献する」ということを実地で学ぶための良い経験になったと思っています。

大学での学びが“Connect”につながる

大学で学ぶということは、世の中にあふれる複雑なパズルを自分自身の力で解き、それを踏まえて、関連する事柄をより良い方向に改善・改革していくためのトレーニングを行うことです。大学で学ぶことにより、「論理的に考え、実践的に動く」という思考・行動様式が身に付き、それが自分自身と、社会との間を“Connect”することにつながるのです。

社会の活力は、常に何かと何かを「つなげる」ことから生まれます。意欲と行動力に満ちた皆さんと共に学ぶことのできる日を楽しみにしています。

おすすめの本

・伊藤光利『ポリティカル・サイエンス事始め』有斐閣、2009年。
・北山俊哉、真渕勝、久米郁男『はじめて出会う政治学―構造改革の向こうに―』有斐閣、2009年。

Lecture ３　「自分らしい」人生の歩き方
―キャリア発達の心理学から考える―

松田　侑子

今、この本を読んでいる皆さんは、自分の将来についてどのように考えていますか？ 例えば、１年後、５年後、10年後に、自分が何をしているかについてイメージできますか？ 中には、これから大学進学を考えている人もいるでしょうし、これから社会に出ていく人もいると思います。また、働いているけれども将来どうしていこうか悩んでいる人もいるでしょう。ここでは、自分がこれから先どのように生きていくのか、考える上で大切な「キャリア」にまつわるお話をしていきたいと思います。

キャリアとは何？

キャリアという言葉を聞くと、「バリバリに働いている人」「エリート官僚」のようなイメージが初めに浮かぶかもしれません。実際にキャリアという言葉がそのような意味として使われることもありますが、もう少し幅広い意味合いを持っていることをここでは理解してもらいたいと思います。

キャリアという言葉は、ラテン語の「carrus（車）」に由来しているとされています。それが派生していく中で、車の通った軌跡・轍（わだち）のことを意味するようになりました。例えば、ダグラス・T・ホール（1976）は、キャリアを「個人の生涯を通じて、仕事に関わる諸経験や諸活動に関連した態度や行動の、個人に知覚された連鎖」と説明しています。この定義は少し難しく感じられますが、「連鎖」という言葉から、キャリアは個人の生涯にわたって続いていく過程を意味していることが、なんとなくつかんでもらえ

まつだ　ゆうこ　　保健学研究科　准教授
現在は、働く人、特に教師や保育者といった専門職者のキャリア形成に興味を持っています。こうした研究を通じて、その人らしく生きていくためにどんなサポートができるかを考えていきたいと思っています。

るのではないかと思います。現在の「キャリア」という言葉は、何かが通って続いていく軌跡というところから、人が人生の中で歩む道筋やその蓄積を意味するようになったと言えます。

自分の人生にどんな虹をかける？

では、少しアカデミックなお話をしていきましょう、図1を見て下さい。

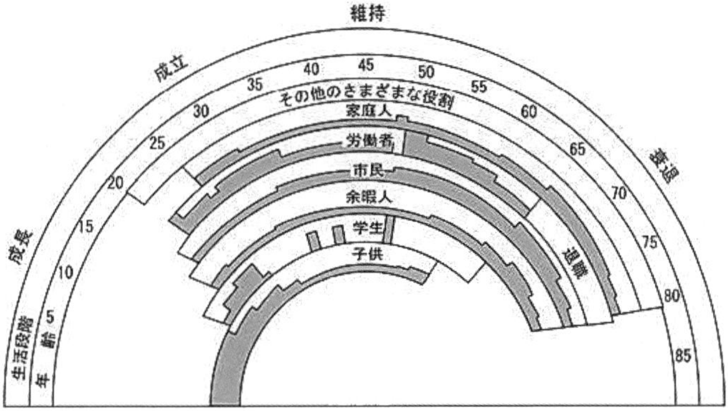

図1　ライフキャリアレインボー

（出典）渡辺三枝子・Ｅ．Ｌ．ハー『キャリアカウンセリング入門―人と仕事の橋渡し―』ナカニシヤ出版、2001年を一部改変

これは、キャリア研究で最も有名な図です。虹のように見えることから、「ライフキャリアレインボー」とも呼ばれています。この「ライフキャリアレインボー」を作ったのは、キャリア研究の第一人者であるドナルド・E・スーパーという人です。スーパー（1976）は、キャリアを「自己発達の全体の中で、労働への個人の関与として表現される職業と、人生の他の役割との連鎖」と説明しています。先ほどのホール（1976）の定義と同じで、また「連鎖」という言葉が出てきました。他にも、スーパーの考えをよく表しているキーワードがあります。それは、「役割」という言葉です。再び、「ライフキャリアレインボー」に戻りましょう。図の中には、「子供」「労働者」「家庭人」などと記載されているのがわかると思います。これは、人が生きていく中で担っていくであろう主な役割を表しており、「その他のさまざまな役割」には「親」「配偶者」などが含まれます。

例えば、皆さんの場合、「学生」の役割はどこから始まってどこで終わるでしょうか？ まだ終わっていない人は、今のところどこまでを想定していますか？ 多くの人は義務教育が始まった６、７歳から開始しているだろうと思いますが、終わりは人によって異なるでしょう。また、「労働者」についてはどうでしょうか？ 私の場合には、大学院に進学したため27歳まで「学生」をしていたことになりますが、26歳から大学には就職していましたので、１年間は「労働者」の役割とオーバーラップしていたことになります。また、役割は途切れたり復活したりすることもあります。例えば、大学を卒業した後、時間を経て再び大学でまなび直す場合には、「学生」という役割が再開したことを意味します。

このように重なり合ったり断続的になったりするのは、「子供」「余暇人」「市民」「配偶者」「家庭人」「親」など、他の役割についても同じです。つまり、私たちは、人生を通じて、多様な役割を層的に担っており、それは人によって異なることを意味しています。では、皆さんのライフキャリアレインボーはどうなるか、もしくはどうしていきたいか、図１を見ながら考えてみてください。

自分らしい生き方とは？

かつては、就職をすればその後は基本的にその会社で勤め上げるのが一般的であり、女性は結婚・育児によって退職し家庭に入ることが多かったと思います。ですが、現在は転職をしたり、子育てをしながら働いたりすることは全く珍しいことではありませんし、社会人をしながら再び学生として学び直すという人もいます。そういう意味では、一昔前に比べると、この「ライフキャリアレインボー」のパターンはかなり多様化しているといえるでしょう。そうした「ライフキャリアレインボー」の違いにこそ、自分の人生を歩む上で、何を大事にしていくかなどのその人らしさが表現されると考えられています。

先ほど、「キャリア」という言葉について説明しましたが、労働者としての生き方・歩む道筋をイメージする人が多いかもしれません。そのような場合は、特に「ワークキャリア」と呼ばれています。他方、どんな人生を歩むのかに関わるような、労働者としての自分以外も含めた人生における生き方を「ライフキャリア」と言います。つまり、「ワークキャリア」は狭い意味の「キャリア」、「ライフキャリア」は広い意味の「キャリア」と言えます。

最近、「ワーク・ライフ・バランス」という言葉を耳にする機会が増えましたので、皆さんも聞いたことがあるのではないかと思います。これは、「仕事と生活の調和」とも呼ばれていますが、労働者としての自分とそれ以外の役割を持った自分のバランスをどう保つのかを考えさせてくれる言葉です。例えば、働き盛りの人に子どもが生まれたことで、「親」としての役割が生じた場合に、自分の役割に占める「労働者」の役割とのバランスを改めて見直す必要が出てきます。かつてであれば、男性は仕事に邁進し（「労働者」に専念）、女性は仕事を辞める（「労働者」を諦める）パターンが多かったように思います。ですが、キャリアが多様化した時代においては、そのように「労働者」とそれ以外の役割をお互いに妨げ合うのではなく、両方を大切にして、良い影響を与え合うような在り方を探していくことも必要だと言えましょう。

行先を決めるよりも大切なこと

皆さんはこれまでにもすでにキャリアにまつわる大切な決定をしたことがあると思います。わかりやすいところで言えば、学校を卒業した後どうするかに関する選択・決定はその一つと言えましょう。

かつて、進路選択で重視されていたことは、今「何がしたいか」「何になりたいか」をはっきりさせることでした。逆を言えば、それさえわかれば、あとはその希望に基づいて周りの大人は支援すればよかったと言えます。進路指導の文脈でよく喩えられることなのですが、これは、「電車」に乗ることと似ています。つまり、「行先」さえわかれば、あとは「○○行」の電車に乗せて、どこで降りるかを正しく教えればよいということになります。

もちろん「行先」を現時点ではっきりさせることは大切です。しかし、昔よりも生き方が多様になった今は、「電車」ではなく「自動車」の時代になっていると言われます。これはどういうことかと言うと、「行先」にたどり着くまでの道筋はいろいろあって、どこをどう通ってそこに至るのかは人によるということです。そして、運転するのは自分自身です。「行先」がわかっていても、どういう道があるかを知ることがまず大切です。その中でどの道を選ぶかは、個人の価値観によって異なります。「行先」にすばやく到達したいのか、なるべくでこぼこの道は避けたいのか、寄り道しながら他も楽しみたいのか、などです。また、車を動かすにはどうしたらいいのかも知る必要があります。皆さんのエンジンをかける、つまり未来へのモチベーションを上げるのはどんなことなのでしょうか？

「行先」は最初から具体的である必要はないかもしれません。現時点で行きたい「方向」だけでもわかっているといいと思います。少し道を進んでみると、「こっちの方向じゃなかったかな」と気づくこともあります。そうしたら、「こっちではなかった」という一つの事実がわかるわけです。また、最近では、「自動車」からさらに進化し、「ブルドーザー」の時代と言う人もいます。つまり、ひとり一人のキャリアが多様なので、道そのものがなく、自分自身で切り拓いたり、つなぎ合わせたりして、新たな道を作っていくことも求められるかもしれません。

これからの時代「どこへ行くか」という結果ではなく、自分の価値観や人生を通じたテーマを見出していくことが、自分らしい道選び・道づくりには欠かせません。このように、行先を決めることよりも、自分なりのキャリアを作り上げていく作業を重視する立場はキャリア構築理論と呼ばれ、最近とても注目をされています。

偶然の風をつかまえる

最近のキャリア理論の中で、もう一つ紹介したいのが、「ハップンスタンスアプローチ」です。happenstance とは偶然の出来事、ということです。先ほどのキャリア構築理論と同様に、この理論でも何かを「決める」ということは重視されていません。では、何が大切なのかというと、「happenstance を活用する」ことです。

皆さんには、これまでの人生を振り返って、何気ない偶然の出来事が今の自分に大きく影響したと考えることはありませんか？ 例えば、私の知り合いで、介護福祉士として働いている女性がいます。彼女は小さい頃から海外にあこがれを持っていて、大学を卒業してからアメリカに語学留学をしました。そこで数年間頑張り、英語を流暢に話せるようになったところで日本に帰ってきましたが、希望した英語を使った仕事には就くことができませんでした。そんなときに介護の仕事をしている大学の友達に偶然再会し、友達の職場で求人が出たばかりであることを教えてもらいました。その仕事は英語と関係ありませんでしたが、このまま無職でいることもできないため、彼女はやむなく応募し、採用されることになりました。しかし、実際に介護の仕事をやってみると、意外と自分の適性に合っていることに気づいたそうです。その後、彼女は資格取得のために勉強をして、介護福祉士になりました。

この例では、最初自分の希望に叶った仕事にはつけませんでした。しかし、「大学の友達に出会う」「求人が出たばかり」という偶然が重なり、彼女の人生に大きな変化が生じたと言えます。これは、私たちの人生が、偶然の出来事によって流れを変えるという一つの例ではないかと思います。私自身、心理学を学びたいと思った最初のきっかけを辿ると、高校のときのクラスメートが興味を持っていたからだったと思い返します。

先ほど、キャリア形成の考え方について車や電車の喩えを使いましたが、ハップンスタンスアプローチも乗り物で表現するならば、「帆船」のようなものではないかと思います。ただし、私たちは、人生という大海原にぽつんと浮かんでいるだけではありません。大事なのは、風の吹くところを探したり、いざ風が起きたときにそれをうまく捉えられるよう帆を張ったりしておくことなのです。風の向きや強さによっては、思いがけず目指していたのと違う方向に行くこともあるかもしれませんが、偶然吹く風に翻弄されるのではなく、それさえも受け入れ、自分の進路（まさに人生航路です）に活かそうと自発的に取り込んでいくことが大切です。

うまい帆の張り方については、これまでの研究から、人と人との出会いにオープンになること、特に、ある程度は知り合いだけれども、深い付き合いでもない相手との交流が大切であると言われています。深い付き合いにある人は、ある程度情報も共有されているので、目新しい情報は持っていないと考えられています。皆さんが、新しい事柄や人を歓迎する気持ちを持ち続け、出会いの結果自分の人生に別の方向性が見えたとしたら、それはそれで意味のあることではないかと思います。

キャリアと connect

この章のキーワードは「connect 結ぶ」でした。キャリアの形成は、自分の過去・現在・未来を結び付けていく作業だと思います。その結び方は人それぞれです。何が正解ということもありません。自分にしか描けないライフキャリアレインボーがあり、そのとき、その瞬間にあなたにしか掴めない偶然もあるでしょう。「行先」が決められないときこそ焦らず、自分らしい足跡を残すというのはどういうことなのか、立ち止まって考えてもらいたいです。

参考文献

１）安達智子、下村英雄『キャリア・コンストラクションワークブック－不確かな時代を生き抜くためのキャリア心理学－』金子書房、2013年。
２）Hall, D.T.（1976）, *Careers in organizations*, Scott Foresman & Co.
３）Super, D.E.（1976）, *Career education and the meaning of work. Monographs on career education*, U.S. Department of Health, Education, and Welfare.

Lecture 4　障がいを抱える人と社会をつなぐ作業療法

小山内隆生

はじめに

皆さんは、「作業療法」という言葉を聞いたことがありますか？ 作業療法は、作業活動を主な治療手段とするリハビリテーション医療の専門療法です。法律上は「作業療法とは、身体又は精神に障害のある者に対し、主としてその応用的動作能力又は社会的適応能力の回復を図るため、手芸、工作その他の作業を行なわせることをいう。」（「理学療法士および作業療法士法」、1965年）と定められています。簡単に言うと、作業療法とは作業活動（手工芸等）を治療手段として用いる治療ということになります。作業療法は、作業療法士と呼ばれる国家資格を有する人が行います。ここでは、作業療法について解説し、作業療法がどのように障害を持った人のリハビリテーションを行っていくのかについて述べていきます。

作業療法を理解するためには、その対象となる障害について理解する必要があります。そこで、最初は障害について説明します。

障害について

皆さんは障害の定義について考えたことはありますか？ 身体障害者、精神障害者、発達障害者、障害者スポーツなど障害という言葉を目にする機会は多いと思います。しかしながら、障害の定義とは何かと改めて考えると、はっきりしないことが多いと思います。障害者について国際連合は、「障害

おさない　たかお　　保健学研究科　教授
1959年弘前市出身。作業療法士です。青森県内の精神科病院勤務を経て、1988年から弘前大学医療技術短期大学部、2000年から弘前大学医学部保健学科で、精神障害者の生活支援をテーマとして教育研究に携わっています。

者という用語は先天的か否かにかかわらず、身体的または精神的能力の欠如のために、普通の個人または社会生活に必要なことを、自分自身で完全、または部分的に行うことができない人のことを意味する」（「障害者の権利宣言」、1975年）と定義しています。私たちは、朝起きてから寝るまでの生活の中で、食事、排せつ、歯磨きや洗顔、着替え、通勤・通学、職場での仕事や学校での勉強など様々な活動を営んでいます。これらの活動は、私たちの身体の運動機能や感覚機能が問題なく発揮されていることによって可能となっています。これらの機能が障害されることによって、日常生活の遂行に支障が生じます。これを生活障害といいます。視力低下と歩行を例に説明します。私たちは、道路を安全に歩行するために、車や障害物などを視覚によって判別しています。視力が低下し、メガネでも視力を補えなくなると、身のまわりの障害物や車などを判別できなくなり、道路を安全に歩行できなくなります。このように障害者という定義には日常生活を自分で営むことができるか否かということが重要視されています。

障害の分類

障害という言葉は、体の機能の障害や生活上の障害など多くの意味を持っています。障害について、それぞれの側面ごとに整理した考え方をWHO（World Health Organization）が国際生活機能分類（International Classification of Functioning, Disability and Health: ICF）[1)] という分類で示しています。図にICFについて示しました。ICFでは、人間の生活機能（生活を送るうえで必要な要素）を、機能と構造、活動、社会参加という３つの側面でとらえます。機能と構造は人間の身体の器官とその働き（機能）の側面、活動は個人の生活における活動の側面、社会参加は人の社会との関係性の側面でとらえます。人間の活動は、各身体機関の機能が働いて、食事、排せつ、移動など日常生活を送るうえで必要とされる活動を行い、地域社会とかかわりを持って生活しているという視点で分類されています。そして人間の健康な状態とは、機能と構造、活動、参加の３つの要素が正常に働いている状態であると考えます。さらに、これらの要素に影響を与える要因として個人要因と環

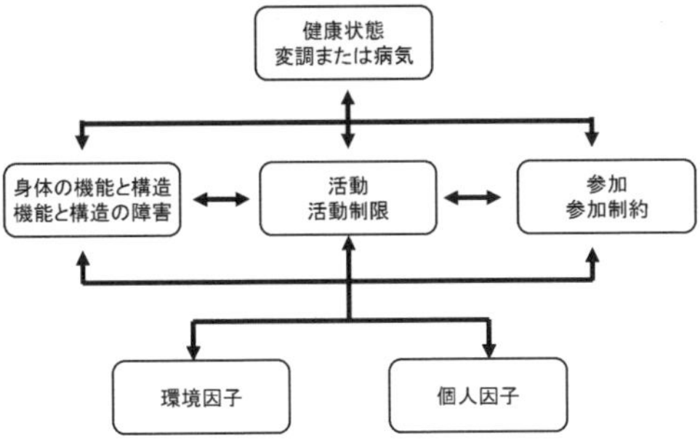

図　ICF[1)]

境要因を想定しています。個人要因とは、生活機能に対して内的な影響を与えるものと定義されており、年齢、性別、民族、生活歴、価値観、ライフスタイル、興味関心など、その人固有の特徴を意味します。環境要因とは、生活機能に外的な影響を与えるものと定義されており、物的な環境、人的な環境、制度的な環境などの広範囲の影響を含んでいます。次に、脳卒中の後遺症で片麻痺を有することになった患者の障害をこの ICF の分類にあてはめて、考えてみます。

脳卒中は大脳に酸素や栄養を供給している血管が詰まったり破れたりする疾患です。その結果、出血による血腫によって、脳が圧迫されたり、梗塞によって栄養補給が立たれたりすることによって、脳細胞がダメージを受けます。その結果、片麻痺（右半身または左半身の麻痺）を呈します。片麻痺は麻痺側の、痙性（筋肉の緊張が高まること）を高めたり拘縮（指や肘などの関節が固まって動かなくなること）を発生させたりします。これは ICF の機能と構造の障害に対応します。片麻痺によって、片手を動かすことができないことに加え痙性や拘縮は服の袖に腕を通すときの障害になったり、食事の際の箸と茶碗を使う両手動作の障害になることによって、着替えや食事などの動作が出来なくなります。これらは ICF の活動制限に対応します。また、移動がうまくできないとか外出のための身だしなみを整えることができないという活動制限によって、職場や学校に行くことができなくなり、社会との関係性が希薄になります。これは ICF の参加制約に対応します。このように片麻痺患者の障害は、機能と構造の障害、活動制限、参加制約すべての側面を持っています。作業療法はこのような障害に苦しむ人の生活に寄り添い障害の改善を目指します。次に今回例に挙げた片麻痺に対する作業療法について述べます。

作業療法について

皆さんは、作業活動がなぜ治療手段となるのかについて疑問を持つと思います。一般的に治療というと薬や手術による治療を思い浮かべる人が多いと思います。ここでは、片麻痺患者に対する作業療法の紹介を通して、作業活動と治療との関係を説明します。最初に作業療法で用いる作業活動について説明します。作業療法では、手工芸のほか物をつまみ上げたり離したりする活動や料理・洗濯などの日常生活上行われる活動全てを作業活動として用います。作業療法の目的には、麻痺のある上肢機能の改善と麻痺のある上肢と健康な上肢の共同作業による料理や洗濯などの日常生活動作の獲得があります。作業療法では麻痺のある人が作業活動を通して麻痺のある上肢の機能改善や日常生活動作の再獲得を目指します。

片麻痺患者に対する作業療法

片麻痺に対する作業療法は、入院開始直後からベッドサイドでの寝返りや起き上がりの訓練や座ることの訓練を行います。ベッド上の動作や座っていることができるようになると、座った姿勢で様々な日常生活動作を安定してできるための訓練を行います。これらの動作が安定して行うことができるようになったら、ベッドから車いすへの移乗訓練と車いすの操作方法の訓練を行います。車いすの操作は一般的には両手で大きな車輪を回すのですが、片麻痺の場合、麻痺のない片手しか使えないので、麻痺のない側の片手と片足を使った車いす操作を訓練します。その後作業療法室での訓練に移ります。作業療法室での訓練は、麻痺した上肢の機能改善のための訓練から、退院後の生活のための日常生活訓練、掃除機や洗濯機を使用する手段的日常生活活動の訓練など多岐にわたります。上肢の能力向上訓練においては、特に物をつかんだり運んだりするための細かい運動の微調整の能力が必要とされます。これらの能力獲得のための訓練として手工芸が効果的な手段となります。

これらの訓練を通して、片麻痺患者は地域社会で生活するための技術を獲得していきます。そして、退院後は、通所リハビリテーションや訪問リハビリテーションによるフォローアップを受けながら地域への再定住を図ります。

作業療法の歴史

作業が治療手段として用いられた記録は古くからあり、日本では1902年に東京府立巣鴨病院（現在の東京都立松沢病院）で精神科医の呉秀三が作業治療と名付けた治療法が最初です。呉は、当時、ドイツの精神科医であるヘルマン・ジーモン（Hermann Simon）の病院で精神疾患患者に対して土木作業や園芸作業などを治療手段として用いる治療法を学びました。これらの治療手段は、現在のような精神疾患に対して有効な薬物療法がない状況において、精神疾患患者の健康な部分を強化することを目的に行われていました。この治療法は、人道療法や道徳療法と呼ばれ、ヨーロッパで用いられていました。呉が、日本でこの療法を作業治療として日本に導入し、その後、日本の精神医療分野で作業療法という名前で普及していきました。一方、身体障害分野では、1914年の第１次世界大戦で手足の自由を失った傷病兵の職業復帰訓練として始まりました。当時戦争で手や足を失った人が義足や義手を装着して、歩く訓練をしたり、義手で工場での仕事を行う訓練をしたりしていました。また、手足を失わなくても自由に動かすことができなくなった人も歩き方や動くほうの上肢との組み合わせによって仕事を行う訓練をしていました。職場で仕事を遂行するためには上肢（手や腕など）の能力を高める必要があります。そこで、訓練の内容は、指先の細かい動きや腕などの大きな動きを組み合わせた動作の訓練が中心となります。その動作訓練の方法として手工芸などを利用したりしました。このように精神障害領域と身体障害領域で行われていた手工芸などの作業を治療に用いる治療法が作業療法の始まりといわれています。

現在日本で行われている作業療法の対象は、統合失調症や認知症などの精神疾患患者、脳卒中などの脳血管疾患患者、関節リウマチや骨折などの運動器疾患患者、長期間にわたる安静状態による身体能力の大幅な低下を意味する廃用症候群患者、急性心筋梗塞、慢性心不全など心大血管疾患患者、慢性閉塞性肺疾患、気管支喘息などの呼吸器疾患患者、自閉症や広汎性発達障害などの発達障害者と広範囲にわたります。高齢化社会の進行に伴って今後も作業療法の需要は拡大すると予想されています。

作業療法の将来

現在の作業療法を取り巻く環境は、脳科学の進歩によって、障害者の能力改善の可能性が高まり、リハビリテーションの効果が高まりつつあります。また、共生社会の進展に伴い、社会の受け皿の整備が進み、重い障害でも社会に受け入れられる可能性が高まりつつあります。このような状況において作業療法は、障害者の生活と人生に寄り添い、彼らの生活の再建、社会参加の促進、社会への再定住を援助する専門職であるという点で、活躍の場が増えていくと期待されます。あなたも作業療法の持つ奥深い世界を勉強してみませんか？

最後に

「障害者」という表記法には「障がい者」「障碍者」という表記があり、最近では「障がい者」という表記が増えてきております。本稿では障害者という表現を用いました。これは、障害という表記が理学療法士・作業療法士法に用いられているためです。

参考文献

1）世界保健機関編『ＩＣＦ国際生活機能分類』中央法規出版、2002年。

Lecture 5　IoT
―インターネットでモノがつながる世界―

金本　俊幾

IoTとは

最近、物《モノ》がインターネットにつながる、という意味のＩｏＴ、Internet of Things という言葉を耳にされることが増えてきたかと思います。以前話題となったユビキタス（ubiquitous）とも同義ですが、ここでは、現在のＩｏＴにはどんな種類があるのか、そして、それらに対して重要となるセキュリティと信頼性についてお話ししていきたいと思います。

身の回りでは、スマートフォンやタブレット端末、マイク内蔵のスピーカーと対話するスマートスピーカーなど、コンピュータの組込みシステムをもつ「物」を想像される方も多いかと思います。確かに、それらもＩｏＴの一種ではありますが、ＩｏＴには、インターネットにつながる家電製品のほかにもいろいろな種類があります。

その一例として、工業分野において生産設備をインターネット経由で管理する、というＩｏＴの形態があります。具体的には、個々の機械装置に振動などを検知するセンサと通信手段をもつ「センサノード」と呼ばれる組込みシステムを取り付け、検知したデータを、インターネットを介してデータセンターに送ります。図１にセンサノードの構成例を示します。データセンターには通信を管理し情報処理を行うサーバーがあり、センサノードが検知したデータを分析します。サーバーで故障があると判断した場合は、停止など必要な処置の指示を装置に返す仕組みです。なお、インターネット経由で

かなもと　としき　理工学研究科　教授
1965年大阪生まれ。大阪、兵庫、高知で育つ。大学・大学院進学、企業勤務で東京、阪神間を往復し、2016年に弘前大学着任。専門は半導体集積回路、パワーデバイスの物理設計手法と組込みシステム。研究室のホームページは、https://www.eit.hirosaki-u.ac.jp/~kana/

外部のサーバーを利用する形態をクラウド（正確にはクラウドサービス）と呼んでいますが、データセンターの機能を自社内にもち、必要な通信がインターネットではなく社内のイントラネットで閉じる場合もあり、その形態をオンプレミス（on-premises）と呼んでいます。

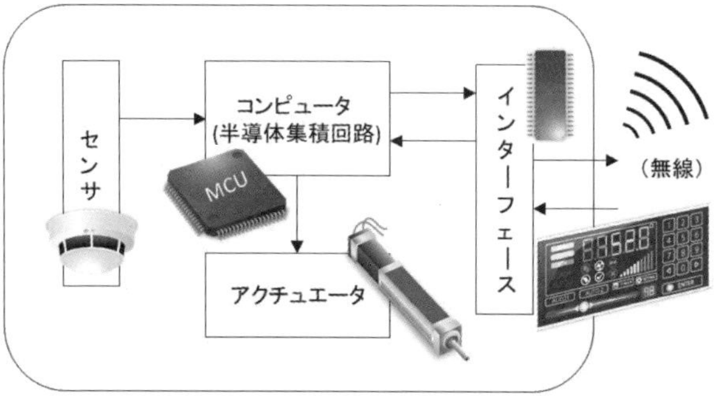

図１　センサノードの構成例

農業では圃場《ほじょう》に温度や湿度、日照、土壌水分などをモニタリングするセンサノードを設置してデータをクラウドサーバーに送り、農学生命科学分野の知見によりデータを分析し、収穫最適期の予測や施肥《せひ》などにフィードバックする事例があります。さらに、最近では多種多様なデータ、いわゆるビッグデータを収集し、地象、気象、社会現象など、大域的な事象を明らかにし、我々の生活や行動にフィードバックする、というＩｏＴの形態もあります。具体的には、通信会社が保有する携帯電話の基地局に温度、湿度、降水量などの気象に関わるセンサノードを設置してクラウドサーバーにデータを送り、そこに河川の推移情報などを加えてデータ分析を行い、防災にフィードバックする、という事例があります。なお、近年、データ分析には機械学習など、ＡＩ（Artificial Intelligence）の手法が用いられることが増えてきました。図２にインターネットを使ったクラウドサービスのイメージを示します。

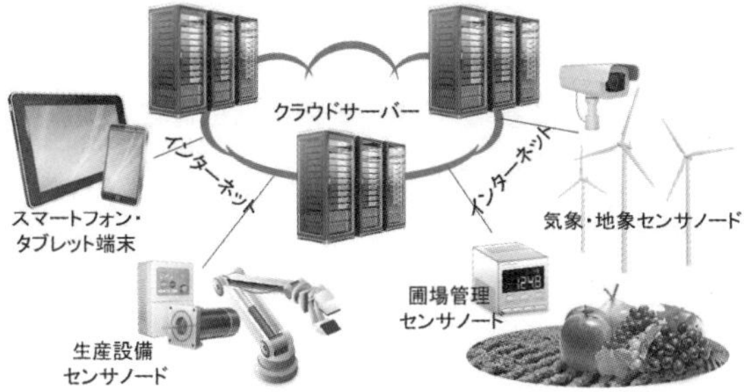

図2　インターネットとクラウド

IoTとセキュリティ

身の回りのスマートフォンやタブレット端末、スマートスピーカーは、サーバーとの間で頻繁に送受信を行っています。また、工業分野の例では、故障を検出した際にセンサに対応するモーターや回転以外の動きを行うアクチュエータに対してサーバーから停止などの指示を直接送ることも考えられます。これら組込みシステムにはＣＰＵ（Central Processing Unit）と呼ばれるコンピュータの頭脳にあたるハードウェアが載っていて、Android、iOS、Linux などのオペレーティングシステム（ＯＳ）というソフトウェアのもとに動いていますが、受信の過程でインターネットからマルウェア（Malicious software：「悪意のあるソフトウェア」の略）というプログラムが侵入することによる情報セキュリティ（情報を漏洩しない機密性、正確な情報を維持する完全性、情報を常時参照できる可用性）のリスクがあります。

ここで、マルウェアの代表的な種類には、次の３つがあります。(1) ウイルス：ＯＳ上の他のプログラムやデータに寄生、改変し、自己増殖を行うもの。(2) ワーム：自分自身単体のプログラムとして動作し、自己増殖を行うもの。ネットワークに接続した時点で感染するワームもあります。(3) トロイの木馬：有用無害なプログラムやデータを装い、あるいはＯＳの脆弱性を利用して侵入。しばしば外部からの命令で悪意のある動作をするが、自己増殖はしないもの。ギリシャ神話に現れるトロイア戦争において、敵が巨大な木馬に潜ませた兵によってトロイア軍が陥落した、というところに因《ちな》んで、このマルウェアにトロイの木馬の名前がつけられています。なお、広義にはこれら (1) ～ (3) などを総称してウイルス、と呼ぶことがあります。

電子メールの添付ファイルを開いて感染する、ということを聞かれたことがあるかと思いますが、代表的なマルウェア (1) ～ (3) はいずれにもその危険性があります。ＩｏＴ全般では、ネットワークに接続するだけで感染する可能性がある (2) のワームと (3) のトロイの木馬がとくに要注意です。パソコンやスマートフォン、タブレットであれば、ＯＳのアップデートやセキュリティソフトウェアの導入でこまめに防御することが可能ですが、センサノードでは、初期に設定したセキュリティ対策が、10～20年間の長期にわたり更新されないこともあります。また、メールチェックのときのように人手によるウイルス導入の機会が少ない反面、人目によるチェックが行われる頻度も少ないため、マルウェアの感染を検知しにくい、という問題があります。さらに、センサノードは、消費エネルギーやコストの制約から、機能・性能に限度があり、初期のセキュリティ対策も十分に行えるとは限りません。工業分野の例で、マルウェアによりモーターやアクチュエータに異常な指示が伝えられると、製品に被害がでたり、事故の原因となったりする可能性があります。そこで、ネットワークの上流にセキュリティの管理を行うサーバーを設置し異常を検知することが重要となり、そのための研究開発が盛んに行われています。

IoTと信頼性

一方、農業の例ではセンサノードの置かれた場所に関するアドバイスを提供していますが、センサノード自体に直接フィードバックはしていません。センサノードは通信の確立時やセンサネットワークを構築する場合を除き、基本的にデータの送信のみを行っています。その場合、通信時におけるマルウェアによるセキュリティ上のリスクはありませんが、故障により誤った動作をする可能性があります。故障が少なく一定の期間正常に動作できる確率が高いことを信頼性が高いといい、センサノードに求められるもう一つの重要な要件となります。

そこで、今度は話を信頼性、という観点に移したいと思います。センサノードが誤りなく確実に動く信頼性がどれだけ重要かは、目的、扱う問題に対するセンサノードの数、密度に依存します。もし一部のセンサノードが何らかの原因で正しい情報が送信できていない場合でも、データを分析する際に誤った情報を除外し周囲の情報で補間できる場合は許容できます。ここでは、センサノードは基本的にデータの送信のみを行うものとして、その設置密度の大小に対して、それぞれセンサノードに求められる信頼性について考えてみたいと思います。

まず、観測しようとする事象に対してセンサノードの数が十分に多い場合、仮に故障する個体がでてきたとしても他のセンサの情報で補間できる可能性があります。そのときは、基本的に補間が許す範囲の故障率であればよいのですが、多くのセンサノードを維持するための長期信頼性が重要となってきます。故障には、製造不良による初期故障と、使用中に偶発的な要因で生じる故障、それと寿命を迎えて故障する磨耗《まもう》故障があります。故障率の推移がバスタブのような形になることから、バスタブカーブ（図３）とも呼ばれているのですが、そのなかで磨耗故障を迎える時期に一斉に交換などの保守を行う必要がでてくる可能性があります。

そのため、この時期を可能な限り遅らせて保守の頻度を下げることが必要

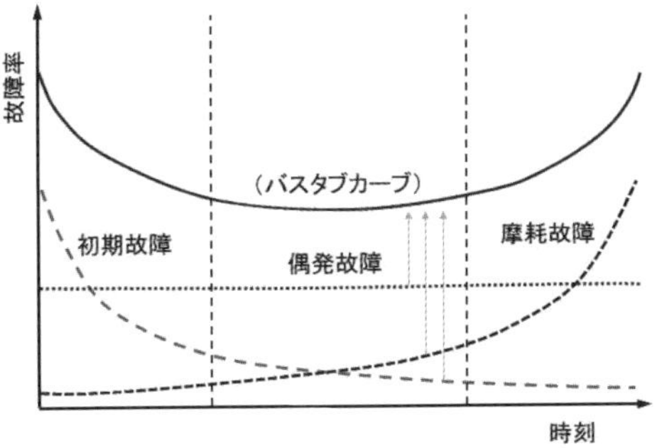

図３　故障率の推移

になってきます。センサノードを構成する半導体集積回路では、長期間同じ動作が続くことによるトランジスタの劣化が主要因となりますので、不必要な動作を止めたり、動き方を変えたりして寿命を延ばす研究が行われています。なお、信頼性とは少し外れますが、多数のセンサノードに電源を供給し続けることが困難な場合もあります。そのような場合、電源切れで摩耗故障と同様な状況になることを防ぐため、低消費エネルギーデバイスと環境発電などを組み合わせ、バッテリーレスのセンサノードを構築する必要もでてきます。

一方、観測しようとする事象に対してセンサノードの数に余裕が無いか、あるいは観測点一つひとつの情報に対する重要性が高い場合があります。工業分野の例や、農業、畜産で生育の管理を行う場合が該当します。これらについては、バスタブカーブの偶発故障も非常に低く抑える必要があります。センサノードを構成する半導体集積回路における偶発故障は、内部、外部のノイズや環境変動により引き起こされ、多くの場合電源を再投入することで復帰させることはできますが、電源の再投入が容易でない場合には、対策が必要です。擾乱の内部要因としては、回路のオン、オフで生じるノイズが挙げられます。内部で生じるノイズを抑えるため、半導体集積回路内部の静電容量を利用してノイズを吸収したり、あるいは場所によってオン、オフのタイミングをずらし、特定の周波数にノイズのピークを生じないようにしたりする研究が行われています。外部要因では、環境温度や電源電圧の変動のほか、宇宙から飛来する中性子やミューオンなど宇宙線の影響があります。これらの宇宙線を受けることで集積回路内部に電荷を生じ、信号が反転することで一時的な故障が生じます。ハードウェアそのものが壊れるわけではなく、ソフト的に故障を生じることから、ソフトエラーと呼ばれています。これらに対しても、やはり半導体集積回路の内部の静電容量により発生した電荷を吸収して対策しますが、近年の微細化に伴って静電容量が減少しており、物理的な構造の工夫だけではソフトエラーを抑えることが困難になってきています。そのため、ソフトエラーを生じにくい回路や、ソフトエラーを検出、訂正する技術の研究開発も行われています。

ＩoＴの今後～生活の安心・安全に向けて

これまでに家電、工業、農畜産業、気象、地象の例を挙げてＩｏＴにおけるセキュリティや信頼性についてお話ししてきましたが、この先、ＩｏＴはいろいろな場面に拡大していこうとしています。例えば、自動車分野では自動運転に向けて、信号、標識や道路状況などの情報を、インターネットを通して入手する、コネクテッドカーというＩｏＴの形態が普及しはじめています。車両はセンサノードとしての役割も担い、自車の位置や速度、車間距離、路面の状態などの情報を提供することにより、交通管制や渋滞の緩和などに寄与します。一方、セキュリティ面ではインターネット経由で外部から車内のコンピュータネットワークに侵入し、自動運転機能の進んだ車両を遠隔操作されるリスクが出てきます。また、自動車に使われる組込みシステムは、誤動作が交通事故に直結するため、より高度な信頼性の確保が要求されます。ＦＩＴ（Failure In Time）と言って、10億時間（約11万年）の間に偶発故障が起きる平均回数（故障率）が指標として用いられますが、自動車に使われる半導体集積回路には故障率を最大でも10ＦＩＴ未満に抑えることが求められます。

さらに、ＩｏＴはヘルスケア、医療の分野にも拡大しています。具体的には、体温、脈拍数、血圧などのデータを常時着用できるウエアラブルセンサノードから発信し、クラウド上で健康状態の管理を行うヘルスケアのＩｏＴや、心臓のペースメーカーが検知した心臓の電気信号を医療機関に送信し、保守を受ける、といった医療に関わるＩｏＴです。また、病院内に設置された画像診断装置などもネットワークにつながり、クラウド上での解析、診断サポートが可能になってきています。医療に関しては、さらに高度なセキュリティと信頼性が求められます。また、個人情報の漏洩防止および保護にも留意が必要になってきます。今後、ＩｏＴはセキュリティと信頼性を向上させながらさらに適用範囲を拡げ、生活の安心・安全に寄与していくものと考えられます。

おすすめの本

・坂村健『ＩｏＴとは何か』株式会社 KADOKAWA、2016年。
・西垣通『生命と機械をつなぐ知』高陵社書店、2012年。
・Blue Planet-works『決定版 サイバーセキュリティ』東洋経済新報社、2018年。
・菊地正典『半導体工場のすべて』ダイヤモンド社、2012年。

Lecture 6　協同組合による農村生活インフラの維持
―協同組合間協同の姿―

正木　　卓

農村から消える「店」

今回は「店」をテーマにしてお話ししたいと思います。「店」と言っても多くの業種がありますので、ここではコンビニを例として説明していきます。

皆さんはなぜコンビニに行きますか？ 買い物やお金を下ろすなどの多様なサービスを一ヶ所でできるからと答える人が多いかもしれません。コンビニのような店は買い物をしたり、様々なサービスを提供してくれるなど我々の生活に欠かせない便利な存在となっています。さらに、住まいの近くにあればその利便性はより増していきますね。

このような生活に必要な店が皆さんの住まいから遠いところに立地する、あるいは無くなってしまった場合を想像してみましょう。皆さんの生活はどうなると思いますか？ おそらく、買い物に必要な時間や労力、費用が現在より増してしまい、非常に不便になってしまいます。

しかし、生活していく上で非常に重要な存在であるこれらの店が減少したり、減少したことにより、遠くにしか無くなってしまうような実態が国内、とくに農村地帯にあるといえば、信じられるでしょうか？

日本の農村地域は高齢化が進むなかで、担い手の減少と雇用労働力の減少が同時に進んでおり、これは地域経済の根幹をなす農業の人口問題を原因として、競争力弱化にまで広がっています。とくに、日本の食料生産基地と呼ばれる北海道・東北は、専業農業地帯として人口の減少と高齢化の進展が著

まさき　すぐる　　農学生命科学部　助教
主な研究内容は、農村振興に関する社会経済学的研究として、農村振興のための地域農業支援システムの構築や農協を中心とした協同組合の組織・事業の社会的役割について研究しています。趣味は魚釣りで、普段味わえない自然の恵みを堪能しています。

しく、農業労働力の減少に直接つながり、農業労働力不足問題が深刻化しています。

こうした専業農業地帯では、人口の減少と高齢化・担い手不足が深刻化し、農業生産だけではなく生活維持のために必要な店・医療など、多くの部門において民間業者や公的機関が生活インフラ（生活する上で基盤となる施設や設備など）から離脱する動きが強まっています。つまり、生活インフラの維持が難しくなり、生活拠点ともいえる店がこのような地域からどんどん姿を消しているのです。その対応として生活協同組合が多様な取り組みを展開しており、その中には農業協同組合との連携を通じたものもあります。

そこで、過疎化による生活インフラの維持問題に積極的に対応している生活協同組合の多様な事業を紹介します。さらに、生活拠点における店の維持に対し、生協と農協が協同組合間協同で連携し事業展開している事例から、専業農業地帯などの人口問題を抱える地域において、生活拠点としての店の維持のために協同組合がどのような役割を果たしているかについて考えてみたいと思います。

生活協同組合とは、協同組合とは何なのだろう？
—コープさっぽろから—

事例に入る前に、生活協同組合について少し触れておきます。生活協同組合は数多くある協同組合のうちの１つで、「生協」などと呼ばれていますが、皆さんも聞き覚えがあると思います。図１に示したように、生協以外にも農協や漁協など多くの協同組合が存在します。日本国内だけでも約３万6,000組織も存在し、後述しますが組合員数は約8,000万人にも及びます。生協だけでみても、それぞれ約560組織、約2,800万人の組合員がいます。

ではそもそも「協同組合」とは何なのでしょうか？　協同組合とは、同じ目的を持った人々が互いに助け合い、協同する組織です。この人々は組合員と呼ばれ、生活協同組合では消費者が、農業協同組合では農業者などがそれぞれ該当します。図２からも分かる通り、組合員はお金を出し合い（出資する）、ともに利用、運営を協同で行います。また、協同組合ではこの組合員

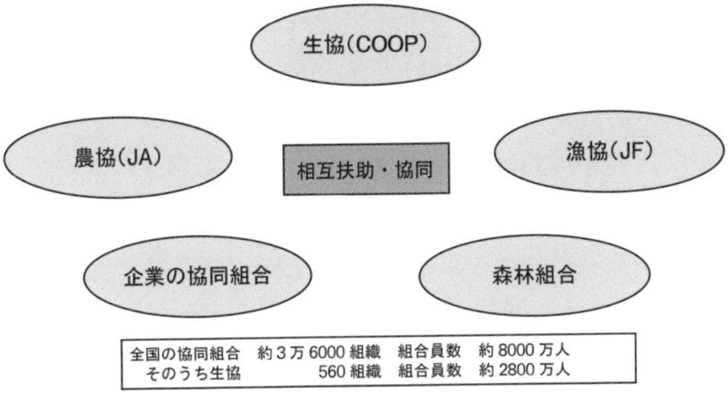

図１　協同組合の種類

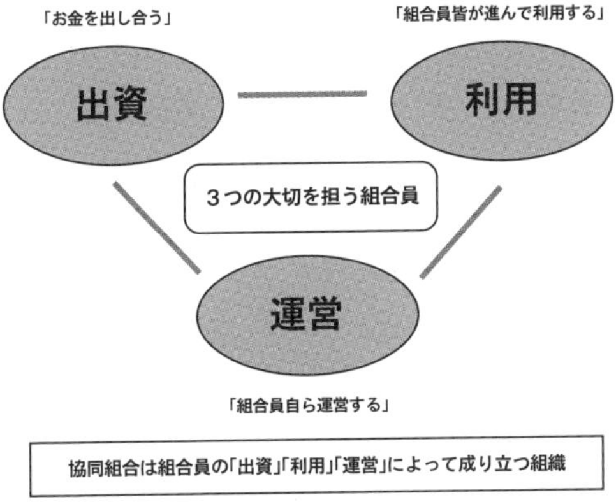

図２　協同組合のしくみ

の利益を第一としており、利潤の追求はあくまで組合員の願いをかなえるための手段でしかありません。これらの点が一般の企業（株式会社など）とは性格が異なる特徴点です。

　このような協同組合組織、中でも生活協同組合の取組みについて、北海道のコープさっぽろの取組みからみていきたいと思います。

　コープさっぽろは、1965年７月に設立された生活協同組合であり、北海道内に108店舗、物流センター31拠点、配食のための６工場を運営しています。2016年３月現在の組合員数は156万9,125名となっており、その組合員からの出資金額は640億円で2015年に比べ１％増加しており、経常剰余金は58

億円を占めています。コープさっぽろの職員は計１万2,826名で、そのうち正規職員が2,026名で全職員の15.7％を占め、さらに契約社員は1,130名、パートアルバイトが9,670名（75.4％）から構成されています。

コープさっぽろの事業は大きく４部門に分かれており、スーパーマーケットなどの「店舗事業」、注文した商品を宅配する「宅配事業」、組合員がお金を出し合い（掛金）、病気や事故などの万が一の場合にお金を受け取れる「共済事業」、「その他の事業」などがあります。総事業高（総売上にあたる）2,678億円の中で、店舗事業が1,857億円（69.3％）で最も多く、続いて宅配事業が752億円（28.1％）の事業額を示しています。対して共済事業とその他の事業は合わせて68億円（2.6％）とそれ程大きくありません。このようにコープさっぽろの事業の特徴としては、店舗事業の事業額が高いことであり、これが府県の生協との大きな違いであり特徴です。

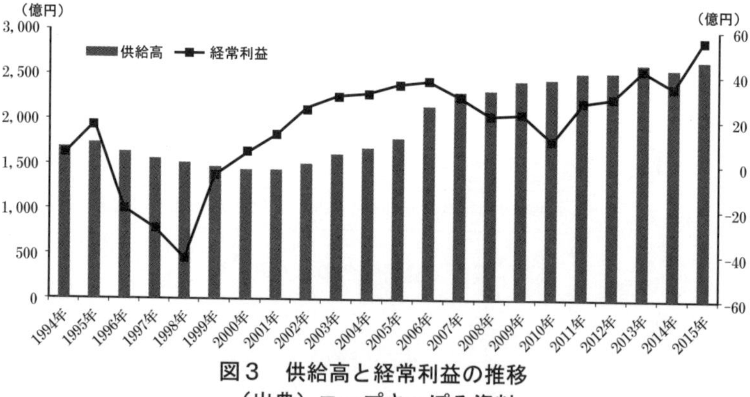

図３　供給高と経常利益の推移
（出典）コープさっぽろ資料

続いて、コープさっぽろの供給高（物販などの売上にあたる）と経常利益（本業以外も含めた利益）の推移についてみていきます。図３はコープさっぽろの供給高と経常利益の推移を表したものです。この図によると、供給高は1995年の1,756億円から2001年の1,453億円まで徐々に減少しましたが、その後増加傾向となり、2015年には過去最高の2,678億円となっています。このような動きは年度こそ異なりますが、経常利益でも同じく見られます。経常利益は1998年に43億円の赤字まで低下しましたが、その後、黒字化に成功し2015年には55億円の黒字を達成しています。

地域課題の解決を目指す

コープさっぽろは、2008年から地域の課題を解決するためのビジネス「ソーシャルビジネス」を開始しています。初年度は「環境」、翌年には「子育て」というそれぞれのテーマ設定のもとで事業を展開しましたが、地域の生活インフラに着目したのは2010年からです。当時は「買物難民」や「コミュニティビジネス」という言葉が目立つようになった時期であり、日本の各地で人口減少による生活への危機感の高まりや、それらへの対応が模索されていた時期です。つまり、「地域貢献」をテーマに過疎化による、医療・食・居住・移動に関わる地域の課題を、生協が“つなぐ”ことで解決を目指したのです。生協は具体的な内容として、①北海道の「食のインフラ」の更なる強化、②過疎化と高齢者買い物難民対応・安否確認、③「移動販売車」と「社会給食」（配食サービス）の３つを掲げました。

フードデザートエリアを走る移動販売車

移動販売車事業は、店舗から約１時間圏内のエリアを商品を搭載した車で移動し販売する店舗事業の１つです。この事業では、地域ごとに決められた曜日に回るという、生活に密着した販売を行っています。現在、フードデザートエリア（500ｍ圏内に「飲食料品小売店」の無いエリア）の７割、人口にして約20万人をカバーしています。

移動販売車事業は2015年５月現在、48店舗から80台の販売車が、北海道の北部を除いた全域で稼働しており、今後は100台まで拡大する予定となっています。また、移動販売車の運転手は救急救命士の資格を持った職員が担当しているため、定期的に生協利用のお年寄りを訪問することで微妙な体調変化にも気づけるほか、急変時にも対応できる体制となっています。

この移動販売車事業は、コンビニなどが出店できないエリアをカバーしていたこと、地域の商店と競合関係にあったトドック（宅配便）とは異なる空白地域のマーケットへの挑戦であり、高齢者の「すぐ食べられる」というニーズに応えるものであったことが成功の要因と考えられます。

助け合いの高齢者見守り協定

コープさっぽろの配送ルートを活かして地域の高齢者を見守ることを目的とした高齢者見守り協定は、北海道内の112市町村（2016年３月現在）と締結しています。以下では高齢者見守り協定の具体的な中身をみるため、コープさっぽろと札幌市が締結した協定の主な内容について紹介します。

第１に挙げられるのは、くらしの安心を願い助け合いの輪を広げていくまちづくりです。ここでは、宅配トドック及び配食事業との連携による高齢者の見守り、ふれあいサロンの実施、「コープくらしの助け合いの会」による有償ボランティア、被災避難者の支援活動がその内容となっています。

第２に挙げられるのは、地域で取り組むボランティアを大切にするまちづくりです。「コープ未来（あした）の森づくり基金」による活動団体の助成、コープボランティア活動への助成、「社会福祉基金」による福祉ボランティア団体への助成に協力しています。

このようにコープさっぽろは独自の配送ルートを生かして、見守り活動や福祉ボランティア活動などによって高齢者のくらしの安全を守る取り組みを実行しています。

生協と農協の協同連携によって生活インフラは維持されている

コープさっぽろはM農業協同組合（以下、M農協）とAコープ（農協の購売部門）の連携運営を行っています。以下では、その取り組みの背景、内容、課題について説明します。

1948年に設立されたM農協は美唄市に所在しています。組合員は（2016年現在）正組合員441名、准組合員437名、計878名で構成されています。連携を結んだ当時（2010年度）の総事業高は28億5,000万円、経常利益は４億3,000

万円でした。また、店舗事業の事業高は２億5,000万円でしたが、経常利益は145万円の赤字となっていました。2010年度のコープさっぽろとM農協との取引量は計5,256万円であり、その内訳を見ると、「ご近所野菜」（Ａコープ M農協店内インショップ）が3,964万円（75.4％）、米（宅配）が710万円（13.5％）、米（道東、近隣店舗）が582万円（11.1％）となっています。

支え合うコープさっぽろと農協

M農協のＡコープとコープさっぽろとの連携運営は、2011年にM農協の組合長が組合員の利便性を最優先し、地域の店舗存続の意向をコープさっぽろに示したことをきっかけとして始まりました。その当時は、イオングループ、アークスグループそれぞれが3,000億円の事業規模をもつような厳しい小売業界であり、コープさっぽろは事業のボリュームを必要としていました。つまり、買物に対する組合員の利便性を追及したM農協の方針と事業拡大を目指すコープさっぽろの方針が一致したことで、この２つの協同組合間の連携が可能となったのです。

両協同組合の連携目的と内容についてみていきます。両協同組合の連携の目的として①存続が困難なM農協直営店（Ａコープ）にコープさっぽろの仕入れや、店舗運営機能を提供することにより買物難民の拡大を防ぐこと、②M農協の地区に住んでいるコープさっぽろの組合員に対してもM農協直営店の利用を可能にすること、③M農協の農産物を直接仕入れるなど、相互の経営資源を活用し地域活性化を目指すこと、④M農協との事業の提携で、他社への機能（この事例では店舗運営機能など）提供というビジネスモデルを構築していくこと、⑤コンビニに対抗する地方小型店の経営の形を確立していくこと、⑥人口減少・高齢化により縮小していく北海道の市場に対し、連携することにより売上規模を増やし、仕入れの優位性を維持、発展させていくことなどをそれぞれ挙げています。

両協同組合は商品の発注から納入までの仕入れの代行と運営ノウハウの導入を主な連携内容としています。コープさっぽろが長年店舗運営で積み重ねたノウハウをＡコープの運営に活かし、コープさっぽろは卸売業者として機能するという、コープさっぽろの既存のシステムをＡコープが活用した形といえます。この場合、仕入れ代金と物流手数料、システムの維持にかかるコストの３つがM農協からコープさっぽろに支払われます。また、生協法に従い、M農協の正・准組合員はコープさっぽろの組合員となっています。

今、なぜ協同組合が必要なのか

人口の減少や高齢化など、過疎化が著しく進展している地域では、生活インフラからの民間業者や行政などの公的機関の離脱が続いており、その部分を協同組合がカバーしている姿が見られています。その例として今回取り上げたのが、コープさっぽろの取り組みです。コープさっぽろは、スーパーマーケットなどの商業施設、病院などの医療施設の撤退など生活インフラ欠如問題に対し、移動販売車事業や高齢者見守り協定を通じて失われた生活インフラを地域に提供しています。また、店舗事業のノウハウなどを活かし、農協との協同組合間の連携を図ることで、生活にとって重要な店舗を地域に残すなどの取り組みも見られます。

これらの取り組みは、組合員だけでなく地域住民のくらしの向上や地域の活性化にとって非常に重要な役割を有しています。また、協同組合の事業の領域は、民間セクターや公共セクターに属していない範囲をカバーしていくものであり、これは協同組合の新たな役割といえます。専業農業地帯などの人口減少、高齢化などが進む地域において、協同組合間協同の必要性はますます高まっているのではないでしょうか。

（注）本稿は、正木卓「北海道における生活拠点としての店の役割」（『協同組合研究誌　にじ』第658号、2015年、24-31頁）をもとに再整理しています。

おすすめの本

・高橋厳編著『地域を支える農協』コモンズ、2017年。
・坂下明彦、小林国之、正木卓、高橋祥世『総合農協のレーゾンデートル』筑波書房、2016年。
・生源寺眞一『農業がわかると、社会のしくみが見えてくる』家の光協会、2018年。

Short Essay 1　光れ、輝け、無限の可能性を秘めたあなた達

安川あけみ

10年後、20年後、30年後……のあなたはどんな光に照らされているでしょうか？ 地位や名誉の輝かしい光、家族や友人の温かい光、ライバルと火花を散らす激しい光……。

日本人（研究当時を含む）の科学者に対して贈られたノーベル賞は2019年までで24名余りでしょうか。そのうち、2014年には日本の大学や企業で研究を進めた３名の研究者が、青色発光ダイオード（LED）に関する業績によりノーベル物理学賞を受賞しました。ＪＲ弘前駅の発車標は、なぜ特急列車が赤色、普通列車が緑色、ホームが橙色で表されているのでしょうか？ それが印象に合っているからですか？ いえ、それは、反転フラップ式（目的の表示が出るまでパタパタ）に代わってＬＥＤ式が導入された当時、まだ青色ＬＥＤが実用化されておらず、赤色と黄緑色のＬＥＤを用いて、その３色（橙は赤と黄緑による）で表示したからです。現在では青色ＬＥＤが実用化され、新幹線や私鉄ではフルカラーが増えました。フルカラーは表示が美しいばかりでなく、赤と緑が区別しにくい色覚異常の人にも区別しやすくなりました[1) 2)]。光の三原色は赤・青・緑ですから、青がないだけでできる色は格段に少なくなってしまいますし、青が加わることでフルカラーが可能になるのです。「２」から「３」への変化は「１つ増えた」だけではなく、「1.5倍になった」だけでもなく、無限大の可能性を実現したのです。

あなた方一人ひとりはかけがえのない価値のある人間ですが、一人でできることは限られています。光の三原色と異なり、人間は三人集まっただけでも万能とは言えないでしょう。さらに多くの人と知恵を出し合い、協力し合

やすかわ　あけみ　　教育学部　教授
出身地は愛知県知立市、現在は奈良市から単身赴任中。
専門の研究テーマは被服学（快適性と審美性を兼ね備えた衣服、付加価値を持つ布の染色、微粒子担持による布のＵＶカット性付与、被服実験教材の開発など）。

う必要があるのではないでしょうか。時には良きライバルとしてお互いに切磋琢磨するのも大切でしょう。その段階の１つとして弘前大学で学びませんか？

弘前大学は総合大学です。専門の異なる５つの学部の学生が共に学んでいます。例えば、教育学部では将来の教師像を思い描きながら学級づくりを考える人、絵画や声楽に没頭する人、ビーカーで染色する人、体を傷めない走り方を工夫している人、難解な数式を解く人、白神山地へフィールド学習に出かける人などが机を並べて学んでいるのです。様々な色彩が相乗効果を生むイルミネーションのような環境は、きっとあなたに素晴らしい学生生活を与えてくれるでしょう。大切な一生の宝となるような友達、先輩、後輩、そして先生方と出会えることと思います。

２種類の発車標と弘前市のイルミネーション（巻頭カラー）

参考文献

1）岡部正孝・伊藤啓「色盲の人にもわかるバリアフリープレゼンテーション法」（https://www.nig.ac.jp/color/gen/、最終閲覧2019年３月30日）。

2）ぬこごろ BLOG「色盲色覚異常の見え方。LED 信号機の場合。ほか」（http://nukoten.blogspot.com/2014/10/led.html、最終閲覧2019年３月30日）。

Short Essay 2　建物に込められた人生
―フィールドワークを通しての出会い―

高瀬　雅弘

旧陸軍山田野演習場第９号兵舎（巻頭カラー）

ここに１枚の写真があります。写っているのは古そうな木造の建物ですが、やけに長細く、そしてところどころ傷みが目立ちます。この建物、一体何だと思いますか？

実はこの問いの答えはひとつではありません。時間順にたどっていくと、一番はじめは兵隊たちが宿泊する兵舎、次が第二次大戦後に開拓農民として入植した人びとの住居、やがて中学校の校舎になり、その後は豚舎として使われ、現在は農機具置き場と、５つもの用途を経ています。建てられたのは1911年ごろと推定され、もうすぐ築110年にもなろうとする建物です。正式な名称はありませんが、最初の用途に基づくと、「旧陸軍山田野演習場第９

たかせ　まさひろ　　教育学部　教授
専門は社会学。とくに地域社会や教育を研究対象にしています。一人ひとりの人生に込められた、かけがえのない記憶や思い出を集め、記録しています。見えないものを見る力、「社会学的想像力」を大切にしています。

号兵舎」です。西津軽郡鰺ヶ沢町にこの建物はあります。

私がこの建物と出会ったのは2008年のことです。今にも倒れてしまいそうなたたずまいが、なぜか強く印象に残りました。そこで、昔のことをご存じの方にできる限りお話をうかがうことにしました。すると、かつて兵隊としてここで寝泊まりをしながら演習に励んだ人、戦争によって仕事や家を失い、この土地を開墾して新しい生活を始めた人、中学校生活の３年間を過ごした人、払い下げられた建物を活用して、畜産に取り組んだ人、さらに今日まで補修しながら大切に使い続けている人に出会いました。そして、これらの人びとの様々な人生の物語と、たくさんの思いがこの古い建物に詰まっていることを知りました（その成果は、『山田野』（弘大ブックレット）という小さな本にまとめました）。

それまでの私は、歴史について研究するとき（私の専門である社会学は、「近代(化)とは何か？」という問いについて考える学問です)、どちらかというと紙に書かれた情報（歴史資料）を中心にしていました。もちろんこうした方法はとても大切なのですが、文字で記録されることのない、しかしかけがえのない人びとの生活の姿が、フィールドワークを通して見えてきました。

この経験は、社会科の先生を育てるという、私の仕事を見直すきっかけにもなりました。かつて社会（科）は「暗記ばかりでつまらない」といったいわれ方をしていましたが、フィールドワークを通じて人やモノに直接触れることが、社会科をいくらかでも面白くできるのではないか、と考えるようになったのです。

かつて教育学部には生涯教育課程というものがあり、そこではフィールドワークをはじめとした特徴あるカリキュラムが提供されていました。山田野の旧兵舎との出会いも、同課程の地域生活調査実習という授業が与えてくれたものです。社会の大学に対するニーズの変化により、同課程は2015年度を最後に学生の募集を停止してしまいましたが、そこで生まれたものをしっかりと受け継いで、社会科教員養成や教養教育科目において、学生の皆さんとともに、フィールドワークを通した出会いを重ねていきたいと思っています。他者の人生との出会いは、きっと皆さんの人生も豊かにしてくれるでしょう。

第３章

変える

Change

Lecture 1　表現の自由とヘイトスピーチ

河合　正雄

ヘイトスピーチとは何か

ヘイトスピーチは、特定の個人や団体に対してではなく、○○人や○○教徒といった一定の属性をもつ集団に対して罵倒したり中傷したりする表現を指します。例えば、特定の個人や団体に対する名誉毀損や侮辱は、刑法230条と231条で犯罪とされます。しかし、これらの条文が犯罪としているのは、それぞれ「人の名誉を毀損」する行為と「公然と人を侮辱」する行為であり、○○人や○○教徒といった不特定多数の集団に対してヘイトスピーチをしても犯罪にはなりません。また、民事でも、ヘイトスピーチが行われても、従来は、「個人に具体的な損害が生じていない」限り責任は問えないとされていました（例えば、2013年10月７日の京都地裁判決）。

しかし、日本でもヘイトスピーチが注目されるようになり、何らかの法的な規制を作るべきだという声が高まり、ヘイトスピーチ解消法（正式な名称は「本邦外出身者に対する不当な差別的言動の解消に向けた取組の推進に関する法律」で、差別的言動解消法ともいいます）が2016年５月24日に成立し、６月３日に施行されました。ここでは、ヘイトスピーチ規制について、表現の自由がもつ意義から考えてみましょう。

表現の自由が重要である理由
—人格の発展、真理の探究、政治参加—

かわい　まさお　　人文社会科学部　講師
1982年生まれ、東京都出身
憲法学、受刑者の権利論
河合正雄「もし警察に捕まってしまったら―刑事事件で保障される権利」西原博史・斎藤一久編著『教職課程のための憲法入門（第２版）』（弘文堂、2019年）

自由で民主的な社会では、表現の自由（憲法21条）は基本的人権の中でも非常に重要であり、次の意義があると考えられています。

第１は、国や地方自治体から制約を受けずに様々な情報や考え方を見聞きし、人々の間での自由なコミュニケーションを保障し、表現したい内容を表現できるようにすることは、人々の人格の発展につながるという意義です。

第２は、その時々の権威や空気にとらわれずに様々な意見を自由に発言できることが、真理に近づく道であるとする意義です。様々な人の考えを聞いて、自分の考えの間違いに気づくこともあるでしょう。昔は支配的な考え方であった天動説が後に適切ではないとされたのも、当時の常識に異を唱える人がいたからです。

第３は、人々の実質的な政治参加を後押しするという意義です。単に選挙で投票するだけではなく、国民が国や地方自治体の主体的な担い手であるためには、人々が日ごろから国家的・社会的な事柄について自由に発言できることが重要です。表現の自由は民主主義を支える参政権と強い結びつきを持っており、民主主義国家にとっての生命線ともいえます。

ヘイトスピーチ規制
―規制がもたらすリスクと言論による対抗の限界―

表現の自由にはこのような意義があるため、日本の憲法学説の多くは、特定の個人や団体の名誉などを侵害しない限り表現の自由は規制せず、言論には言論で反論することに任せた方が良いと考えています。その主な理由は、次の通りです。

第１に、〇〇人や〇〇教徒という概念が漠然としているため、何がヘイトスピーチであるかを明確に定めることが難しく、結果として禁止される表現内容が増えるおそれがあります。特に、刑罰付きで規制すると、警察に捕まったり刑罰を科される可能性があるために、人々が言いたいことを口に出せなくなってしまうおそれがあります。

第２に、何がヘイトスピーチであるかを実際に判断するのは行政や警察であるため、国や地方自治体にとって都合の悪い表現ばかりがヘイトスピーチとして規制の対象となる可能性があります。

第３に、ヘイトスピーチを嫌がる人は沢山いますし、実際にヘイトデモに対してカウンターデモなどで反論をする人がいるように、ヘイトスピーチには言論で対抗できており、上記２点のリスクを負ってまで法律で規制するべきではないとする点です。

しかし、実際に被害にさらされた人の立場にたって考えてみるとどうでしょうか。自分たちが営んでいる商店や住んでいる家の前で、自分たちの属する集団に対する暴言を大音量で絶叫し続ける相手に対して、「話し合いをしましょう」などと語りかける（これが「言論で対抗する」ということです）ことができる人はどの位いるでしょうか。

第１に、ヘイトスピーチは攻撃にさらされる集団を大きく傷つけます。実際に攻撃にさらされる人々からすれば、ヘイトスピーチは、特定の個人や団体に対する名誉毀損や侮辱などと本質的な違いはないでしょう。

第２に、ヘイトスピーチは最たる言葉の暴力であり、ある集団を日本社会から排除しようとする点で、様々な生まれや考え方を持つ人が共存していくための最低限の作法に反しています。

第３に、日本が加入している人種差別撤廃条約は、２条１項で、「あらゆる形態の人種差別を撤廃する政策及びあらゆる人種間の理解を促進する政策をすべての適当な方法により遅滞なくとる」ことを定めています。加入している条約は「誠実に遵守する」（憲法98条２項）必要があるため、日本は、憲法の枠内で（一般に、条約よりも憲法の方が優先されると考えられています）、ヘイトスピーチを規制するための何らかの法律を作ることが求められます（ただし日本は、ヘイトスピーチを犯罪とすることを求める人種差別撤廃条約４条ａ・ｂについては、憲法が保障する表現の自由などに反しない限度で行うとしています）。

一般には、名誉毀損罪や侮辱罪（刑法230・231条）などを設けること自体は表現の自由を保障した憲法21条に反するとは考えられていないように、いくら表現の自由が重要であるといっても、それは完全な自由を意味するものではありません。また、ヘイトスピーチは、その程度にもよりますが、攻撃にさらされる集団を怖がらせ、ヘイトスピーチに対して反論する自由を実質的に制限させかねない点で、前述した表現の自由の３つの意義をかえって損なわせる効果があります。そうである以上は、特定の個人や団体に対して行えば違法となる表現を内容とするヘイトスピーチについては、表現の自由の３つの意義を活かし、実質的な表現の自由を保障するために、何らかの法的な規制を設けた方が望ましいともいえます。

ヘイトスピーチ解消法の性質―ゆるやかな規制―

ヘイトスピーチ解消法は、国に対して、「不当な差別的言動の解消に向けた取組に関する施策を実施」し、地方自治体に対して、「不当な差別的言動の解消に向けた取組に関し……地域の実情に応じた施策を講ずる」ことを求めています（４条)。ヘイトスピーチ解消法は、「人権教育と人権啓発などを通じて、国民に周知を図り、その理解と協力を得つつ、不当な差別的言動の解消に向けた取組を推進」することを目的としており（前文３段)、ヘイトスピーチに対する罰則はありません。これは、ヘイトスピーチ規制を求める声に応えつつも、表現の自由とのバランスをとっていると考えることができます。また、厳しい法律を作っても差別しようとする人々の気持ちを変えることにはつながりにくいため、刑罰付きで禁止するよりも、相談体制の整備や教育の充実、啓発活動（５～７条）を通じて差別をなくしていく方が好ましいと考えられます。

人種差別撤廃条約やヘイトスピーチ解消法が与える影響―被害の救済に向けて―

人種差別撤廃条約やヘイトスピーチ解消法は、裁判にも一定の影響を与えています。

在日特権を許さない市民の会（以下、「在特会」とします）が、川崎市川崎区の在日コリアンが多く住む地域に向かう予定で、2015年11月８日に「川崎発！日本浄化デモ」を、2016年１月31日に「川崎発！日本浄化デモ第二弾！」を行い、ワゴン車のスピーカーや拡声器を使って、在日コリアンに対するヘイトスピーチをしました。その在特会が、HPに「川崎発！日本浄化デモ第三弾！」を2016年6月5日に行うと掲載したため、多くの在日コリアンが利用する保育所や高齢者・障がい者交流施設などを運営する事業者が、事務所から半径500m以内でのデモの差止めを求めました。2016年6月2日に横浜地裁川崎支部は、人種差別撤廃条約やヘイトスピーチ解消法に言及した上で、在日コリアンが国外「出身であることを理由として差別され、……地域社会から排除されることのない権利は……強く保護されるべきであ」り、在特会のヘイトスピーチは「もはや憲法の定める集会や表現の自由の保障の範囲外である」として、デモの差止めを認めました。

デモは動く集会ともいわれ、様々な人々に自分たちの主張を知ってもらうことができるため、道路の使い方に関する一定の規制などほかの人の自由との調整が求められる場面こそありうるものの、差止めはよほどのことがない限り許されないと考えられています。ですが、在特会のデモのやり方は非常に攻撃的であり、これをコリアンタウンで行えば在日コリアンの尊厳や名誉を大きく傷つけることが明らかであるため、横浜地裁川崎支部は、人種差別撤廃条約やヘイトスピーチ解消法をふまえた判断をしたものと思われます。

ほかにも、教職員組合とその女性役員が、在特会による女性に対する攻撃とその映像のインターネット上への公開に対する損害賠償を求めた事件について、2016年4月25日の高松高裁判決は、人種差別の撤廃を求める人種差別撤廃条約の趣旨は、国内の法律を「解釈適用するに当たっても、十分に留意、尊重しなければならない」としました（この判決は、2016年11月1日に最高裁が上告を認めなかったため確定しました）。また、在日コリアン女性が、在特会による女性に対する街頭宣伝での発言やインターネットへの投稿に対する損害賠償を求めた事件について、2016年9月27日の大阪地裁判決は、「人種差別撤廃条約の趣旨及び内容に照らせば、」在特会による名誉毀損と侮辱が「条約の趣旨に反する意図を持って行われたものである点も、慰謝料額の算定において考慮されなければならない」としました（この判決は2017年6月19日の大阪高裁判決で維持され、同年11月29日に最高裁が上告を認めなかったため確定しました）。

まとめ―本当の意味で差別をなくすためには？―

安易なヘイトスピーチ規制によって、人々が自由な表現を行いにくくなるようではいけません。人がいない山奥で演説をしてもほとんど意味がないように、表現活動は人々に何らかの影響を与えることができる点に大きな意義があります。話を聞いた人が反対の意見をもっていれば、反発を招くこともあります。たとえ意見が分かれている論点であっても、単に嫌がる人がいるからといって表現行為を規制してしまっては、表現の自由を保障する意味が大きく損なわれてしまいます。話す人が人々にできるだけ理解してもらえるように心がけて話すことと、表現の自由を規制することとは全く意味が違います。

しかし、日本の法律は名誉毀損や侮辱などを禁じています（刑法では230・231条）。もちろん、これらの規定が人々の自由な表現活動を侵害しないように運用されているかをきちんとチェックしていく必要はありますが、名誉毀損や侮辱が特定の個人や団体に向けられていないという理由で何も規制できないとするのは、法の抜け穴を放置し続けることと大差はないでしょう。

ただし、ヘイトスピーチを法律で禁止しても、差別しようとする人の気持ちを変えることにはつながりません。ヘイトスピーチを本当の意味でなくしていくには、人を肌の色や出身地などで評価するのではなく、個人として尊重する意識を広めたり、社会に残る不平等を少なくする政策を積極的に行っていくことが重要であると思われます。

おすすめの本

・金尚均編『ヘイト・スピーチの法的研究』法律文化社、2014年。
・見平典「第14章 表現の自由」曽我部真裕、見平典編著『古典で読む憲法』有斐閣、2016年、225-244頁。

Lecture 2　世界の教室で日本の戦争文学を読む

サワダ　ハンナ　ジョイ

はじめに

弘前大学を訪れる留学生と日本人学生が共に学べる「日本の戦争文学―Japanese War Literature―」と題した英語と日本語を用いたバイリンガル授業を毎年前期に開講しています。でもなぜ終戦を迎えて70年以上も経過している今日の日本で、世界各国から集まった学生たちと日本文学に刻まれている戦争の記憶を読み解き、考える必要があるのでしょうか？　この重々しい題名の講義をわざわざ選択して履修する学生の国籍は実に様々です。日本人学生に加えてアメリカ、カナダやニュージーランドといった英語圏の学生ばかりではなく、フランスやルーマニアに代表されるヨーロッパの学生や隣国の韓国や中国、そしてタイ、マレーシアやベトナム出身の学生もいます。バックグラウンドが多様である分、学生の受けてきた教育も様々であり、歴史を振り返る視点や引き継いでいる記憶もみな異なります。このようなクラス構成でスタートする一回目の授業では、少し表情が硬く、構えた様子の学生も見受けられます。ですから私はまず自己紹介をし、私自身がなぜ戦争文学に興味を持ったのかを説明してから授業の内容に入ることにしています。

さわだ　はんな　じょい　　国際連携本部　准教授
比較文学
1964年生まれ。ニュージーランド出身。文学に描かれている戦争と平和に関心を持ち、芸術の中の広島の描写がどのようにニュージーランドの非核政策に影響してきたかについて研究している。主な論文に “The Hiroshima Panels: Their reverberations in the arts of nuclear-free New Zealand”, *The Journal of the Japan Society for New Zealand Studies*, Vol.25 14-23（2018）がある。

日本の戦争文学との出会い

ニュージーランド出身の私が戦争の記憶を初めて意識したのは、日本の大学で比較文学を学んでいた1980年代のことでした。その時暮らしていたバブル時代の東京は華やかで、学生生活を満喫していた私に過去の戦争を思い起こさせる要素は何一つありませんでした。しかし日本人の彼氏と出会い、結婚することになった時、夫のおばあちゃんが「日本人のお嫁さんだったらよかったのに……」と思わずもらした言葉が心に突き刺さりました。軍人の妻として敗戦と同時に満州から日本に引き揚げ、戦後の混乱の中で３人の娘を育て、数々の苦難を乗り越えて生き抜いてきたおばあちゃんにとって、元敵国から来た私を大切な孫の嫁として受け入れることは決して容易なことではなかったでしょう。しかしおばあちゃんはその後本当に良くしてくださり、時折振り返っては自分の戦争体験について語ってくれました。

やがて２児の母となった私が子連れでニュージーランドへ里帰りした際、再び戦争の記憶と身近なところで遭遇することになりました。それは叔母の家へ遊びに行き、居間の壁に飾られていた大きな油絵に描かれている爆撃機を目にした時でした。戦時中、空軍に所属していた叔父の功績は叔母の自慢でしたが、私はその思い出話や爆撃機の油絵を自分の幼い子どもにどう説明すれば良いのかわからず、言葉を詰まらせてしまいました。海を隔てた二つの国に住む大好きな叔父さんや叔母さんたちが、一昔前には敵同士で多くの命を奪った悲惨な戦争に関わっていたことを子どもたちに理解してもらえそうになく、私は巧みに話題をそらしていました。けれども私にとって過去の戦争はもはや他人事ではなくなっていました。食い違う記憶がいかに不信や隔たりを再生するかを身をもって知ってしまったからです。その後、私は日本人の戦争の記憶についてもっと理解したいという思いから、現代読み継がれている小説や絵本の中に描かれている戦争に目を留め始めました。「日本の戦争文学」の講義では、私の出会った作品の中から数冊を選び、多様な視点を持つ学生たちと一緒に読み返しながら、そこから何が見えてくるのかを考えています。

浮かび上がる盲点

最初に取り上げる小説、『ビルマの竪琴』(Harp of Burma) は、1947～1948年に初めて連載された竹山道雄の作品であり、ビルマ（今日のミャンマー）で敗戦を迎えた日本兵の心境を描いています。敵兵に包囲されたある部隊は、日本が敗北に追い込まれてすでに停戦になっていることを知り、武器を捨ててイギリス軍の捕虜となります。しかし別の部隊が山にこもり、降伏しないために戦闘が続いていることを知ると、同胞が無駄死にをしようとしていることに心を痛め、イギリス軍から許可を得て、抵抗を続ける日本兵に降伏をするよう説得するために代表者を一人送り込みます。しかし隊長はその説得に応じず、多くの日本兵が命を落とす結果となります。説得に失敗した兵士は、自分の部隊が待つ捕虜収容所へ向かいますが、その途上で度々目にする日本兵の死骸を埋葬しながら歩いていきます。死体の数の膨大さに打ちのめされた兵士は、同胞と共に日本に帰ることをあきらめてビルマの僧侶となり、戦没者の遺霊を慰める仕事に身を捧げます。

戦時中、お国のために命を惜しまなかった若者を英雄とした風潮とはうって変わり、この作品は命を落とした多くの日本兵を「無意味な犠牲者」となった「罪なき人々」として描いています。「われらはこれまであまりにも無思慮だった。あまりに生きているということについて深い反省を忘れていた」（竹山 1986、245頁）と命の尊さを訴える『ビルマの竪琴』は、戦後間もない日本の読者にとって斬新な平和への第一歩を示す物語であったに違いありません。しかし他国の学生がこの作品を読む時に必ず口にする疑問があります。「他国を侵略し、そこで多くの命を奪った日本兵を果たして罪なき犠牲者とみなすことができるのか」と。

1949年に出版された林芙美子作の『骨』(Bones) についても同様の指摘が寄せられます。夫が戦死し、戦後の混乱の中で病気の父と弟や幼い娘を養うために売春婦として働く日本女性の悲惨な暮らしを描くこの短編は、銃後の女性に及んだ戦争の深刻な被害を浮き彫りにしますが、戦時中、日本兵の手によって他国の女性が被った同様の被害が作品の視野にないため、他国の学生は違和感を覚えます。そして彼らの疑問をはじめて耳にする日本人学生は、別の視点が存在することに気が付きます。しかしこれらの作品に見られる様な盲点は、日本に限らず世界各国で語られる戦争の記憶の多くに共通することを、他の作品を読み進むにつれて発見していきます。

他国の学生がしばしば自分自身の盲点に気付くのは、広島や長崎の原爆投下にまつわるマンガや絵本を検証する時です。これらの作品を紹介する前に、学生にそれぞれの母国において原爆投下について学習した際どんな写真を見てどんな説明を受けたのかを思い出してもらいます。多くの学生はきのこ雲の写真を見た記憶があり、「戦争を速やかに終結し、更なる人命の損害を回避するために必要な手段だった」との説明を受けたと言います。終戦後まもなく日本に上陸した占領軍は、原爆投下後に地上で撮られた焼死体や焼け跡の写真を没収し、一般に公開されないよう検閲を徹底しました。占領軍にとっては、原爆の投下を正当化するために地上でもたらされた地獄絵に類する状況を記録から消し去り、想像を絶する力で敵を一瞬にして滅ぼしたきのこ雲のイメージを定着させる必要がありました。このイメージは今日に至っても太平洋戦争で勝利した国々では主流であり、それ以外を目にしたことのない学生もいます。この学生たちにとって、原爆が地上でもたらした惨事を事細かに描く中沢啓治の『はだしのゲン』(Barefoot Gen）や多くの絵本作家たちによる実体験に基づいた証言は衝撃的です。

国家を超えた視点

戦後の占領軍の統制下で厳しい監視をくぐりぬけながら、広島の惨事を『原爆の図』(The Hiroshima panels）と題した15部作に及ぶ壮大な作品に記録し始めた画家夫妻、丸木位里・俊のライフワークを総括する絵本、丸木俊作『ひろしまのピカ』は、特に学生の注目を集め、活発な議論を呼びます。なぜならこの絵本は、ここまで授業で読んできた作品とは大きく異なる点が目につくからです。

『ひろしまのピカ』の主人公、広島に住む７歳の少女みいちゃんは、８月６日の原爆投下後お父さんとお母さんと一緒に燃えさかる家や焼死体の間を駆け抜け、炎を逃れます。しかししばらくするとお父さんは他の多くの被爆者と同様に髪の毛が抜け、体に紫色の斑点が出て血を吐きながら死にます。みいちゃんのお母さんとみいちゃんの命は助かりますが、みいちゃんは何歳になっても体は７歳の原爆投下当時のまま大きくなりません。ここまでの『ひろしまのピカ』の内容は、他の多くの原爆にまつわる絵本のそれとさほど変わりありません。

しかし焼け野原となったみいちゃんの家の近所が描かれているページをめくると、目に飛び込むのは山積みにされた焼死体の上の黒ずんだ空に舞い上がる韓国人女性の民族衣装の光景です。この絵は広島で日本人と同様に命を落とした多くの韓国人の魂の帰郷を象徴しています。絵に添えられているテキストはこう説明しています：「げんしばくだんでしんだのは日本人ばかりではありませんでした。無理に日本につれてこられ、はたらかされていた朝鮮のひともおおぜいしんだのです……ひろしまでもながさきでも原子ばくだんをおとした国のアメリカ人も何人かしんでいるのです。中国人もロシア人もインドネシア人もしんでいるということです」（丸木 1980）。丸木俊が広島の惨事を筆で記録しながら耳にした多くの他者の声は、彼女の作品に混在しています。そして描かれている多くの被害者は同時に加害者でもあり、加害者も同時に被害者なのです。

その気づきに至るまでの丸木夫妻の道のりは決して安易なものではありませんでした。1970年に『原爆の図』をアメリカで展示した時のことでした。展覧会を手伝っていたあるアメリカ人の大学教授にこう言われました：「例えば中国人の画家が南京大虐殺という絵を描いて日本に持っていったらあなたはどう思いますか。それと同じです。アメリカが広島で行った大量虐殺の絵を日本人が描いてアメリカに持って来た。アメリカ人の私がそれをかついで歩いている」と。丸木俊は自伝でこう振り返っています：「私はこのような加害者日本のことを棚上げにして原爆の図だけを書き続けていたのでありました。もし中国から「南京大虐殺」という絵が日本へきたら、あのアメリカ人が「原爆の図」をかついでくれたように「南京大虐殺」をかついで日本中を歩こうと心に決めて待っていたのでした。けれど、いつまで待っても『南京大虐殺』は届きませんでした…力のあるうちにと自分たちでかきはじめたのです」（丸木 1987、149頁）。丸木夫妻が『南京大虐殺』と題した作品を完成したのは1975年でした。「私は中国の人々におわびの心を込めて南京大虐殺を描きあげました」（丸木 1987、151頁）と丸木俊は回想しています。国内外で幾度も波紋を呼んできたこの作品は、現在も埼玉県にある原爆の図丸木美術館で展示されています。

自分の慣れた視点から離れ、他者の視点に立つことはとても勇気を必要とすることです。そして自分の真実を修正することが決して容易ではないため、他者の真実との矛盾を恐れ、目や耳をふさぎたくなるものです。倫理学者の Wayne Booth は複数の物語の矛盾とどう向き合えば良いのかについて、こう述べています：“We do so by acknowledging that all statements of truth are partial…and by embracing the very plurality that from other perspectives may be threatening. We not only realize that there are many true narratives; we celebrate the multiplicity, recognizing that to be bound to any one story would be to surrender most of what we care for.”（Booth 1988、345頁）訳すると「どの真実も部分的であることを認め、真実が複数あることをたとえ脅威にさえ感じられても受け入れるのです。真実が複数であることを認めるばかりではなく、かえってそれを歓迎するのです。一つの物語に縛られることが、自分たちの大切にしていることのほとんどを手放すことにつながるのですから」となります。

おわりに

「日本の戦争文学—Japanese War Literature—」の授業では、日本の戦争文学を世界の複数の異なる視点から読み、作品の中で引き継がれてきた記憶の真実が部分的であるばかりでなく、それぞれの異なる視点が生み出す真実も部分的であることを認識しながら自分たちの理解を更新していきます。学生の最終レポートで寄せられる考察やコメントは様々です。「先生はこんな授業をして戦争を止められるとでも思っているのでしょうか？」と問い詰める学生もいれば、「私は日本兵の手によって殺された祖国の人々のことは決して忘れません。しかしこれからは祖国の人たちのために涙を流す時、広島の人たちのためにも涙を流します」と書く学生もいました。このように真剣に他者の声と向き合う覚悟のある学生がいる限り、私はこの授業を続けていきたいと思います。

おすすめの本

・Booth, Wayne（1988）, *The company we keep - an ethics of fiction* , London: University of California Press.
・Hayashi Fumiko（1981）, Bones 139-161, selected and introduced by Shoichi Saeki in *The catch and other stories,* Tokyo:Kodansha　International.
・竹山道雄『ビルマの竪琴』講談社、1986年。
・丸木俊『言いたいことがありすぎて』筑摩書房、1987年。
・丸木俊『ひろしまのピカ』小峰書店、1980年。
・原爆の図丸木美術館『原爆の図－The Hiroshima Panels－』、1972年。
・中沢啓治『はだしのゲン』第１～第10巻、汐文社、1988年。

Lecture 3　病院でのレントゲンはどう変わったの？
―見えない放射線を見る方法とその進化―

工藤　幸清

レントゲンとは？

一般にレントゲンと呼ばれるものには、患者さんのためのX線撮影があります。病院では、レントゲン撮ってくる、とか、レントゲンの受付はどこ、という使い方をします。実はこのレントゲンという名称は、19世紀後半にX線を発見したドイツの物理学者の名前（ヴィルヘルム・レントゲン）であり、またX線やガンマ線の量を表す照射線量の単位（R；レントゲンと読みます）でもあります。一方X線撮影は、X線を目的の物質に照射し、透過したX線を写真やモニタに現すことで、内部の様子を知る画像検査法です。医療のほか、空港の手荷物検査などにも利用されています。そしてX線撮影は、X線の発見者であるレントゲンに因み、レントゲン撮影とか単にレントゲンと呼ばれるようになりました。ここではX線撮影に使用される画像化のための検出器に焦点をあて、現在に至るまでの変化を学びます。

放射線を可視化する方法とは？

前節で述べたようにX線撮影は、X線を目的の物質に照射して透過したX線を写真やモニタに現しますが、具体的には、フィルム、イメージングプレート（ＩＰ；Imaging plate)、フラットパネルディテクター（FPD；Flat-panel detector）などの検出器で可視化し、内部の様子を知ることができるのです。そこで医療に利用されるフィルム、ＩＰ、FPD について見ていきま

くどう　こうせい　　保健学研究科　准教授
1968 年 3 月 6 日生まれ　青森県弘前市出身
研究テーマ「患者や医師・医療関係者の被ばく線量の最適化」

しょう。

1895年にレントゲンが写真乾板上にＸ線写真を実現し、人体の内部を透過像として初めて可視化しました。その後、写真化学や固体物理の進歩によって、1920年代に蛍光増感紙と両面塗布型のＸ線フィルムの組み合わせによって可視化するＸ線フィルム法に発展しました。この方法は、Ｘ線そのものがフィルムを感光するよりも、増感紙に含まれる蛍光体がＸ線によって光ることでフィルムを感光させる方が、感度が高くＸ線量が少なくて済むというものです。増感紙の使用によりＸ線量は100分の１程度で済むのです。

一方、1960年代後半から目覚ましい進歩を遂げたエレクトロニクス技術によって、デジタル化が進みます。1980年代には、Ｘ線フィルム法のＸ線検出機能と表示機能の間にデジタル処理を可能にするコンピュータシステム（一般にCR；Computed radiographyと呼ばれます）が開発されました。CRではＩＰが検出器として使用されます。ＩＰはＸ線エネルギーを一旦記憶することができます。しかしそのままでは信号として取り出せないため、Ｘ線撮影後にレーザースキャナで読み出すことによってデジタル変換された画像が得られます。写真とは言わずに画像と表現したのはモニタに現わすことができるからです。

さらに、1990年代後半、FPDが開発されました。FPDには大きく分けて２つの種類があります。一つは間接型FPDです。Ｘ線が蛍光体により発光することを利用し、その発光を電荷に変換し検出する方式です。発光した光はフォトダイオード（PD；photodiode）により電荷に変換することができ、その電荷量を測定することで光った量が分かります。もう一つは直接型FPDで、Ｘ線を直接電荷に変換し、その電荷量を検出する方式です。どちらも二次元に配列された小区画の電荷を短時間に収集できるスイッチ、アモルファスシリコン薄膜トランジスタ（a-Si TFT；amorphous silicon thin-film transistor）の開発により実用になった方式です。小区画は、0.05㎜×0.05㎜～0.15㎜×0.15㎜程度であり、これが１画素に相当します。

フィルム、IP、FPDでの可視化までの作業は大違い！

フィルムでは、暗室と呼ばれる部屋（フィルムが感光しない赤色光のみの暗い部屋）でカセッテと呼ばれる増感紙付きのフィルムを、遮光・密着できる構造のフィルム用カセッテに入れます。患者さんの撮影後はまた暗室に入り、カセッテからフィルムを取出し、自動現像機にフィルムを入れます。自動現像機からフィルムが搬出されて写真ができます。言うまでもありませんが、フィルムは光にあたると感光するので、暗室でフィルムを詰め、撮影後、再度暗室にてフィルムを現像機に入れてしまうまでは、フィルムを光に当ててはなりません。未使用のフィルムもしかりです。うっかり未使用のフィルムを出しっぱなしにして暗室のドアを開けた場合も感光してしまいます。また撮影線量はフィルムがちょうどよく白から黒の範囲に収まるように設定しなければなりません。なぜなら撮影後の濃度調整はできないからです。さらに、自動現像機の現像液や定着液の調整、管理が必要でした。

ＩＰでは、ＩＰと呼ばれるプレートがカセッテに収まっており、撮影後は画像読み取り装置にカセッテを入れることでモニタに画像が現れます。その後ＩＰは再度撮影できる状態に戻され読み取り装置から出てきます。つまり繰り返し利用が可能であり、かつ暗室での作業は必要なくなりました。

FPDでは、もはや画像読み取り部分がFPDそのものに備わっているため、FPD自体がカセッテであり、またFPDに接続されたコードを介して直ぐに画像が得られます。今ではコードレスのものもあります。FPDは繰り返しの利用はもちろん読み取り装置にも入れる必要がありません。

フィルム、IP、FPDの画像が得られる機序ってどうなっているの？

1．増感紙／フィルムの仕組みはどうなっているの？

世の中には、X線があたると光る性質をもつ物質が存在します。X線（X線に限らず光や熱など）のエネルギーを物質が吸収するとそのエネルギーを光で放出するのです。この発光現象をルミネッセンスと言います。もっと具体的には何らかの方法で基底状態にある電子にエネルギーを与え、励起状態に遷移させ、この励起状態の電子が基底状態に戻るときに熱を伴わずに励起状態と基底状態のエネルギー差を光として放出するのです。つまり電子は基底状態では安定していますが、励起状態すなわちエネルギー準位が高くなった状態では基底状態に戻ろうとするのです。その結果エネルギー準位差に相当するエネルギーを光として放出するのです。このような性質を持つ蛍光体（結晶など）を増感紙に含ませます。そしてＸ線による発光量に比例（正確には比例ではないが）した化学変化がフィルム上で起こり、その化学変化を現像処理することで黒化度に変換します。これがＸ線フィルム法です。

Ｘ線フィルム法では、青色発光の $CaWO_4$ 蛍光体の増感紙とレギュラーフィルムの組み合わせや、1970年代からは緑色発光の Gd_2O_2S:Tb（GOS）蛍光体の増感紙とオルソフィルムの組み合わせが使用されるようになりました。レギュラーやオルソとは写真感光材料の光に対する感光性をあらわし感色性と呼ばれます。レギュラーでは紫外～青の波長の光に感光します。オルソでは紫外～青～緑の波長の光に感光します。そのほかパンクロ（紫外～青～赤）、インフラレッド（紫外～青、赤外）などがあります。このようにオルソフィルムはレギュラーフィルムよりも感色性が広く、またGOSの増感紙はＸ線を効率よく吸収するため発光の効率も高く、GOS蛍光体増感紙とオルソフィルムの組み合わせが多く使用されるようになったのです。ここで余談です。前述のフィルムを詰めたりする暗室に赤色光が許される理由について考えましょう。答えはレギュラーフィルム、オルソフィルムともに赤色光の波長には感光しないためです。そのため赤色光は安全光（セーフライト）とも呼ばれます。

２．IPの仕組みはどうなの？

さて、ＩＰはＸ線エネルギーを一旦記憶することができると書きましたが、なぜ記憶できるのでしょうか。また、レーザースキャナで読み取るとはどういうことなのでしょうか。

その前に電子のエネルギー準位について触れておきます。エネルギー準位は通常帯構造で説明され、電子が捕らえられている充満帯（または価電子帯）、それよりもエネルギー準位が高い伝導帯があります。この伝導帯では電子は自由に移動できます。そして充満帯と伝導帯の間には禁止帯と呼ばれる電子が存在できないエネルギー準位があります。蛍光体の母体となる純物質の結晶において、結晶格子の原子が規則正しく配置されていれば、電子は原子に捕らえられています。つまり自由な電子はない状態です。電子のエネルギー準位としては、充満帯に電子が存在しており、伝導帯には電子が存在しない状態です。

しかし、この禁止帯の中に実は電子が取り得るエネルギー準位が存在します。それは結晶に不純物が含まれているとか、純物質でも格子欠陥があると禁止帯中に特定エネルギーの準位ができるのです。このようにして禁止帯には電子の基底状態と励起状態のエネルギー準位ができ、さらに励起状態よりもやや低いエネルギー準位で捕獲中心と呼ばれる準安定状態のエネルギー準位もできるのです。この準安定状態を利用してX線エネルギーを記憶するのです。

電子が励起状態から直接基底状態に戻る場合は、励起とほぼ同時に基底状態に戻るためごく短時間に発光します。これは蛍光と呼ばれます。しかし、励起されてから一旦準安定状態にトラップされた後に再度エネルギーを得て基底状態へと戻る場合は、光の放射は遅れます。この準安定状態にトラップされる電子数は照射されるX線量に比例するため、X線エネルギーを記憶できることになります。またトラップされた電子に再度、レーザー照射などによりエネルギーを与え、それにより発光した光を測定することによって、X線量に比例した電気量を得ることができるのです。この発光は輝尽発光と呼ばれ、輝尽発光させるための照射を輝尽励起光照射などと言います。ＩＰではこの輝尽発光を利用するため、輝尽発光の効率の高い蛍光体を利用します。これを輝尽性蛍光体といいます。

それでは、具体的に見ていきます。ＩＰに用いられる輝尽性蛍光体としてBaFBr:Eu などが利用されます。この BaFBr:Eu の輝尽メカニズムを図に示します。X線照射によって（図の①）、蛍光体中で吸収されたエネルギーに比例して電子と正孔が生成されます（図の②）。正孔は電子が抜け出た状態であり、正電荷をもっているように振る舞います。生成された電子と正孔は、すぐに再結合して（図の③）Eu^{2+}の励起状態からの発光を起こします（図の

④)。そのほかに蛍光体中に最初から形成されているF^+中心に電子がトラップされて準安定状態であるF中心を生成する（図の⑤）ものとともにEu^{2+}に正孔がトラップされる（図の⑥）ものなどがあります。図の⑤と⑥はこの状態で、準安定状態であり、刺激がなければそのままの状態にいつづけます。つぎに、F中心が吸収する波長の光を照射すると（図の⑦)、トラップされた電子は解放されて（図の⑧）Eu^{2+}にトラップされた正孔と再結合し（図の⑨)、Eu^{2+}の励起状態からの発光が起こります（図の⑩)。この発光が輝尽発光です。そして図の⑦の輝尽励起光照射には赤色レーザー等が利用されます。

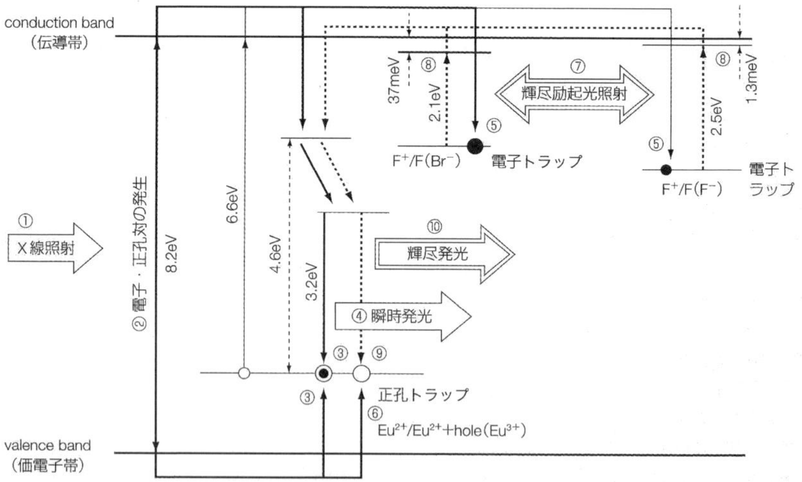

図　BaFBr:Euの輝尽メカニズムを表すエネルギー準位図

注）縦軸にエネルギー準位（許容された状態のエネルギー値）を表した図です。横軸は模式的な空間的位置と考えてよいです。不純物（このケースではEu^{2+}やF^+中心）が導入されているため禁止帯中に新たなエネルギー準位が形成されます。

以上が輝尽発光の仕組みですが、注目すべきは輝尽励起光に使用するレーザーの波長が633nm（He-Neレーザー）や660～690nm（赤色半導体レーザー）であり、輝尽発光の波長は約400nmなのです。つまり長波長の光を照射して、それよりも短波長の光が発生するのです。光の波長とエネルギーは反比例の関係ですから、エネルギーの小さな光を照射して、それよりもエネルギーの大きな光が発生するという現象です。

3．FPD の原理、実は簡単です！

第２節の放射線の可視化で述べたように、二次元に配列された小区画（画素）の電荷を短時間に収集できるスイッチ（a-Si TFT）の実用化が FPD を可能にしました。

間接型 FPD では蛍光体に GOS を用い、Ｘ線による発光を PD により電荷に変換したのちその電荷量を a-Si TFT にて検出します。一方、直接型 FPD では蛍光体ではなく光導電体と呼ばれる a-Se（アモルファスセレン、非晶質半導体）が用いられます。高電圧に印加された光導電体中ではＸ線エネルギーに比例する電子、正孔が生じ、生じた電子の電荷量を直接 a-Si TFT にて検出します。a-Se は結晶ではないので、禁止帯はもはやはっきりせず、そのため電子と正孔が生じた場合に再結合しないよう高電圧を加える必要があります。この高電圧の印加により電子と正孔の生じた場所の直下に電荷を収集できるため、解像力がよく、またＸ線を光に変換せずＸ線エネルギーを直接電荷に変換するため、効率よく画像化（可視化）が可能であり、撮影線量も低減できます。

撮影の際のＸ線量は減らせるの？

フィルムのみに比べ、増感紙 / フィルムでのＸ線量は1/100程度で済みます。また、ＩＰの誕生によりデジタル処理が可能となったため、開発された当初は大いに線量低減が期待されました。しかし、ＩＰのノイズ特性などの画質との関係で線量低減効果は一様ではありませんでした。ところが、FPD の実用によって明らかに線量の低減が可能になってきました。

現在日本においては、診断参考レベルというものが提唱されています。それは必要にして十分な線量にてＸ線撮影をして下さいというものです。言い換えれば不必要で過剰な線量での撮影はしないようにするための参考です。医療現場では画像化する検出器の性能が高くなり、その性能を考慮した線量でのＸ線撮影を行っているのです。

最後に、画像化する検出器はどこまで進化するのでしょうか？ 直接型FPDではＸ線を直接電荷に変換し、その電荷量を測定しています。これは、ある一定時間蓄積された電荷量を測定します。そのためＸ線の１本のエネルギーは分かりません。また測定される電荷量には電気ノイズも含まれていて、Ｘ線と電気ノイズを分けることができません。

もし、Ｘ線が入った瞬間に生じる電荷量をリアルタイムに測定することができれば、電荷量はＸ線のエネルギーに比例するため、Ｘ線の１本のエネルギーを知ることができます。つまりＸ線の本数を知ることができるのです。またＸ線による信号の大きさは電気ノイズの信号より明らかに大きいので、両者を分けることもできます。したがって電気ノイズをゼロにすることも可能になります。技術の進歩は日進月歩で撮影線量はさらに低減される可能性が高いのです。進化に終わりはなさそうです。

おすすめの本

・古川克治『放射線写真学 アナログからデジタルへ』富士フィルムメディカル株式会社、2017年。
・岡部哲夫、小倉敏裕、石田隆行『新医用放射線科学講座 診療画像機器学・第２版』医歯薬出版株式会社、2017年。

Lecture 4　新しい形の社会医学研究を求めて

中路　重之

短命県返上活動とCOI

医学部のなすべき活動領域、仕事は、“健康（病気）”を中心テーマにして、教育、研究、診療、社会貢献をする場所だと思います。そこには、学生、教職員、そしてそれを取り巻く地域社会があります。

筆者はずっと医学部（大学院医学研究科）の社会医学講座（前身が公衆衛生学講座と衛生学講座）に所属してきました。ですからその性格上、健康づくり、予防に関する教育・研究、社会活動を行ってきました。

その活動分野はやがてシフト、拡大し、今は、青森県の短命県返上を中心テーマとし、弘前大学ＣＯＩ（Center Of Innovation）拠点（10年後を見通した革新的な研究開発課題を特定し、既存の分野や組織の壁を取り払い、企業や大学だけでは実現できない革新的なイノベーションを産学連携で実現するための科学技術振興機構のプログラムで最長９年間の支援がある）や産官学民と連携した健康づくり活動となっています。そこには、常に新しい形の社会医学研究の追求が念頭にあります。本稿では、このような筆者らの活動を紹介したいと思います。

研究の背景と健康づくりの原則

今、日本の国民医療費は40兆円を越し、また10年後には60兆円に達しようとしています。この金額を一国家が担うことは無理です。ですから、いよい

なかじ　しげゆき　　医学研究科　特任教授
1979年弘前大学医学部卒。2004年同大学院医学研究科社会医学講座教授。2012年同研究科科長（兼医学部長）。2013年より弘前大学ＣＯＩ拠点長、2017年より現職。体力栄養免疫学会会長。

よ予防、健康増進、健康づくりが主役にならざるを得ない時代が到来したわけです(ずいぶん前から予防医学の時代が来たと言われ続けてきましたが)。言い換えれば、「自分の健康は自分で責任を持つ時代」が来たということになります。

健康づくりの原則とでもいえる理念にプライマリ・ヘルス・ケア（primary health care、以下ＰＨＣ）があります[1)]。筆者の解釈によると、ＰＨＣとは「人民の、人民による、人民のための健康」と読み解くことができます。人は誰しもが健康になる権利を持つ、しかし、それは自らつかみ取らなくてはいけない、ということです。ＰＨＣは民主主義と似ていて、根本的に必要不可欠なものは、エンパワメント（empowerment）による個々人のレベルアップです。また、そのためには、そのような動きを生み出せる社会環境が必要です。そこにはリーダー的な役割を担う人たち、あるいはその活動を支援する社会環境システムが必要となります。このような人や社会環境システムはしばしばソーシャル・キャピタル(Social Capital：社会関係資本）と呼ばれます。ソーシャル・キャピタルとは、人々の協調行動が活発化することにより社会の効率性が高まるという考えに立脚しており、具体的には、社会の信頼関係、人間関係（社会的ネットワーク）などを指し、その重要性を説くときに用いられますが、実際の意味はもっと大きく多様です[2)]。

このような条件がそろい、全体が動き出して初めてその先に市民の健康があるのです。これらの“原則”を強く意識して筆者らの活動がなされています。

青森県の短命

2015（平成27）年の都道府県別平均寿命ランキングでは、またも青森県は男女とも最下位でした。このランキングでは、長野県は相変わらず男女計のトップです（表１）。

表1 平均寿命都道府県ランキング

	男性		女性	
	平成22	平成27	平成22	平成27
1	長野 80.9	滋賀 81.8	長野 87.2	長野 87.7
2	滋賀 80.6	長野 81.8	島根 87.1	岡山 87. 7
3	福井 80.5	京都 81.4	沖縄 87.0	島根 87.6
4	熊本 80.3	奈良 81.4	熊本 87.0	滋賀 87.6
44	福島 78.8	和歌山 80.0	茨城 85.8	秋田 86.4
45	岩手 78.5	岩手 79.9	和歌山 85.7	茨城 86.3
46	秋田 78.2	秋田 79.5	栃木 85.7	栃木 86.2
47	青森 77.3	青森 78.7	青森 85.3	青森 85.9

厚生労働省人口動態統計（文献3）より集計

2015（平成27）年の青森県と長野県の平均寿命の差は2. 41年です。５年前の2010（平成22）年は2. 72年でした。５年間でその差は0. 31年縮まりました。死亡数でいうと約300〜350という大きな数字です。

平均寿命の差というのは、人生最後の差ではありません。青森県と長野県の差「２年半」は、80歳と82. 5歳の差ではないということです。そのことが一番分かりやすいのが表２になります。

表２は男性の一番新しいデータで、2015（平成27）年のもので、年代別の死亡率（10万人当たり）が示してあります。これをみると、青森県ではどの年代でも死亡しやすく、特に40、50、60歳代の中年、働き盛りの年代がたくさん亡くなっていることがわかります。だから短命県は社会的な問題なのです。

表2 青森・長野・沖縄の年代別死亡率ランキング
（人口10万人当たり、平成27年、男性）

	青森県		長野県	
	死亡率	順位	死亡率	順位
40〜44	153（1.4倍）	44	109	5
45〜49	267（1.2倍）	46	214	31
50〜54	447（1.6倍）	47	276	4
55〜59	691（1.5倍）	47	460	7
60〜64	1113（1.5倍）	47	731	4
65〜69	1653（1.6倍）	47	1053	2
70〜74	2631（1.4倍）	47	1906	3
75〜79	4236（1.5倍）	47	2894	1
80〜84	7074（1.3倍）	47	5623	2
85歳以上	15357（1.1倍）	46	13580	3

（ ）は長野県に対する倍数、順位は低い方からの順番

厚生労働省人口動態統計（文献3）より集計

よく「我々が求めるのは平均寿命ではなく健康寿命だ」と言われます。その通りです。しかし、実は健康寿命というものは計算方法が不安定です。その例として、秋田県の女性がある年に都道府県ランキングで３位になったことがありましたが、その３年後には33位になりました。このようなことは死亡日と誕生日から計算する平均寿命では起こりえません。筆者は健康寿命を一番よく表現しているのが現時点では平均寿命と考えています。それでは、40、50、60歳の人が何の病気で死ぬのでしょうか。答えは、三大生活習慣病、がん・脳卒中・心臓病です。これで約70％の人が亡くなります。タバコを呑み始めてから運悪く命を取られるまで、通常30～40年はかかります。潜伏期間です。ということは、40、50、60歳から、それぞれ30～40年を差し引いた年齢のころから三大生活習慣病の原因が生じ始めているということになります。ですから、子どもの健康教育とか若い世代がいる職場の健康づくりが非常に大切になってくるわけです。

短命の背景

各都道府県の平均寿命に差が生じる背景には種々の因子が存在することは知られています。そのような先行研究を基に青森県の短命の要因をいくつかの視点から述べてみます。

青森県は、特に三大生活習慣病の死亡率がほぼワーストという現実があります。それが日本一の短命県につながっています。その原因はある程度分かっております。

青森県民の短命の理由として、テレビでよく取り上げられるのは、塩分の取りすぎです。ラーメンをたくさん食べているとか、汁まで飲んでいるとかよく言われます。しかし、長野県も塩分をたくさんとっていますが長寿です。その答えは簡単です。長野県は他の健康関連指標がいいのですが、青森県はほとんどの指標が悪い。ライフスタイル、つまり、喫煙、運動、飲酒などほとんどの指標がことごとく悪い。加えて、青森県は、健診の受診率も低いです。また、がんの人が病院に行ったとき、すでに進んでしまっている人が多いです。加えて、糖尿病の進行例も多い。つまり、通院をちゃんとしていない。これらはつまり社会の「総合力」であると考えられます。

このように短命の理由を見つけ出すのは比較的簡単です。しかし、その対応策は実に難しく、産・官・学・民の力の結集が必要です。医療関係者だけではなくいろいろな人をある程度巻き込んでいかなければなりません。それが筆者らの今の活動です。

短命返上対策

図１に筆者らの活動の概略をまとめました。前述したように、その活動の原則は以下です。

① 基本原則は健康教養（リテラシー）の普及とそれに基づいた県民運動の喚起→普及の原則は“人から人へ”→健康リーダー（ソーシャルキャピタル）の育成

② 対象は全年齢層→フィールドは地域、職域、学校

③ 産官学民がステークホルダーとなり、互いの連携を強化する。

④ 地方創生との連携模索→経済活性化、少子化対策などの地方創生活動と連動する。

⑤ 研究の活性化との連携模索→大学の活性化、多くの研究組織間と連携する。

⑥ ①～⑤を実現するためのプラットフォーム構築→岩木健康増進プロジェクト、青森県の短命県返上活動

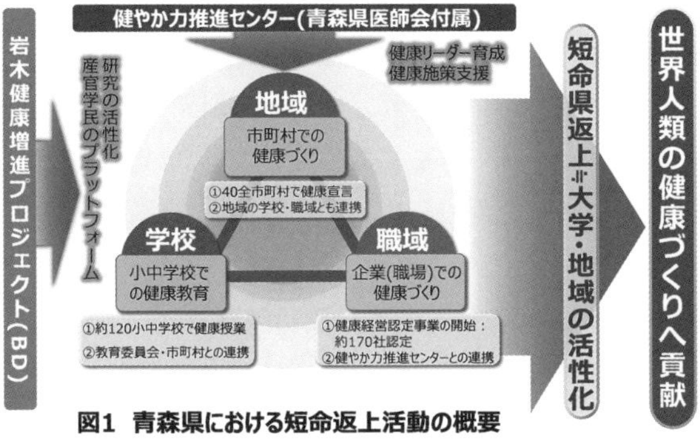

図1 青森県における短命返上活動の概要

以下に具体的な対策を述べます。

①　健康教養（ヘルスリテラシー）の向上

「健康のリテラシーをつけても、行動の変容は起きない」と言われます。それは一部しか言い当てていません。逆に言えば、健康教養がないと、行動が起きようがないのです。人間は、尊厳のある動物ですから、自分の納得済みで動きたいものです。そのためには、知識が必要です。筆者らは、日本人の７割が死亡する三大生活習慣病につながるメタボリックシンドローム（血圧高値、脂質異常症、高血糖）と寝たきりにつながるロコモティブシンドローム（骨、筋肉、関節の屋台骨が弱くなった状態）を健康教養の二本柱と考えます。

②　健康リーダー育成

禁煙の啓発記事を新聞や市町村の広報に掲載しても効果は非常に限定的です。なぜなら喫煙者はほとんどそこを読みません。だから、健康づくりは結局は人から人なのです。長寿県長野の成功は10万人を超える健康リーダーの存在にあります。青森県医師会健やか力指導センター（後述）では、過去４年間で約3,000名の健康リーダーを育成しました。

③　市町村の健康宣言

青森県の全40市町村で首長による健康宣言が出されました。首長さんが号令をかけて全体を動かす。また、健康づくりボランティアを尊敬して注目する。そのためにはリーダーが手を挙げなくてはなりません。

④　企業での健康づくり

2014（平成26）年青森銀行とみちのく銀行が健康宣言を出しました、それを機に県下の健康づくり活動が一挙に盛り上がってきました。時を同じくして日本ではブラック企業が注目され、逆に健康経営を推し進めるホワイト企業が評価されるようになってきました。そして、2017（平成29）年４月に青森県が健康経営認定制度を創設しました。この制度は、経済産業省のホワイト500という制度を模倣したものですが、さらに厳しい内容になっています（健康づくり担当者に対する一日研修の受講義務など）。逆にインセンティブもあり、健康経営企業に認定された企業には、県の入札ポイントが４～５ポイントを付与されます。今、建設会社が我も先にと認定を求めて殺到し、現在認定企業は160を超えました。

⑤　小中学校での健康教育

子ども時代、つまり小中学校での健康教育はきわめて大切です。今、全県の100を越える小中学校で、包括的系統的な健康事業が実施されています。例えば、子供に血圧計を自宅まで持ち帰らせる。自分も家族の血圧も測る。そうしたら血圧に対して関心を持つようになります。その機を逃さず血圧とは何ぞやを教えることになります。

⑥　親子体操

親子体操とは親と幼稚園くらいのお子さんが一緒にする体操です。ＮＨＫの番組で「たいそうのおにいさん」として活躍された佐藤弘道氏（弘前大学大学院の卒業生）考案の活動です。今、県の保育連合会と連携し保育園の先生をリーダーとして育成しています。

⑦　健やか力推進センター

青森県医師会の付属組織で、人材育成の組織です。2015（平成27）年に青森県医師会と青森県の尽力で創設されました。

弘前大学ＣＯＩ

2013（平成25）年、文部科学省・科学技術振興機構の国家的プロジェクトＣＯＩ　ＳＴＲＥＡＭに弘前大学ＣＯＩが採択されました。タイトルは「認知症・生活習慣病とビッグデータ解析の融合による画期的な疾患予兆発見の仕組み構築と予防法の開発」です。その概要は以下のようです。

弘前大学ＣＯＩ拠点では、日本一の短命県からの脱出を図るため、青森県内外の産官学民と強く連携して短命対策・健康づくり活動を行っています。弘前大学ＣＯＩはその拠点であり、企業を巻き込んだ経済活動の活性化を図っています。

弘前大学ＣＯＩには二つの大きな柱（フィールド）が存在します。

ひとつ目の柱は、岩木健康増進プロジェクト（岩木Ｐ）です。本プロジェクトで得られたエビデンスとそのプラットフォームに集結した人材が連携することで、次のステップ、つまり二つ目の柱、社会実装（短命県返上活動）

に結びつけます。

岩木Ｐは、青森県弘前市岩木地区（人口約１万人）で2005（平成17）年に開始されました。現在15年目に入っています。

本プロジェクトは以下のような特徴を持ちます。

① 最終目標を青森県の短命県返上にしている。そのため、全疾病、全死因、全般的健康度が研究のアウトプットになっている。なかでも、認知症と生活習慣病がその中心にある。

② そのため、約2,000の調査測定項目を有する（図２）。

③ 調査は毎年行い、毎年の受診者は約1,000名である。このほかに、同地区の小中学生（小学校５年生以上の各学年）の調査も行っている。その受診者は約500名である。

④ 本プロジェクトは、多目的であり研究以外でも以下のように多分野の人材が集まるプラットフォームの役割を持つ。

・社会性を付与するための学生教育。

・企業参加：30社（いずれも弘前大学ＣＯＩに正式参画）

・自治体参加：弘前市など

・大学：弘前大学（医学研究科全講座、弘前大学の他の全学部、事務部）、
神戸大学、日本体育大学など約10大学

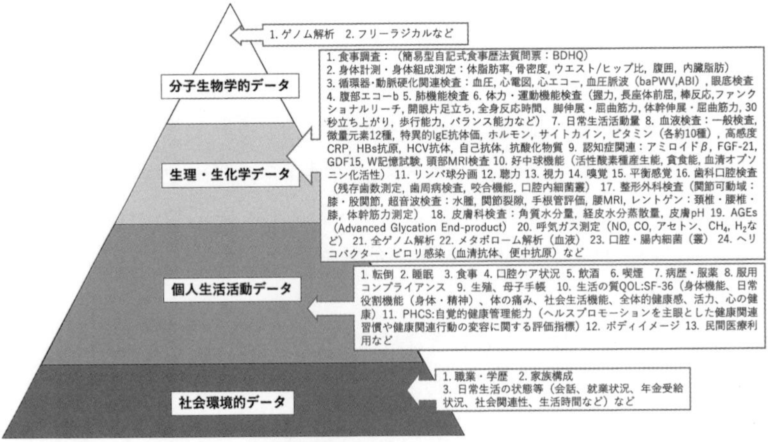

図2　岩木健康増進プロジェクトのビッグデータの構造
（2,000項目 x 1,000人 x 15年）

・市民参加：健康リーダー

本プロジェクトは、すべての参加者がその後の社会実装（二つ目のフィールド）を連携して取り組むステークホルダーになることを目指すプラットホームです。

岩木Ｐの注目点はそのビッグデータです。本ビッグデータは、横断的ではありますが、結果が迅速に得られることと、他の研究フィールドにはない魅力的な測定項目があります。たとえば、ただ単に1,000名分の腸内細菌を把握することと、腸内細菌の結果と他の2,000項目との関連性を検討することとでは大きく違います。たとえば、便通、口腔内環境（細菌叢も含む）、認知症、肥満、糖尿病、動脈硬化、胃内のピロリ菌、免疫機能、ゲノム、好中球産生活性酸素種、12種の血中微量元素、呼気中４元素（メタン、水素、一酸化窒素、一酸化炭素）、脂肪酸分画、アミノ酸分析学などとの包括的、多目的関連性の検討はきわめて魅力的であります。さらには、逐年実施のため、新たに提唱された調査・測定項目を素早く投入・検証できるという利点もあります。

岩木のビッグデータの活用には以下のような魅力的な可能性が含まれています。

① 超多項目測定であるため、多くの分野（多様な研究者、企業など）との連携が可能である。

② 新しいシーズ、仮説を発見する仮説探索型の研究であり、多種多様な研究者、企業あるいは自治体、市民が集結できるプラットフォームになりうる。

③ 複雑系である人間の健康を多面的、包括的に評価でき、これが新たなＡＩ応用、ビッグデータ解析につながる。

④ 岩木健康増進プロジェクトが網羅的項目を有し、産官学民が参加しているため多種多様のプラットフォームになりうる。

⑤ このようなことで、大学や研究者の研究活性化や企業の商品開発に役立つ。

社会医学研究を実現するために忘れてはならないこと

社会医学研究活動を実践するにあたって忘れてはならないことがあります。それは、一部の人間や組織や社会が動いても最終的な目的地には到達し得ないということです。これは健康テーマに限らず地方創生や経済活性化、あるいは民主主義そのものの構築にも共通するものと思います。

今、弘前大学ＣＯＩでは企業を巻き込んでの短命県返上活動を行っていますが、例えば、経済活動だけの視点で正しい健康づくりができるはずはありませんし、結局は目的地にも達することができません。一見経済の匂いがしない泥臭い分野の仕事、例えば地域の健康づくり活動、健康リーダー育成事業、学校での健康授業などです。このような作業や活動が基本的には存在し、そこが動き始めて初めて全体が動き、そこに初めて経済の活性化の芽生えが見えてくると思います。

今、国連では持続可能な世界を実現するために、ＳＤＧｓという17のグローバルゴールを定めてその達成を図ろうとしています[4)]。しかし、一つ一つのゴールを今までの考え方で目指しても目的は達成できません。つまり、全ゴールの達成を目指さないと、一つのゴールにも達成できないということです。そのためには、まさにあらゆる人、分野が互いの壁を取り払ってオープンイノベーションを起こしていかなければなりません。ＳＤＧｓの提唱にはこの奥深い意味合いが込められています。筆者らの活動がその先鞭になるように念じています。

健康づくりを基盤にした社会医学研究を地方創生のキーワードに

筆者は、健康づくりが地方創生のキーワードになるべきと真剣に考えています。そのために健康づくりが地方創生の中心テーマにあればいいと思っています。大学の大きな目的は研究ですが、社会を大きく巻き込み、本当の意味のビッグデータを収集して、新たな社会医学研究を生み出し展開していくことが大切です。今社会に最も求められていることかもしれませんし、弘前大学にその先頭ランナーとしての役割があるのかもしれません。

参考文献

１）World Health Organization（1978），Declaration of Alma-Ata. Adopted at the International Conference on Primary Health Care, Alma-Ata, USSR, September 1978.

２）Kawachi I, Subramanian SV, Kim D. (eds)（2008），*Social Capital and Health*，New York: Springer.

３）厚生労働省（旧厚生省も含む）『人口動態統計』各年版。

４）WHO（2015），*Transforming our world: the 2030 agenda for sustainable development*.（https://sustainabledevelopment.un.org/content/documents/21252030%20Agenda%20for%20Sustainable%20Development%20web.pdf）.

おすすめの本

・中路重之『Dr 中路が語るあおもり県民の健康』東奥日報社、2013年。

Lecture 5　小児白血病の解明に向けて
―ダウン症候群に伴う急性巨核芽球性白血病の多段階発症の分子機構―

伊藤　悦朗

白血病とは

皆さんは、白血病という病気をご存知でしょうか？ 白血病は血液のがんです。血液は赤血球、白血球と血小板の３種の血球と、これらが浮遊している液体である血漿より成っています。すべての血球は骨の内側にある骨髄の中で、造血幹細胞から産生されます。つまり、造血幹細胞が様々な血球に変化（分化）し、成熟した血球となって血中に放出され、私たちの生命を維持しているのです。造血幹細胞は分化する能力に加え自己複製することもできるため、枯渇しません。しかし、造血幹細胞に遺伝子変異が蓄積すると、分化が障害され自律的に自己複製する白血病細胞に変化します（図１）。白血病細胞が骨髄を占拠してしまうために、正常の血球、すなわち、赤血球、白血球と血小板ができなくなり、貧血、感染症、出血などの症状が出現します。また、白血病細胞は、骨髄から血中に流れ出し、肝臓、脾臓、リンパ節、脳などで増殖し、さまざまな症状を呈してきます。急性白血病では無治療のままで２～３ヶ月経過すると死に至ります。小児の白血病の治療成績は、この数十年で大きく向上しました。しかし、現在でも１歳以上の小児では、病気による死因で最も多いのは悪性新生物（小児がん）で、特にその中でも急性白血病が最多です。今後、さらに白血病の治療成績を上げるためには、白血病発症の仕組みを解明して、画期的な治療法を開発する必要があり

いとう　えつろう　　医学研究科　教授
最高の医療を提供することを目指しつつ、活発で機能的な分子細胞生物学の研究室を持ち、小児の難病の治療法の進歩に貢献することを願って研究を進めています。個々の臨床経験の中から生じた疑問や発想こそ、研究に最も重要なことであると考えています。

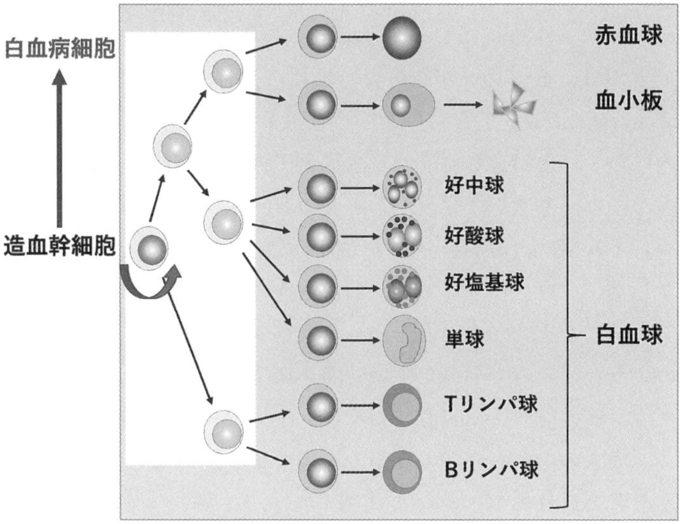

図１　造血の仕組みと白血病

ます。弘前大学小児科では、20年以上前から小児白血病の一つであるダウン症候群に発症する特別なタイプの白血病（急性巨核芽球性白血病）に焦点を絞って研究してきました。本稿では、我々の研究結果を中心に、急性巨核芽球性白血病の多段階発症のメカニズムについてお話ししたいと思います。

ダウン症候群に高頻度に発症する急性巨核芽球性白血病

ヒトの染色体は、46本あり、22対の常染色体と１対の性染色体から成っています。ダウン症候群は、21番目の常染色体が２本ではなく３本になってしまう“21トリソミー”が原因で起こるヒトで最も多い染色体異常症です。近年、日本では高齢出産の増加に伴い増加傾向にあり、600～800の出生に対して１人のダウン症候群の新生児が誕生していると考えられています。ダウン症候群の患者さんは、特異な顔貌で知的障害があり、先天性心疾患を高率に合併します。さらに、ダウン症候群の小児は、正常児に比べて約20倍の頻度で急性白血病（急性リンパ性白血病および急性骨髄性白血病）を発症し、４歳以下ではそのほとんどが一般には稀な急性巨核芽球性白血病（acute megakaryoblastic leukemia in Down syndrome：ＤＳ－ＡＭＫＬ）です[1)]。ダウン症候群では、５～10%が新生児時期に一過性異常骨髄増殖症（transient abnormal myelopoiesis：ＴＡＭ）という血液疾患を発症し、その20%が生後４年以内にＤＳ－ＡＭＫＬに進展します。ＴＡＭの芽球は、形態学的にも、細胞表面マーカーや遺伝子発現からも、ＤＳ－ＡＭＫＬと区別できません。このため、ＴＡＭは白血病を発症する前の段階の病気（前白血病）と考えられていました。ダウン症候群では、前白血病であるＴＡＭと真の白血病であるＤＳ－ＡＭＫＬを時間の経過を追って観察することができますので、白血病がどのような仕組みで発症していくかを研究する上で、とても貴重な疾患です。ダウン症候群のＡＭＫＬの研究は、小児白血病の理解に役立つばかりではなく、成人の白血病発症の仕組みを理解するためにも重要な知見を与えてくれると考えられます。

ＴＡＭとＤＳ－ＡＭＫＬでみられる*ＧＡＴＡ１*遺伝子変異

さて、私は1981年に弘前大学医学部を卒業して、すぐに弘前大学小児科に入局しました。３年目から血液グループに加わり、白血病等の血液疾患の診療を行いながら、白血病に関する研究を始めました。1986年から米国のエール大学などで３年半の研究生活を送り、骨髄幹細胞の遺伝子治療の研究をされていた Narayanan 先生から分子生物学の基礎を学ぶことができました。1990年に帰国し、弘前大学小児科に戻りました。帰国する半年くらい前から日本で行う研究のテーマを考えていましたが、当時発見されて間もない、「赤血球造血のマスタースイッチ：ＧＡＴＡ１転写因子」について研究しようと決めていました。*ＧＡＴＡ１*はとても造血に重要な遺伝子ですので、小児の血液疾患と必ず結びつくと考えたからです。帰国後すぐに当時小児科の助手であった土岐力先生と分子生物学の研究室を立ち上げ、ＧＡＴＡ１の研究に取り掛かりました。幸運にも、*ＧＡＴＡ１*遺伝子の新しいプロモーターを発見し、1993年に Nature 誌に報告することができました[2)]。

その頃、丁度、ダウン症候群のＴＡＭの患者さんが当科に紹介されてきました。ＴＡＭはその当時まだよくその病態が明らかにされていない疾患でした。そこで、まずＴＡＭ細胞の起源を明らかにする目的で、赤血球や巨核球などの細胞系列特異的な遺伝子の発現をノーザンブロット法という今では古典的な方法で解析しました。その結果、*ＧＡＴＡ１*遺伝子がＴＡＭの全症例で大量に発現していることを見出しました。ＧＡＴＡ１は巨核球と赤芽球の分化に不可欠な転写因子です。その他の赤血球と巨核球に特異的な遺伝子も発現していましたので、ＴＡＭとＤＳ－ＡＭＫＬの芽球の細胞起源は赤血球と巨核球の共通の前駆細胞であると考えられました。しかし、ＴＡＭやＤＳ－ＡＭＫＬでは、ノーザンブロット法でサイズの異なる*ＧＡＴＡ１* ｍＲＮＡのバンドが認められていたのですが、残念なことに精製したｍＲＮＡの質が悪いためだと考え、論文として発表した当時（1995年）はそれ以上の解析を行いませんでした[3)]。７年後、シカゴ大学の Crispino のグループは、多数例の急性骨髄性白血病の臨床検体を用いて*ＧＡＴＡ１*変異の解析を行い、その中に含まれていたＤＳ－ＡＭＫＬの６例中６例に*ＧＡＴＡ１*変異を見出しました。この論文は2002年 Nature Genetics に報告されました[4)]。我々は、この発見に遅れてしまいましたが、ＴＡＭでも、ほとんどの症例で*ＧＡＴＡ１*遺伝子に突然変異が起こっていることを明らかにし、翌年（2003年）、Blood 誌に発表しました[5)]。この遺伝子変異の結果、premature stop codon がＮ末端転写活性化ドメインをコードしている塩基配列に導入され、50ｋＤの完全長のＧＡＴＡ１蛋白がまったく産生されなくなり、代わりに84番目のメチオニンから蛋白の翻訳が起こり、Ｎ末端転写活性化ドメインを欠く約40ｋＤの変異ＧＡＴＡ１蛋白（ＧＡＴＡ１ｓ）が発現していました。つまり、本来よりも短い異常なＧＡＴＡ１蛋白ばかりが作られてしまうのです。

ＴＡＭからＤＳ－ＡＭＫＬ進展に関わる付加的遺伝子異常

稀な症例は、時に我々に非常に重要な知識を与えてくれます。我々は、ダウン症の一卵性双生児で二人ともＴＡＭを発症した症例を解析する機会に恵まれました。驚いたことに二人のＴＡＭ細胞は、まったく同じ*ＧＡＴＡ１*変異をもっていました[6)]。双胎の60％以上は２羊膜１絨毛で胎盤を共有しま

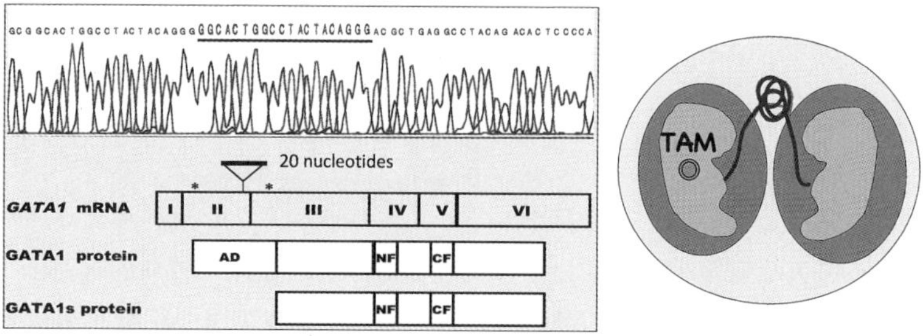

図２　一卵性双胎のダウン症の姉妹に発症したＴＡＭ

す。遺伝的背景がまったく同じでも二人に全く同一の体細胞変異が起る確率は極めて低いことから、胎児期に一方の胎児に*ＧＡＴＡ１*変異が起ってＴＡＭ細胞が生じ、血流を介してもう一方の胎児に移ったと考えられます（図２）。

また、ＴＡＭの既往のあるＤＳ－ＡＭＫＬ症例のほとんどでＴＡＭと同一の*ＧＡＴＡ１*変異が検出されます。以上より、ダウン症の白血病の多段階発症のモデルは、図３のようになります。即ち、21トリソミーを背景に胎児期の造血細胞に*ＧＡＴＡ１*変異が生じＴＡＭを発症します。ＴＡＭ細胞のほとんどは自然に消滅してしまいますが、わずかに残存したＴＡＭクローンにいくつかの遺伝子変異が加わり、生後４年以内にＤＳ－ＡＭＫＬを発症します（図３）。

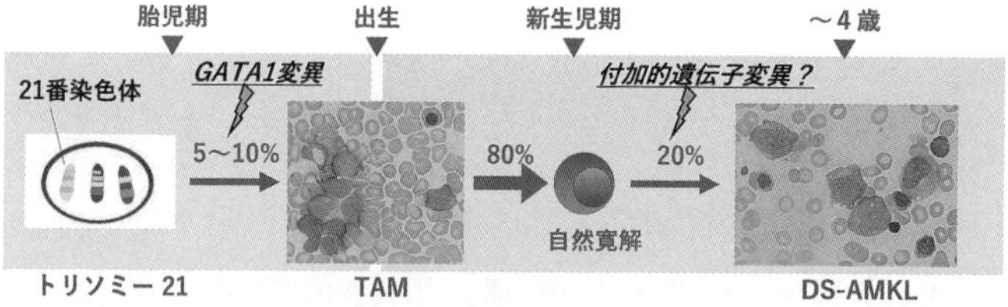

図３　ダウン症に伴う急性巨核芽球性白血病の多段階発症モデル

ダウン症候群の白血病の発症の仕組みについて、以前より大きく理解が進みました。しかし、ＴＡＭの発症には21トリソミーと*ＧＡＴＡ１*変異だけで十分なのか、ＴＡＭからＤＳ－ＡＭＫＬへの進展には付加的遺伝子変異が必要なのか、もし必要ならどのような付加的遺伝子変異が起こっているのか、などの問題が未解決のまま残されていました。ＴＡＭ／ＤＳ－ＡＭＫＬで起っているゲノムの異常は、同一患者さんの正常細胞のゲノム情報と比べることにより知ることができます。これまで不可能であったこのような解析が、次世代シーケンサーの登場により可能になってきました。そこで、これらの問題を解明するために、我々はＴＡＭとＤＳ－ＡＭＫＬの症例について、次世代シーケンサーを用いて網羅的遺伝子解析を行いました。

15例のＴＡＭ症例と14例のＤＳ－ＡＭＫＬ症例について全エクソンシーケンスを行ったところ、全てのサンプルで確認された*ＧＡＴＡ１*変異を含め、全エクソンシーケンスで同定された１症例あたりのアミノ酸置換を伴う体細胞遺伝子変異数は、ＴＡＭでは1.7個でした[7)]。これは他の様々な腫瘍と比較してはるかに少数でした。一方、ＤＳ－ＡＭＫＬでは5.8個と有意に多く変異が認められました（図４Ａ）。ＴＡＭでは*ＧＡＴＡ１*変異以外に繰り返し認められる遺伝子変異は検出されず、ＴＡＭは21トリソミーと*ＧＡＴＡ１*遺伝子の変異によって起こっている疾患であることが示唆されました。一方、ＤＳ－ＡＭＫＬでは*ＧＡＴＡ１*以外の８個の遺伝子（*ＲＡＤ２１*、*ＳＴＡＧ２*、*ＮＲＡＳ*、*ＣＴＣＦ*、*ＤＣＡＦ７*、*ＥＺＨ２*、*ＫＡＮＳＬ１*、*ＴＰ５３*）に繰り返し変異が認められました。

この結果を受けて、41例のＴＡＭ、49例のＤＳ－ＡＭＫＬと19例の非ダウン症候群に生じたＡＭＫＬ（ｎｏｎ－ＤＳ－ＡＭＫＬ）について、これらの遺伝子とその関連遺伝子群をターゲットシーケンスにより解析しました。その結果、ＴＡＭでは*ＧＡＴＡ１*以外の遺伝子変異は極めて稀ですが、ＤＳ－ＡＭＫＬではコヒーシン複合体（ＲＡＤ２１、ＳＴＡＧ２、ＮＩＰＢＬ、ＳＭＣ１Ａ、ＳＭＣ３）(53%)、ＣＴＣＦ（20%)、エピゲノム制御因子(45%)、およびＲＡＳ／チロシンキナーゼなどのシグナル伝達分子（47%）をコードする遺伝子群に高頻度に変異が存在することが明らかになりました[7)]。特に、コヒーシン複合体にみられた遺伝子変異は完全に相互排他的(コヒーシンの一つのコンポーネントに変異があれば、他のコンポーネントには変異がない）であり、ＤＳ－ＡＭＫＬの発症に重要な役割を果たしていることが推定されました（図４Ｂ）。

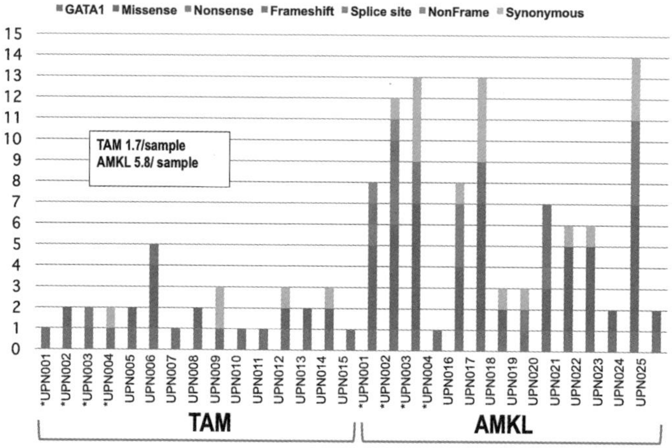

図4－A　ＴＡＭからＤＳ－ＡＭＫＬに進展時にみられる遺伝子変異（巻頭カラー）
（Ａ）25例のＴＡＭとＡＭＫＬの全エクソンシーケンスによって同定された変異の個数

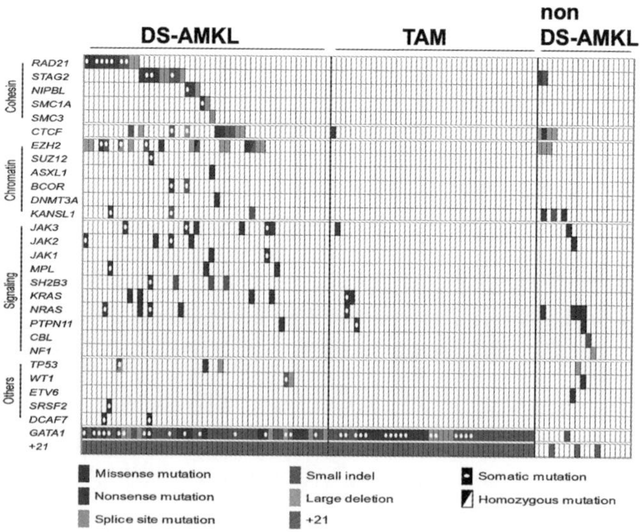

図4－B　ＴＡＭからＤＳ－ＡＭＫＬに進展時にみられる遺伝子変異（巻頭カラー）
（Ｂ）ＤＳ－ＡＭＫＬおよびｎｏｎ－ＤＳ－ＡＭＫＬにみられたドライバー変異
41例のＴＡＭ、49例のＤＳ－ＡＭＫＬと19例のｎｏｎ－ＤＳ－ＡＭＫＬについて、ターゲットシーケンスにより解析また、それぞれの遺伝子変異を持つ腫瘍細胞の割合を算出し比較したところ、コヒーシン／*ＣＴＣＦ*およびエピゲノム制御因子の変異はＤＳ－ＡＭＫＬの発症に、シグナル伝達分子の変異はその後の腫瘍の進展に関与していることが明らかになりました（図５）。なお、ＤＳ－ＡＭＫＬはｎｏｎ－ＤＳ－ＡＭＫＬと形態学的には類似しているが、分子生物学的には大きく異なった疾患であることが再確認されました。

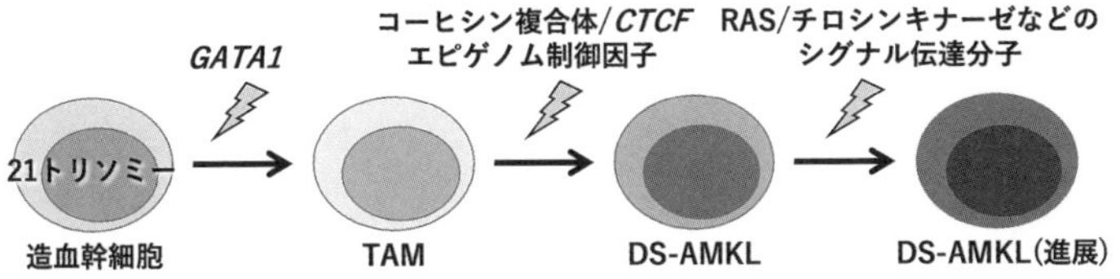

図５　ダウン症に伴う急性巨核芽球性白血病の多段階発症モデル

さらなる白血病の解明を目指して

以上の研究により、ＴＡＭの発症には21トリソミーと*ＧＡＴＡ１*変異だけで十分なのか、ＴＡＭからＤＳ－ＡＭＫＬへの進展には付加的遺伝子変異が必要なのか、もし必要ならどのような付加的遺伝子変異が起こっているのか、という問いに対して答えを出すことに成功し、2013年、Nature Genetics誌にその成果を発表することができました。しかし、この研究では、全エクソーム解析を14例のＤＳ－ＡＭＫＬで行ったのみであり、付加的な遺伝子異常の全体像を把握するためには十分な数ではありませんでした。そこで、その後、さらに多数例のＤＳ－ＡＭＫＬの全エクソーム解析、ターゲットシークエンスを行い、ＤＳ－ＡＭＫＬで繰り返し変異が認められる新規遺伝子を多数同定し、現在その機能解析を進めているところです（未発表）。一方、なぜ、ダウン症では*ＧＡＴＡ１*変異が高率に起るのか、なぜ、ＴＡＭは自然寛解するのかという大きな問題が未解決のまま残されています。それでも、ダウン症の白血病は発症機構が他の白血病より単純であり、一般の小児白血病や成人の白血病の発症機序を知る上にも大きなヒントを与えてくれると考えられます。

若い人たちへのメッセージ

私は、良い研究は、"大きく考え"、"小さく行う" 必要があると考えています。まず、研究を始める前に、これから行おうとする研究の意味や方向性を大きく把握した上で、焦点をできるだけ絞って始めることが重要です。なぜなら、一人の研究者、一つのグループができることは限られているからです。このため、まだ多くの研究者が取り組んでいない重要な課題を見つけて持続的に深く研究していくことをお勧めします。臨床の教室で研究を行うことは、時間的な制約など大きなハンデキャップもありますが、患者さんの診療の中で取り組むべき問題が自然に分ってきます。後は何が重要で何が重要でないかを選別すればよいのです。答えは患者さんが教えてくれます。

参考文献

１）Hitzler JK, Zipursky A. Origins of leukaemia in children with Down syndrome. Nat Rev Cancer 2005;5:11-20.
２）Ito et al. Erythroid transcription factor GATA-1 is abundantly transcribed in mouse testis. Nature 1993;362:466-468.
３）Ito et al. Expression of erythroid-specific genes in acute megakaryoblastic leukaemia and transient myeloproliferative disorder in Down's syndrome. Br J Haematol. 1995;90:607-614.
４）Wechsler J et al. Acquired mutations in GATA1 in the megakaryoblastic leukemia of Down syndrome. Nat Genet. 2002;32:148-152.
５）Xu G et al. Frequent mutations in the GATA-1 gene in the transient myeloproliferative disorder of Down syndrome. Blood. 2003;102:2960-2968.
６）Shimada A et al. Fetal origin of the GATA1 mutation in identical twins with transient myeloproliferative disorder and acute megakaryoblastic leukemia accompanying Down syndrome. Blood 2004;103:366.
７）Yoshida K et al. The landscape of somatic mutations in down syndrome-related myeloid disorders. Nat Genet. 2013;45:1293-1299.

図の説明

図１　造血の仕組みと白血病

すべての血球は骨の内側にある骨髄の中で、造血幹細胞から産生されます。造血幹細胞は様々な血球に変化（分化）し、成熟した血球が血中に放出されています。造血幹細胞は分化する能力に加え自己複製することもできるため、枯渇しません。しかし、造血幹細胞に遺伝子変異が蓄積すると、分化が障害され自律的に自己複製する白血病細胞に変化します。

図２　一卵性双胎のダウン症の姉妹に発症したＴＡＭ

二人のＴＡＭ細胞は、まったく同じ*ＧＡＴＡ１*変異をもっていました（左）。双胎の60％以上は２羊膜１絨毛で胎盤を共有します（右）。遺伝的背景がまったく同じでも二人に全く同一の体細胞変異が起る確率は極めて低いことから、胎児期に一方の胎児の造血細胞に*ＧＡＴＡ１*変異が起ってＴＡＭ細胞が生じ、血流を介してもう一方の胎児に移ったと考えられます（文献６より転載）。

図３　ダウン症に伴う急性巨核芽球性白血病の多段階発症モデル

21トリソミーを背景に胎児期の造血細胞に*ＧＡＴＡ１*変異が生じＴＡＭを発症します。出生後、自然完解しますが、付加的な遺伝子異常が加わり生後４年以内にＤＳ‐ＡＭＫＬを発症します。

図４　ＴＡＭからＤＳ－ＡＭＫＬに進展時にみられる遺伝子変異

（A）25例のＴＡＭとＡＭＫＬの全エクソンシーケンスによって同定された変異の個数
サンガーシークエンスあるいはdeepシークエンスで確認できたアミノ酸置換を含む変異が107個でした。ＴＡＭでは１症例あたりの平均変異数は1.7個と少なく、一方ＤＳ‐ＡＭＫＬでは１症例あたり5.8個とより多くの変異が検出された（文献６より転載）。＊：ＴＡＭとＤＳ‐ＡＭＫＬの検体が共に揃っている症例。ＴＡＭとＤＳ‐ＡＭＫＬの全例に*ＧＡＴＡ１*変異が認められた。

（B）ＤＳ‐ＡＭＫＬおよびｎｏｎ‐ＤＳ‐ＡＭＫＬにみられたドライバー変異
41例のＴＡＭ、49例のＤＳ‐ＡＭＫＬと19例のｎｏｎ‐ＤＳ‐ＡＭＫＬについて、ターゲットシーケンスにより解析した。その結果、ＴＡＭでは*ＧＡＴＡ１*以外の遺伝子変異は極めて稀であるが、ＤＳ‐ＡＭＫＬではコヒーシン複合体（ＲＡＤ２１、ＳＴＡＧ２、ＮＩＰＢＬ、ＳＭＣ１Ａ、ＳＭＣ３）(53％)、ＣＴＣＦ（20％)、エピゲノム制御因子（45％)、およびＲＡＳ／チロシンキナーゼなどのシグナル伝達分子（47％）をコードする遺伝子群に高頻度に変異が検出された。特に、コヒーシン複合体にみられた遺伝子変異は完全に相互排他的であり、ＤＳ‐ＡＭＫＬの発症に重要な役割を果たしていることが推定された（文献７より転載）。

図５　ダウン症に伴う急性巨核芽球性白血病の多段階発症モデル

21トリソミーを背景に胎児期の造血細胞に*ＧＡＴＡ１*変異が生じＴＡＭを発症します。出生後、自然完解しますが、残存したＴＡＭ細胞にコヒーシン／*ＣＴＣＦ*およびエピゲノム制御因子の変異が生じてＤＳ‐ＡＭＫＬを発症し、さらに、シグナル伝達分子の変異が加わり腫瘍が進展します。

Lecture 6　科学の変える力
―環境・エネルギー問題に挑む材料科学―

任　皓駿

方向性のある Change

科学は変わらない自然の法則を探索する学問です。しかし、その科学の理解は我々に大きな変化をもたらして来ました。歴史的に見ると、17世紀の後半に確立されたニュートン力学は、物体の運動を正確に記述し、機械文明の発展に大きく貢献しました。20世紀に入ってからは、量子力学の理解により、ミクロな世界の電子や光子（光をある量を持った粒子として見ること）の振る舞いを記述することが出来ました。そのおかげで、今はスマートフォンなどの電子デバイスや光を用いた情報の通信（インターネット）は当たり前のことになりました。これらのことは、我々の生活を豊かにし良い方向に変えたので、発展と言えるでしょう。しかし、どこに行くかを考えないで、変化ばかりを追及すると思わぬ結果になることもあります。環境・エネルギー問題が代表的な例ではないかと思います。目の前にある利益ばかりを求めた結果、自分自身の住んでいる地球を破壊する方向に導くことになりました。したがって、科学する理工系の人々は「科学がもたらす変化の方向性を常に認識する」必要があります。本章では、将来、環境・エネルギー問題に貢献ができる新しい材料（強相関材料とグラフェン）とその応用（主に、太陽電池）について、簡単に紹介したいと思います。

強相関材料

金、銅などの典型的な金属の性質は自由電子モデル（1900年）によりよく

いむ　ほじゅん　　理工学研究科　准教授
1973年韓国のソウル生まれ。2003年に来日。環境・エネルギー問題に関心を持ち、新しいエネルギー材料の探索と次世代太陽電池の開発における研究と教育に従事。

説明されます。自由電子モデルでは、固体中の電子たちはお互いに影響しないで自由に振る舞うことを仮定します。しかし、少し考えて見るとかなり違和感のある仮定です。電気伝導性に関わる電子は１cm^3の体積の中に約10^{22}個もあり、お互いに影響がないのは不思議に見えるからです。その後、実験技術の進歩により、自由電子モデルではうまく説明がつかない現象が低温領域（約10ケルビン以下）で現れ始めました。これらの現象は、電子間の散乱を考慮したフェルミ液体モデルにより理解が出来ました（1957年）。一般的に、電子間の相互作用のエネルギーは小さいため、高温領域（室温以上）では電子の振る舞いを説明する上でその効果を無視することができます。低温領域では電子の周囲のエネルギーが電子間の相互作用のエネルギーより小さいので、物性を決定する上で重要な役割をします。しかし、1970～80年代、高温超電導体をはじめ、自由電子モデルとフェルミ液体のモデルだけでは説明が出来ない新奇物性を持つ新しい材料の発見が相次ぎました。多くの研究により、このような現象は電子間の強いクーロン相互作用によるものだと考えられています。電子間の相互作用が強いことから、強相関電子系あるいは強相関材料と呼ばれます。また、相互作用にかかわる電子の軌道により、強相関d電子系、強相関f電子系とも言います。上記の言及した高温超電導体は強相関d電子系の１つです。強相関f電子系としては重い電子系がよく知られています。強相関電子系の特徴としては、電子間の相互作用が大きいため、高温でもその効果が現れることです。例えば、高温超電導以外でも、金属・絶縁体の転移、巨大磁気抵抗などの興味深い現象があります。巨大磁気抵抗の現象はハードディスクにデータを読み書く際に活用されています。また、高温超電導体は超電導リニアや電力損失のない輸送線などの分野で実用化に向けて研究が進められています。

本節では、紙面の制限もあり、一般的な絶縁体と強相関によるモット絶縁体の違いを紹介したいと思います。図１は一般的な絶縁体とモット絶縁体を比較した模式図です。一般的な絶縁体の中では、原子の最外殻（軌道）は電子たちにより完全に占められ、自由電子が無い状態になります。この場合、絶縁体から金属への転移は考えにくいです。例えば、木のような絶縁体に圧力を掛けても金属に変化させることは難しいと思います。一方、モット絶縁体では、最外殻に伝導電子がありますが、原子間の強いクーロン斥力により動けなくなります。このような状態では、圧力を掛けたり、電荷をドップしたりすると、絶縁体から金属に転移することが出来ます。これを金属・絶縁体転移と言います。特に、ペロブスカイトの結晶構造を持った遷移金属酸化物でよく観測されます。上記に言及した高温超電導体もこのペロブスカイト物質の１つであり、モット絶縁状態から超電導状態に転移すると思われています。また、ペロブスカイトは立方晶系の安定的な結晶構造であるため、少しの変形なら結晶性を維持することが出来ます。

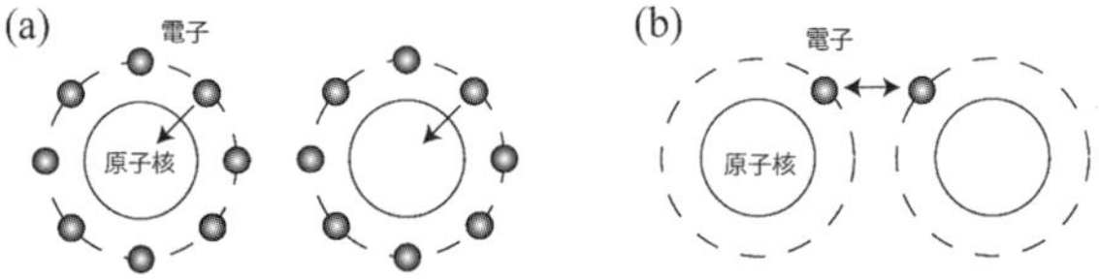

図1　(a) 典型的な絶縁体と (b) モット絶縁体の原子構造

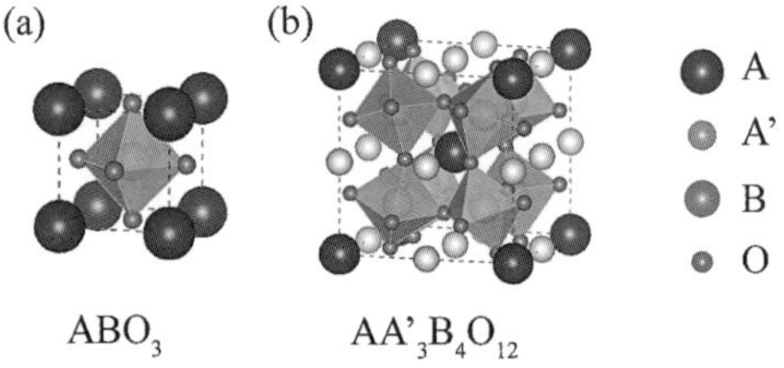

図２　(a) ペロブスカイトと (b)A サイト秩序型ペロブスカイトの結晶構造
（VESTA による作成：K. Momma and F. Izumi, "VESTA 3 for three-dimensional visualization of crystal, volumetric and morphology data," J. Appl. Crystallogr., 44, 1272-1276 (2011).）

図２(a) はペロブスカイトの基本構造で、ABO_3の化学式で書くことが出来ます。ここで、A サイトは Na^+、Ca^{2+} などのアルカリ金属、アルカリ土類金属、希土類イオン、B サイトは Ti^{4+}、Ru^{4+} のような遷移金属イオン、C サイトは酸素イオンになるのが一般的です。図２(b) は A サイトの一部を Cu^{2+}、Mn^{3+} などに置換した A サイト秩序型ペロブスカイトの結晶構造です。周期性が２倍になることからダブルペロブスカイトとも呼び、

$AA'_3B_4O_{12}$の化学式で表すことができます。Aサイト秩序型ペロブスカイトは、金属・絶縁体転移以外でも、重い電子、室温の強磁性などの興味深い物性を示しています。特に、$CaCu_3Ti_4O_{12}$は現在一番高い誘電率を持つ物質として、高性能のエネルギー貯蔵、高密度のメモリー・デバイス材料として注目を集めています。

グラフェン

図3(a)に示すように、グラフェンは蜂の巣の格子をなす炭素の2次元結晶を言います。原子1層の厚さのグラフェンをたくさん積み重ねると鉛筆の芯に使われる黒鉛（グラファイト）になります。黒鉛は古くから使ってきた物ですので、グラフェンの発見も昔の出来事だと思いがちですが、2004年に初めて発見されました。その前までは、グラフェンのような原子シートは統計熱力学的に不安定だと思われ、その存在自体が疑問視されていました。これもグラフェンの発見が科学者たちを驚かせた理由の1つです。また、グラフェンはディラック・コーン（Dirac cone）と呼ばれる特有な分散関係（電子のエネルギーと運動量の関係）を持ちます（図3(b)）。一般的な金属中の自由電子は運動量の2乗がエネルギーに比例する分散関係を持ちますが、グラフェンの分散は運動量の1乗とエネルギーが比例する関係を持ちます。実は、このような分散関係は質量のない光（電磁波）の分散関係に似ています。これは、グラフェン中の電子たちは光のような振る舞いをしていることを意味し、様々な優れた物性を生み出します。例えば、キャリア移動度は主な電子デバイス材料であるシリコンの約100倍、熱伝導度も銅の約10倍になります。また、結晶構造の側面から見ると、炭素原子の間は強く共有結合しているため、ステンレスの約100倍以上の破断強度を持ちます。その他にも、原子1層の厚さから、高い柔軟性（約20%以上の弾性限界）とガラス並みの透明性（約98%の透過率）を示します。このような優れた特有の性質から、グラフェンは夢の素材とも言われ、基礎研究のみならず応用分野でも多くの研究が行われています。特に、太陽電池、蓄電池、トランジスターなどの分野で期待を集めています。その可能性が高く評価され、グラフェンの発

見からわずか６年後、発見者たち（ガイムとノボセロフ）はノーベル賞を受賞することになります。

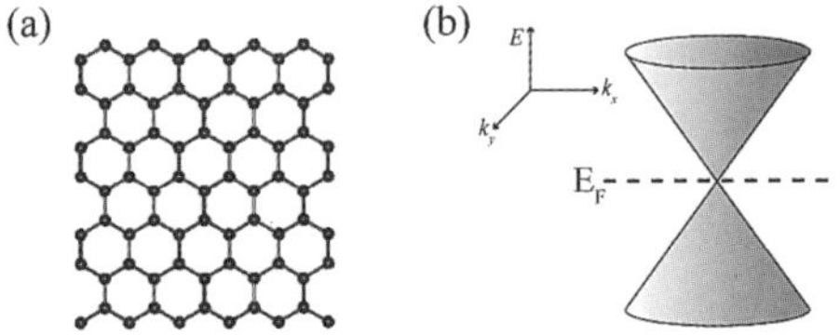

図３　(a) グラフェンの結晶構造（VESTA による作成）と (b) ディラック・コーン分散関係

ここからは、グラフェンの太陽電池への応用を紹介したいと思います。グラフェンは透明でありながら導電性を持っており、太陽電池の透明電導膜としての応用が期待できます。現在主流であるシリコン太陽電池では酸化インジウムスズ（Indium Tin Oxide、ＩＴＯ）という透明電導膜が使用されていますが、インジウムは貴金属のため、コストが高くなる原因になっています。一方、グラフェンの成分は炭素のみで出来ているので、低コストでまた環境にもやさしい材料です。図４は従来のシリコン太陽電池とグラフェンを用いた太陽電池を比較した模式図です。従来のシリコン太陽電池では、P 型と N 型の２種類のシリコンを接合（PN 接合）した構造を持ち、太陽光エネルギーを電気に変換します。この構造では、上記のエネルギー変換層に加えて、必ずＩＴＯなどの透明伝導膜が必要となります。一方、グラフェンを用いた太陽電池では、グラフェンとシリコンとのショットキー接合（金属と半導体の接合）を利用してデバイスの構造を簡単にすることが出来ます（図４(b)）。したがって、グラフェンは透明電導膜とエネルギー変換層の一部としての役割を同時に担うことになり、製造工程の面からも大きなコスト削減が期待されます。このようなグラフェン・シリコン太陽電池は2010年に初めて報告されましたが、変換効率は僅か約1.5%でした。しかし、10年も経たない現時点で、研究室レベルでは約16%まで向上して実用化の期待が高まっています。これは一般の家庭で主に使われているシリコン太陽電池の変換効率（15～20%）に匹敵する値です。しかし、グラフェン・シリコンのショットキー接合の太陽電池の実用化のためには、幾つか克服しなければならない課題があります。例えば、原子１層分の厚さを持つグラフェンの扱いが非常に難しいこと、広い範囲のグラフェンを製膜することなどが挙げられます。グラフェンを重ね、丈夫な多層グラフェンを広い範囲で成膜することが期待されますが、そうすると、上記に言及した優れた物性が無くなり、ただのグラファイト（黒鉛）になってしまいます。グラフェンを10層くらい積み重ねるとグラファイトになると言われています。そのような中、最近になって、グラフェンを回転しながら積層するとグラフェンの優れた物性を保ちながら、丈夫な多層グラフェンを作れることが分かりました。グラフェン層の間は弱いファンデルワールス力により結合されますが、回転によりさらに弱くなることが原因だと思われています。回転積層多層グラフェンの特徴としては、単層グラフェンのような性質以外でも、長い周期性を持ったモアレ・パターンと呼ばれる構造やファン・ホーベ特異点などの特有の電子構造があります。このような特性から光･電子デバイス分野への応用が期待されています。

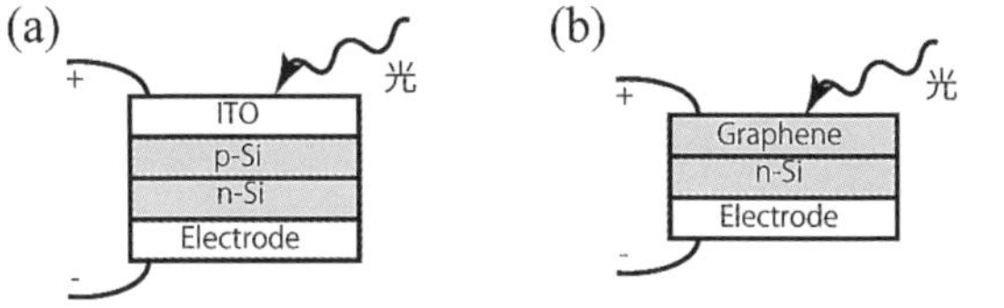

図４　(a)PN 接合型シリコン太陽電池と (b) グラフェン・シリコンのショットキー接合型太陽電池の模式図

まとめ

科学には変える（Change）力があります。科学をする上で、その変化が我々をどこに導いて行くのかは常に考えなければならない前提だと思います。ここでは、環境・エネルギー問題に貢献が出来ると期待される２つの新しい材料（強相関材料とグラフェン）について簡単に紹介しました。強相関材料は電子間のクーロン斥力が非常に大きいため、高温（室温）でも新奇な物性を示すことが出来ます。原子１層の厚さのグラフェンは、特有の２次元結晶構造とディラック・コーンと呼ばれる分散関係から、様々な優れた物性を示します。このような強相関材料とグラフェンが、10年あるいは20年後、環境・エネルギー分野で重要な役割を果たしていることを想像すると自然と微笑んでしまいます。

参考文献

1）藤森淳『強相関物質の基礎－原子、分子から固体へ－』内田老鶴圃、2005年。

2）勝藤拓郎『基礎から学ぶ強相関電子系－量子力学から固体物理、場の量子論まで－』内田老鶴圃、2017年。

3）Direct observation of dispersive Kondo resonance peaks in a heavy-fermion system, H. J. Im, T. Ito, H.-D. Kim, S. Kimura, K. E. Lee, J. B. Hong, Y. S. Kwon, A. Yasui, H. Yamagami, Physical Review Letters 100, 176402 (2008).（強相関 f 電子系の関連論文）

4）Strong correlation effects in the A-site ordered perovskite CaCu3Ti4O12 revealed by angle-resolved photoemission spectroscopy, H. J. Im, M. Tsunekawa, T. Sakurada, M. Iwataki, K. Kawata, T. Watanabe, K. Takegahara, H. Miyazaki, M. Matsunami, T. Hajiri, S. Kimura, Physical Review B 88, 205133 (2013).（A サイト秩序型ペロブスカイト物質の関連論文）

5）齋藤理一郎『フラーレン・ナノチューブ・グラフェンの科学－ナノカーボンの世界－』共立出版、2015年。

6）日本化学会編『二次元物質の科学－グラフェンなどの分子シートが生み出す新世界－』化学同人、2017年。

7）Growth and Raman spectroscopy of thickness-controlled rotationally faulted multilayer graphene, H. Kato, N. Itagaki, H. J. Im, Carbon 141, 76 (2019).（回転積層した多層グラフェンの関連論文）

Lecture 7　流体力学はこんなに面白い！

稲村　隆夫

皆さんは『翼果』をご存じでしょうか？ 翼果とは、「果皮の一部が平らな翼状に発達した果実のことで、風に乗って親木から遠くへ飛んでいく種のことである。」（飛行性能の高い翼果の構造（https://school.gifu-net.ed.jp/ena-hs/ssh/H29ssh/sc2/21728.pdf）による)。図１に翼果の例として、岩木山麓で拾ってきたカエデの種を示します。カエデの種は高いところから落とすと、回転しながら落下します（http://nature-sr.com/index.php?Page=11&Item=11)。翼がない種を２m の高さから自由落下させると、約0.7秒で落下しますが、カエデの種では落下するのに２秒以上かかります。この間に翼果は風に吹かれて親木からより遠くに飛んでいくことができます。種は親木から離れることによって、地中の養分を親木と競合せずに取ることができ、また日光を十分浴びることができるため成長が速まります。

図１　カエデの種

いなむら　たかお　　理工学研究科　名誉教授
1953 年栃木県生まれ。2019 年 3 月定年退職。専門は機械工学の熱・流体工学。自動車、航空機、液体ロケットなどの原動機における燃料噴霧の生成・流動を専門に研究。詳細は、日本液体微粒化学会誌『微粒化』2019 年 11 月号に掲載。

翼果が落下するのに時間がかかるのは何故でしょうか？ これを理解するには、流体力学の手助けが必要になります。流体力学は大学で学ぶ少し難しい学問ですが、日常生活にも密接に関係しており、流体力学から得られた成果はいろいろなところに利用されています。例えば、飛行機の形状、新幹線の先頭の形状、Ｆ１レースカーの形状、等々。これらはいずれも流体力学による数値シミュレーションを用いて最適形状が計算されています。また、最近特に的中率が高まっている天気予報も、流体力学を用いた数値シミュレーションによる貢献が大きいと言えます。

これからは少し難しい話になりますが、落下を始めると翼果の翼の部分の微妙な角度によって翼果は種を中心に回転し始めます。ヘリコプターのローターのように翼が空気中で回転を始めると、翼の先端上面に前縁渦と呼ばれる渦が発生します（https://wired.jp/2009/06/16/）。天気予報で良く聞く話ですが、台風のように渦の中心では圧力が下がります。翼の上面に発生した前縁渦の中心は圧力が下がるため、結果として翼の上面全体の圧力は下面全体の圧力より下がり、翼は上方向に力（これを揚力という）を受けて翼果はなかなか落ちてきません。このように、翼果は回転することによって揚力を得ているのです。このように、流体力学は自然の現象とも密接に関係しており、また日常生活を豊かなものにするために大いに貢献していることがお分かりでしょうか。

弘前大学では、小さい頃から科学に親しみを持ってもらいたい、との趣旨から「科学者発見プロジェクト」という事業を行っていました。これは、小中学生から、普段疑問に思っていること、知りたいと思っていることをテーマとして提案してもらい、大学の教員と一緒にその謎解きをするというものです。ある時、中学生から「ブーメランを投げたらなぜ、もとの位置に帰ってくるのか」というテーマを頂きました。いろいろと調べてみると、その謎解きは意外と難しいことが分かりました。謎を解くには、回転体の力学と流体力学という大学で習う知識が必要となり、大学３、４年生の創造学習のテーマとしても良いくらいです。これを、中学生に理解してもらうにはどのように説明すれば良いか、大変悩ましい問題です。完全に理解してもらうのは難しいにしても、流体力学はおもしろいと思ってもらえれば成功、との思いから担当を引き受けることにしました。

ブーメランを縦にして投げると、一周して元に戻ります。これには、２つのメカニズムが関与しています。一つはブーメランに働く揚力で、他の１つはジャイロ効果です。ブーメランの翼の断面は、図２に示すような飛行機の翼型に似た形状をしています。この翼型に気流が作用すると、翼の凸の方向に揚力が働きます。揚力は周囲気流とブーメランとの相対速度の２乗に比例して大きくなります。揚力が働くメカニズムは、翼型の上下の流れの速さの違いによって翼型上面の圧力が下面より下がるためです。そこで、ブーメランを凸側が左を向くようにして縦に持ち、手首のスナップを利かして勢い良く投げると、図３に示すようにブーメランの上側が向こう側に、下側が手前側にくるように回転しながら飛行を始めます。

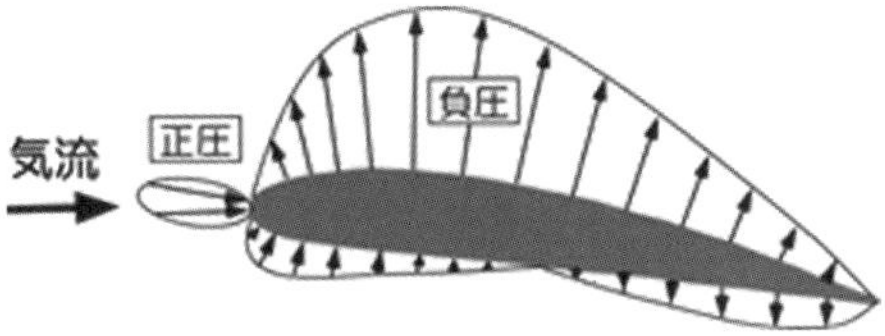

図２　翼周りの圧力分布

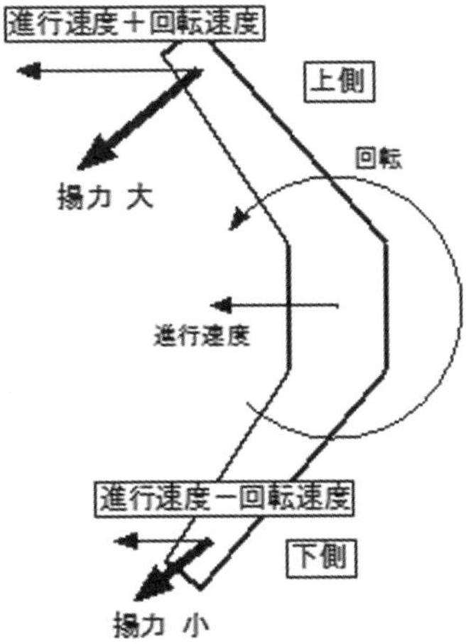

図３　ブーメランにかかる揚力

周囲の大気は静止していると仮定すると、ブーメランの上側は進行方向に、下側は進行方向とは逆方向に回転するので、周囲空気とブーメランの相対速度は、ブーメランの上側が下側よりも大きくなります。すると、上述した理由により、ブーメランの上側の揚力は下側よりも大きくなる結果、ブーメランは断面の凸側、つまり左側に傾こうとします。ところで、ブーメランは飛行中高速で回転しているのでジャイロ効果が働きます。コマが首振り運動したり、地球が歳差運動をするのはこのジャイロ効果によります。図４に示すように、回転している軸（方向は角運動量の方向）上の作用点が矢印の方向に動こうとすると、それらに対して直角方向に力が加わることをジャイロ効果と言います。ブーメランを凸側が左を向くようにして縦に持ち勢い良く投げた場合を考えると、まず図４に示す角運動量の方向は左方向です。一方、ブーメランは上下の翼に働く揚力の大きさの違いから左に傾こうとするので、ブーメランの回転軸は下方向に動こうとします。すると、図４に示すように、ジャイロ効果によってブーメランの回転軸には手前方向の力が働くことになります。さらに図５に示すように、ブーメランの回転軸に手前方向の力が働くと、ブーメランの回転面は次第に手前側を向くようになり、進行方向も左を向くようになって、最終的には進行方向が左方向に回転しながらブーメランは手前に戻ってくることになります。このように、ブーメランの飛行を理解するためには流体力学と回転体の力学の知識が必要です。高校生の皆さんにはまだ難しいかもしれませんが、是非大学に入ってこれらの学問を習得し、自分自身でこの難問を解いて下さい。

もう一つお話ししたいことがあります。流体力学は基本的に、「４力」といわれる機械工学の基礎学問の１つですが、血液の流れや飲み込んだ液体や食物の流れなど、人体内の流れとも大きく関わっています。ここで、私が最近行ってきた「大動脈内の血流の可視化」という、医工連携研究を紹介したいと思います。心臓の外科手術において体外循環を行う際に、血液を静脈から脱血し人工心臓を経てカニューレと呼ばれる細い管を使って大動脈に戻します。通常の大動脈は内径が20～30㎜程度の太さですが、カニューレは患者への侵襲性を考慮して内径6㎜程度と大動脈に比べてかなり細いです。

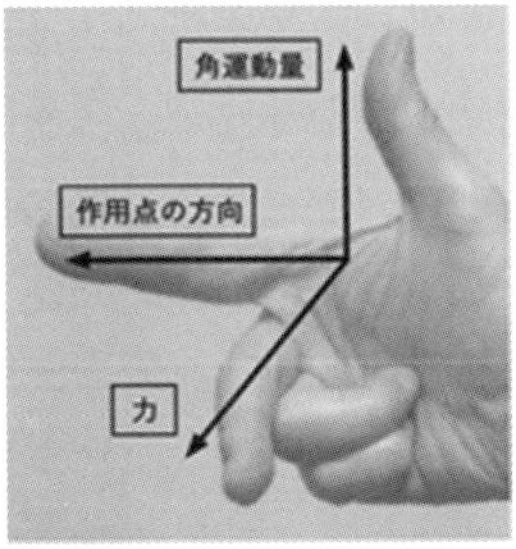

図４　ジャイロ効果

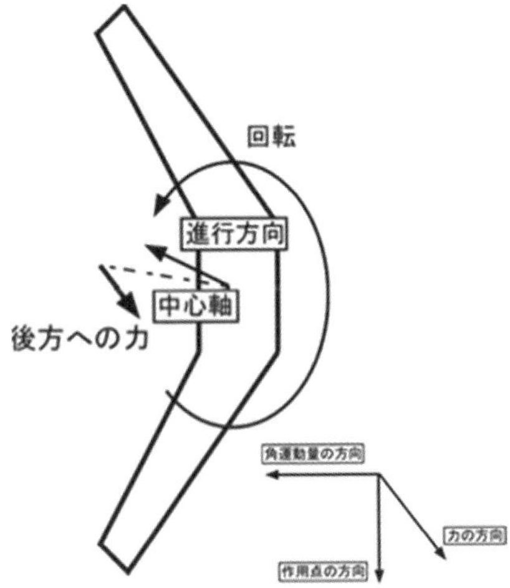

図５　ブーメランにかかる力

このことは、通常大動脈を流れている血流の速度に比較してカニューレから大動脈内へ噴出する血流の速度はかなり大きいことを意味しています。カニューレから噴出した血流は周囲の血液を巻き込んで大動脈の内壁に衝突し、血管内壁に付着している粥状物質を吹き飛ばしてしまいます。血管内壁から剥がされた粥状物質は血流によって脳内の毛細血管などに運ばれ、血流を塞いだりあるいは血液の流路を狭めて、いわゆる塞栓症を発症します。このような合併症を防ぐためには、カニューレから血液を噴出したときの大動脈内での血液の流れを詳細に知る必要があります。本研究では、患者さんの大動脈弓のＣＴ画像を参考にガラス管で大動脈弓モデルを作成し、ＰＩＶ法という流れを可視化する方法を用いて大動脈内の血流を可視化しました。図６はＰＩＶ法による測定結果と数値シミュレーション結果を示しており、長手方向平面内の流線及び速度の大きさを示しています。ここで、模擬血液として水を使用しています。長手方向平面内のカニューレから噴出した模擬血流は小弯部内壁に衝突し、その後反射して渦を生成している様子が分かります。図は平面内の流れを表していますが、実際には三次元的な流れとなっており、非常に複雑な流れがカニューレからの噴流によって生成している様子が推察できます。このような解析結果を参考に、カニューレの出口形状や大動脈に挿入する角度を工夫することによって、合併症を防ぐ方法が見えてきます。このように、流体力学はいろいろな病気の防止にも貢献できる可能性があります。

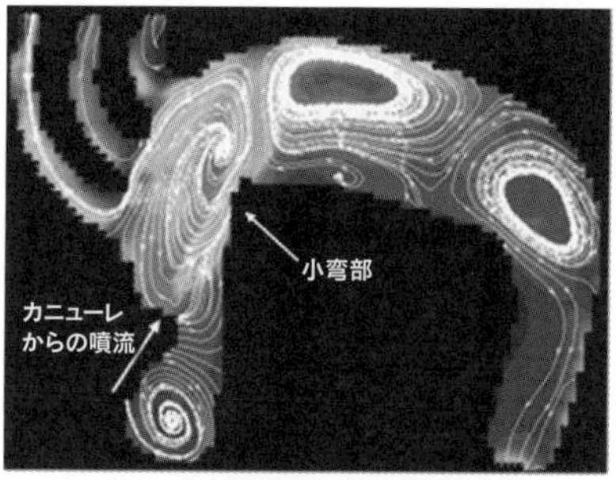

a）ＰＩＶ法による測定結果

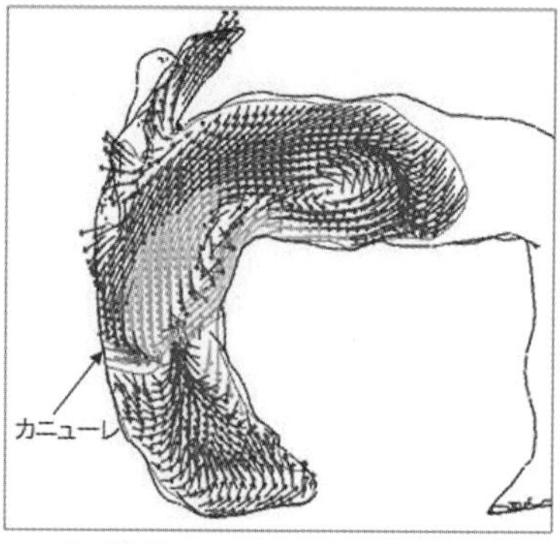

b）数値シミュレーション結果

図６　体外循環時の大動脈弓内の血液の流れ

さて、機械はほとんどの産業において使用されており、したがって機械系の学科で扱う研究テーマはほぼ全ての産業分野にわたっています。一方、時代が必要とする分野は技術の進展に伴って急速に変化しています。例えば私が学生の頃（1970年代）には、機械といえば船や航空機などの重厚長大物が主役でしたが、現在はエレクトロニクスやソフトウェアなどの軽薄短小物に時代の流れがシフトしてきています。高校生の皆さんは授業で数学や物理、化学などの理学系の教科を勉強しています。理学は真理を探究する学問ですから流行となる分野は時代の流れによって変わっていくものの、探究して得た真理は一つであり変わることはありません。一方、工学は社会の幸福のために自然界の真理法則を応用して「もの」を作るための学問ですが、上述したように技術の進展によって社会から必要とされるものは変化しています。このようにエンジニアには、社会が必要としているものを敏感にキャッチし、自分の技術をそれに適用していく心構えあるいはそれを可能とする基礎学力やセンスが必要です。工学系を志望する高校生の皆さんも是非、国際的に活躍できるエンジニアになれるよう挑戦して下さい。

参考文献・動画

１）ネイチャーテック研究会のすごい自然のショールーム
（http://nature-sr.com/index.php?Page=11&Item=11）
２）WIRED（https://wired.jp/2009/06/16/）

Short Essay 1　ヒロサキヘアレスラット

七島　直樹

ヒロサキヘアレスラットという動物が弘前大学で飼育されていることは恐らく誰もご存じないと思います。英語ですと Hirosaki Hairless Rat（HHR）と表記します。正常のラットは毛がありますが、HHR の場合、hairless ということで毛がほとんどありません（これを乏毛といいます）。HHR は1985年に弘前大学医学部附属動物実験施設にて発見された突然変異動物です。HHR は乏毛の他に体重が20％程度少ない、出産はできるが仔ラットはなぜか数日で死んでしまうなどの不思議な特徴があります。そしてこれらの表現型は常染色体劣性遺伝することが明らかになっていましたがなぜ乏毛を呈するのかは長年の謎でした[1]。

2004年にラットゲノムの概要配列が世界で公開され、その DNA 塩基配列情報を利用することができるようになりました。またラットの DNA マーカー情報も充実してきました。そこで私は HHR がなぜ乏毛を呈するのかという長年の謎を解こうと思い始めました。端的に手法を述べますと、DNA マーカー（PCR プライマー）を用いて PCR 法（DNA の特定の部分を人工的に増幅する技術）で HHR の染色体上のどこに乏毛の原因遺伝子があるのか、その場所の絞り込みを行いました。その結果、HHR の原因遺伝子は第７染色体の長腕の末端付近に存在することが明らかになりました。そこは毛の形成に必要な毛ケラチンをコードする遺伝子が多く位置している場所であり、その周辺の DNA の塩基配列を解読すると HHR では５つの毛ケラチン遺伝子を含む約８万もの塩基対が欠失していることが明らかになりました[2]。道理で毛が生えないわけです！

ななしま　なおき　　保健学研究科　准教授
1975 年青森市出身。弘前大学農学部卒、同大大学院医学研究科生化学第二講座修了「博士（医学)」。現在は分子生物学的観点から食品の機能性素材に関する研究に取り組んでいる。

乏毛を呈する動物は意外と多く、犬や猫などでも見られ、さらにヒトでも先天性の乏毛症がありますが原因遺伝子が分かっていないものが多くあります。哺乳類では毛ケラチン遺伝子の場所や配列が似ているのでひょっとするとこれらの動物でもHHRと同様な変異が起きているのかもしれません。

毛ケラチンは髪の毛や爪を構成するタンパク質でその他の機能は知られていません。なので、毛ケラチン遺伝子を欠失したHHRがなぜ体重が少ないかということと子育てが苦手なことは未だに謎です。毛ケラチンにはもっと重要な機能があるのかもしれません。哺乳にも毛ケラチンが関与しているとなると、哺乳類が哺乳類として進化できたのも毛ケラチン遺伝子が大きく関与していたのかなぁと想像してしまいます。このようにHHRは未知な生命現象を解き明かすモデルになりうる可能性を秘めています。

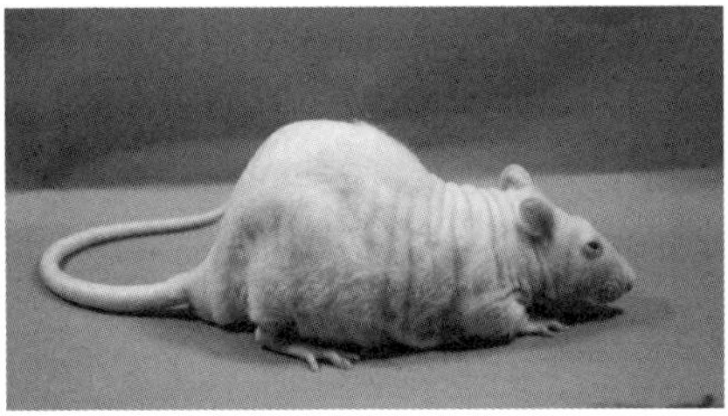

ヒロサキヘアレスラット

参考文献

1）畑山一郎、白取祐子、石田邦夫、八木沢誠、佐藤清美「弘前ヘアレスラット（HHR）の開発」、『醫學のあゆみ』第139巻３号、1986年、215 -216頁。

2）Naoki Nanashima, Miki Akita, Toshiyuki Yamada, Takeshi Shimizu, Hajime Nakano, Yang Fan, Shigeki Tsuchida. The hairless phenotype of the Hirosaki Hairless Rat is due to the deletion of an 80-kb genomic DNA containing five basic keratin genes. The Journal of biological chemistry. 2008. 283. 16868-16875.

Short Essay 2　名称が変わるということ
―社会に求められる看護の仕事の変化とともに―

井瀧千恵子

今では定着した「看護師」という名称は、これまでに何度か変更されています。古くは甲種看護婦、乙種看護婦という名称もありましたが、一般的になじみがあるのは「看護婦」「准看護婦」の名称からではないでしょうか。高校生のみなさんには看護婦さえも違和感があるかもしれません。名称が変わることには理由があります。名称が変わった経緯をみてみましょう。

看護師の定義は、保健師、助産師とともに「保健師助産師看護師法」（以下、保助看法）という法律で定められています。保助看法は1948（昭和23）年７月に「保健婦助産婦看護婦法」の名称で制定されました。2009（平成21）年７月以降は改正されていませんが、制定されてから2009（平成21）年７月までに22回改正されています。その中で名称に関する改正は３度あります。１度目は1951（昭和26）年４月の改正（改正２回目）があり、甲種看護婦、乙種看護婦を廃止し、甲種看護婦を「看護婦」、乙種看護婦を「准看護婦」に改称しました。「婦」という漢字を用いていることから、「看護婦」は女性を指します。男性の場合は「男性看護人」と呼ばれていました。1968（昭和43）年６月の改正（改正９回目）に男性看護人は「看護士」と呼称されるようになりました。「看護婦」から50年、「看護婦・看護士」から33年の時を経て、2001（平成13）年12月（改正20回目）に男女の資格名称を「看護師」と統一しました。この改称に伴い、法律名も「保健師助産師看護師法」になりました。

名称が変化するということは、その名称が示す資格取得方法や業務内容も変化しています。「看護婦」に改称された時も看護を学ぶためには高等学校

いたき　ちえこ　　保健学研究科　教授
弘前市の中でも岩木山のふもとに位置する地域に生まれ育ち、22年間弘前で過ごしました。出身大学は弘前大学です。東京や札幌で仕事した後、回遊する鮭のように弘前に戻ってきました。現在の研究テーマは被ばく医療に関する看護、運動の習慣化です。

卒業者でなければならないという学歴の規定がありました。乙種看護婦にはできない業務制限がありました。「看護師」の背景には男女共同参画社会の推進という時代の流れもありますが、時代のニーズにあわせ、看護基礎教育には大学教育が求められ、現在では看護基礎教育の主流は大学教育です。これは、疾病構造の変化や少子高齢化、医療、介護の体制が大きく変わってきている社会に影響されています。そのため、看護という専門領域には、論理的思考および社会の複雑性・多様性に対応できる能力が求められています。2018（平成30）年６月時点で看護系大学は263大学276課程あります。276課程分の１課程である弘前大学で名称が変わる意味の裏側にある社会の変化を常に意識しながら、今、そして将来求められる専門職の基礎を学んでいきましょう。

参考文献

・野村陽子「保助看法改正の内容」
（https://www.nurse.or.jp/home/publication/pdf/report/2009/hojyokan-60-4.pdf（最終閲覧2019年４月８日））日本看護協会。

Short Essay 3　社会科学の学び

高梨子文恵

シュノーケリングに行ったことがありますか。私は、言葉も良くわからないベトナムでボートツアーに参加した時、浮き輪と共に海に投げ出され、ジェスチャーで水の中を見るように言われ、嫌々海面に顔を付けた時、初めて熱帯のサンゴ礁を見ました。その時、そこに広がっていたものが、普段私が見ていた陸上の世界とはあまりに異なって、美しいことにとても驚きました。今思い出せば恥ずかしいことですが、私が育った土地から浜は遠く、海は陸から見るのが当たり前で、中をよく見てみようなんて、ましてやそこで生きている生物たちがどんな有様かなんてことに思いを馳せたことがなかったのです。まさに、「世界が広がった」瞬間でした。

社会科学的学びの喜びは、これととてもよく似ています。大学（特に大学院）で、先生方とお話をすると、今そこにあるものは自分が見ている、感じているものと全く同じなのに、先生方は全く異なった捉え方をされます。また、目の前で起こること１つ１つが、自分の生活や世界の動きとどのようにつながっていて、社会にどんな影響を与える可能性があるのかまでしっかり見据えられているようなのです。光が当たらないような現象であっても、世界にとってとても重要な意味を持っている、その事実によって世界はひっくり返ったりするのです。

内田義彦は、科学（勉強という言葉も用いられていますが）の方法として、「物的装置」と「概念装置」という言葉を使いました。科学は、様々な実験器具や顕微鏡などの「物的装置」と、頭の中に作られた「概念装置」とで相互に補佐し合いながら高度に発展していく。自然科学の場合、前者の

たかなし　ふみえ　　農学生命科学部　准教授
学部在学中にハノイに留学し、その後ベトナムの青果物流通について研究しています。主な著書に「ハノイ市野菜フードシステムにおける中間組織」（秋葉まり子編著『ベトナム農村の組織と経済』弘前大学出版会、2015 年）など。

「物的装置」が一定の意味を持っているわけですが、社会科学の場合、こうした目に見える装置を用いることができません。その結果、社会科学の勉強では、概念装置を脳内に組み立てて、それを通して物事を見ることが必要になるのです。この装置は、先人が作り上げて学会の共有財産になっているものもありますが、それを用いて自分で「モノが見えるようになる」ためには、それを「習得」しなくてはなりません。それは、自分だけのカスタマイズされた装置を自ら組み立てていくことでもあります。また、それは異なる概念装置を持つ人との研鑽によってより良いものになります。大学での社会科学的学びとは、そのプロセスそのものではないかと思うのです。

参考文献

・内田義彦『読書と社会科学』岩波新書、1985年。

第４章

癒す

Cure

Lecture 1　災害とボランティア
―東日本大震災の経験を糧に―

李　永俊

災害関連研究のきっかけ

私の専門は労働経済学です。労働経済学という分野は応用経済学の一つで、経済学的な手法を用いて、労働問題を分析する学問です。具体的には、働くか否か、賃金の決定、教育、キャリア形成、家族形成など、我々の身近な題材を研究する分野です。その中でも私が主に研究してきたのは、人々の住まい選択行動でした。なぜ、若者たちが住み慣れた青森県を離れて東京に行くのか、東京に行くのは本当に得なのかなどがこれまでの主な研究テーマでした。このような研究をしていた私がなぜ災害関連の研究に取り組むようになったのかについてお話ししたいと思います。

きっかけは、2011年３月11日の東日本大震災でした。震災発生当時、毎日のように流れる災害関連報道を見ていて、何もできない自分に大きな無力感を感じていました。そんな時、同僚の先生から震災対応に関する集いに誘われました。その集いで、「大学には多くのマンパワーがある。支援の母体として何かできることがあるのではないか」という意見が心に響きました。当時の本学にはボランティアセンターのような組織がなかったので、ボランティアに参加したいと思った学生や教員がいたとしても、その気持ちを集約し、活動につなげることができなかったのです。

そこで、教員有志と一緒にボランティアセンターを立ち上げ、学生や市民と一緒に支援活動を始めたのが災害とボランティアに関わるきっかけでし

い　よんじゅん　　人文社会科学部　教授
労働経済学
1968年、韓国釜山市生まれ。労働経済学。地方の雇用問題。東日本大震災以降は復興政策や災害に強い地域づくりなどに関心が高い。主な編著書に『東日本大震災からの復興（1）想いを支えに』（弘前大学出版会、2014年）がある。

た。当初は支援活動のコーディネートが中心でした。学生や市民の募集、車の手配、安全教育、作業指示、報告書の作成、ホームページなどを用いた情報発信などです。震災直後は毎週、甚大な被害に見舞われた岩手県野田村まで片道３時間半かけて移動し、がれきの撤去作業や支援物資の運搬などに励んでいました。しかし時間の経過と共に被災した住民との交流が深まっていきました。時々、被災者から「先生、専門はなんですか」などと聞かれて、労働経済学で皆さんの仕事状況などを調べたりする、と言うと、「ぜひ被災者の皆さんの現在の生活状況を調べてほしい」と頼まれたりしました。

被災地では、震災直後、避難所、みなし仮設（避難所ではなく、親せきの家や民家などで一時的に身を寄せている場所）、村外への移住と、みんなの住まいがばらばらで、仕事を失った人、会社がなくなった人など、仕事についても様々な状況でした。そのようなことは親しい間柄でもなかなか聞きづらいことであることから第三者が客観的に調べてほしいという声が多かったのです。このような声がきっかけで、災害関連研究を行うことになりました。

自然現象と災害
―人の想像力をはるかに上回るハザードと社会に潜む脆弱性―

「平成」最後の年であった2018年の「今年の漢字」は「災」でした。このことが象徴するように平成は大型災害が相次いだ時代でした。雲仙普賢岳の噴火、阪神淡路大震災、新潟県中越沖地震、東日本大震災、熊本地震。2018年だけでも、西日本豪雨や北海道地震など、日本全国のいたるところで大きな災害が起きています。

このような災害が起きるたびにマスコミなどで「想定外」「予想以上」などの言葉をよく耳にします。専門家が今までのデータや過去の事例を照らし合わせて、ITやAIなどの最新の科学技術を駆使して予想を立てても、実際の自然現象を高い確率で予測することは困難です。また、地震予知の専門家の間でも、地震の正確な予知はほぼ不可能であるという声が聞かれます。

地震や台風、豪雨、竜巻などの現象はあくまでも自然現象の一つであり、必ずしも人的物的被害をともなうわけではありません。これが大きな被害をともなう災害となるのは、自然現象によって大きな力（ハザード）が発生した時に、われわれの社会にその力を受け止められない脆弱な部分がある時であり、そこに被害が発生し、災害へと化けるのです。

例えば、豪雨や台風などで増水した水を食い止め、住宅まで浸水しないように、全国各地で河川の堤防が築かれていますが、昨年７月に西日本を襲った豪雨のように、ほぼ２週間に渡って台風や梅雨前線が停滞すると、増水した水は堤防を越え、大きな被害をもたらすことになります。

近年、大きな被害を伴う災害が続く理由として、次のようなことが考えられます。第一は、地球温暖化などの影響で予想をはるかに上回る力をもつ自然現象が発生していることです。東日本大震災の福島第一原子力発電所の事故からの教訓は、自然現象は時には人間の想像力をはるかに上回るということです。想定外の事態に人間の備えは時に無力です。

第二の理由は、予測不能であることです。熊本地震が代表的ですが、残念ながら熊本地震を予見、警告した専門家は皆無でした。災害について思いもよらない無防備な地域で災害が起きると、被害は予想よりはるかに大きくなります。

第三の理由はわれわれの社会環境の変化によって自然の力を食い止める能力が弱くなったことです。代表的なのは、少子高齢化です。台風が発生しても、早めに避難できれば、被害は最小限にとどめられます。しかし、体力があって迅速に動ける壮年層の人口が不足し、高齢者が多い地域であれば、避難することもままなりません。このような地域では、小さな台風や雨であっても大きな被害が発生してしまうのです。

災害から命を守るために
—「共助」の担い手としてのボランティア—

前述したように、自然の脅威はわれわれの想像を大きく上回り、災害は巨大化する一方です。防災は、そのような巨大自然現象をある程度正確に予測できるときに可能となるのです。このことがほぼ不可能であることは、これまでの災害からの教訓で十分に理解できると思います。それでは、多発する災害からどのように自分の命や家族、地域の仲間を守ることができるのでしょうか。

災害対策の基本は、自らの力で自分の命を守る「自助」です。小中高で学んできた基本的な避難行動に加え、できれば平時に各災害ごとの的確な避難行動についての知識や技能を習得し、最小限自分の命は自分で守れるように努力することが求められます。しかし、中には高齢で、あるいは障害をもっていて一人で避難行動をとることが困難な方もいます。そのような場合は、近隣住民が互いに助け合う「共助」が求められます。ボランティア元年と呼ばれている阪神淡路大震災の際には、要救助者の約８割を助けたのは近隣住民であったと言われています。その次に頼りになるのは行政による公的援助であります。

しかし、近年、国や地方自治体において、財政状況が厳しくなるにつれ、行財政改革が行われ、行政職員の大幅な人員削減が行われました。そのため、災害発生時には行政職員が我が身を顧みず、何日も泊まり込みで奮闘する姿をマスコミなどでよく見かけます。また、実際私が東日本大震災の被災地で出会った行政職員は、自分の家が被災したにも関わらず自宅を片付けることもできず、毎日役場で寝泊まりしていました。地域社会では、少子高齢化や行財政改革などによって「救助できる人」の数はますます減少して、「救助を待つ人」が増加しているのが現実です。そこで、新しい共助の担い手として注目されるのが「ボランティア」なのです。

ボランティア供給行動

ボランティアの原語は「volunteer」です。その言葉は志願兵、義勇兵などの意味があり、ラテン語に由来する「volo」は英語の「wish」と同意語で、自ら望むこと、自分の意志に基づくことというのが語源です。ここから、ボランティアは自分の意志で、一般的には無償で行うものと広く理解されているのです。

しかし、災害時について考えてみましょう。ボランティア参加をすべて個人の意思に依存していると、場合によってはボランティアの派遣依頼に対して十分なボランティアが確保できない場合があります。

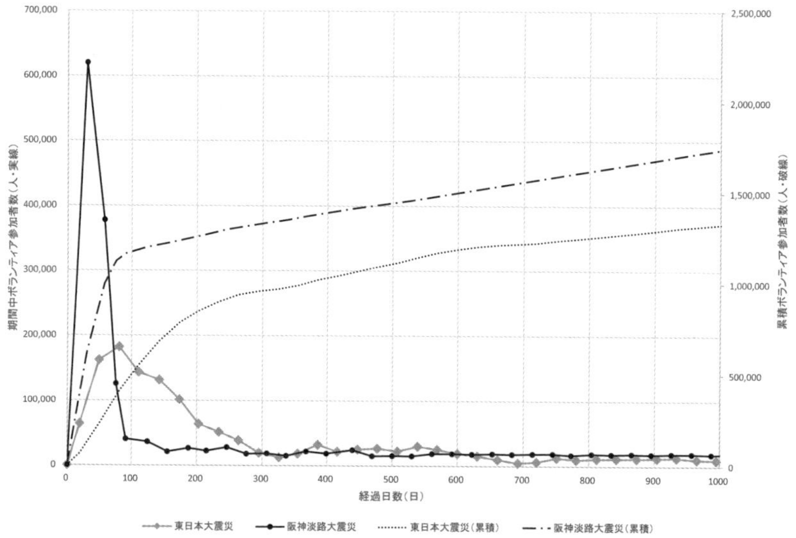

図１　災害ボランティア参加者数比較
（出典）全国社会福祉協議会被災地支援・災害ボランティア情報を用いて筆者作成

図１は全国社会福祉協議会が発表しているデータを図示したものです。この図は災害ボランティアセンターで受け付けたボランティアの参加者数（左軸）と累積参加者数（右軸）を、阪神淡路大震災の時と東日本大震災の時とで比較したものであります。データの基準が異なっているために、正確な比較は不可能ですが、注目されるのは、立ち上がりの参加者数の差にあります。阪神淡路大震災の直後１ヶ月間には述べ62万人がボランティアとして救援・復旧作業を手伝っているのですが、東日本大震災では岩手県、宮城県、福島県の三県を合わせて63,900人がボランティア活動に参加しているのみです。災害状況の違いや被災した場所が、交通アクセスが困難な場所であることなど、さまざまな状況が異なるのですが、大幅にボランティアが減少していることが理解できると思います。

私が実際、東日本大震災や台風10号による水害の被災地に出向いた時にも、よく耳にしたのはボランティアが不足しているという声です。実際、被災した高齢のご夫婦を尋ねると、奥様が「私たち二人では、何から手を付ければいいか見当がつかないのでお手上げです」と肩を落としていました。泥まみれになったリビングルームやキッチンなどを見ると、そのお気持ちもよく分かります。そこに、私たちボランティアがお手伝いに行くと、力を落としていたご夫婦もボランティアたちの作業ぶりを見て、働く勇気が湧いてきた様子でした。作業が一段落すると「先生、後は私たちで何とかできるから、隣の家を手伝ってください」と話してくださいました。このように、一緒に動ける人がいるという安心感が復旧・復興を早めるのです。

この意味で考えると、災害時のボランティア活動については、共同性の高い公共財として捉えることもできます。経済学でいう「公共財」はいったん供給されたら、多くの人が同時に消費できる財（ものやサービス）を言います。例えば、公共の道路の例を考えてみましょう。道路の供給が不十分だった場合は、渋滞して車が全く動かなくなる恐れがあります。ボランティアの場合も、ボランティアニーズに対して供給が不十分だと、ボランティアの手を借りることができず、復旧復興が遅れる被災者が発生することが簡単に予想されます。

また、図１で見たように、人口が密集している都市部ではボランティアが多く供給され、交通アクセスが不便な過疎地域にはボランティアがほとんど供給されない現象が生じることも容易に想像できます。どうしたら、全国どこでも必要な時にニーズにあうボランティアを供給できるかを考えることは、災害に強く安心安全な社会を考える上で必要不可欠な研究テーマです。

おわりに―人々が助け合って立ち向かう体制を―

私が災害やボランティアの研究に取り組み始め、またボランティア活動や研究を続けている理由の１つに、忘れられない被災者の言葉があります。東日本大震災後、ボランティア活動開始の準備のために先遣隊として被災地を訪問した時のことです。ボランティア活動の受け入れ体制やボランティアニーズなどを調査するために訪問した避難所で、「もう遅いよ」「今さら何しに来たんだ」という言葉を疲れ果てた被災者の方からかけられました。被災した方々にとって一番人手が必要な時に自分が役に立てなかった悔しさが今の活動や研究の原動力になっています。

先にも述べたように、災害はいつ、どこで、誰に起こるかを完全に予測することは、現在の科学では恐らく不可能なものであると言わざるを得ません。つまり、予想できない災害による被害がいつ自分のところに降りかかってくるかわからないのです。災害に一人で立ち向かうと考えると、とても恐ろしく、心細くなります。しかし、地域で、そして、人々が助け合って立ち向かう体制を作ることができていれば、いつ起きるかわからない災害に身を震わせ、不安な日々を送ることもなく、実際に起きたときにも少しは落ち着いて行動でき、被害も抑えることができるのではないかと思います。

どうしたらみんなで助け合える仕組みを作ることができるのか、一緒に考えてみませんか。

参考文献

１）李永俊・渥美公秀監修『東日本大震災からの復興（3）たちあがるのだ―北リアス・岩手県九戸郡野田村のQOLを重視した災害復興研究―』弘前大学出版会、2016年。
２）菅磨志保・山下祐介・渥美公秀編『災害ボランティア論入門』弘文堂、2008年。
３）弘前大学人文学部ボランティアセンター（現弘前大学ボランティアセンター）編『チーム・オール弘前の一年―岩手県野田村の復興支援・交流活動の記録―』弘前大学出版会、2012年。

Lecture 2 「Cure」から「Care」、そして「Yogo（養護）」へ

新谷ますみ

学校の保健室に行ったことがありますか。思い起こしてみると、「すり傷・切り傷」「発熱」「突き指」などの救急処置で行った、または、救急処置では行かなかったけれど、健康診断の身長・体重測定、視力検査、歯科検診で行った等が浮かんでくるのではないでしょうか。保健室で先生に悩みを聞いてもらった経験がある人がいるかもしれません。「保健（室）の先生」「養護の先生」などと呼ばれている先生の正式な職名は「養護教諭」です。女性の先生がほとんどですが、全国、青森県内の学校には男性の養護教諭もいらっしゃいます。弘前大学教育学部には、国立大学の中では珍しい「養護教諭養成課程」があります（東北内では１大学だけです）。1966年に開設された国立弘前大学養護教諭養成所（３年制）において、その後1978年からは教育学部養護教諭養成課程（４年制）において、現在まで53年間にわたり養成教育を行ってきた歴史があります[1)]。1990年からは弘前大学大学院修士課程において「養護教諭専修免許状」が取得できることになり、現在の教職大学院（大学院）に引き継がれています。

このレクチャーエッセイでは、「養護教諭」が救急処置や健康診断という医療的な内容の業務に携わりながらも、なぜ医療職ではなく教育職として存在するのかについての意味を問い、職制変遷の歴史や職務の専門性についても触れながらお話を進めていきます。

あらや　ますみ　　教育学部　准教授
1966 年、岩手県花巻市生まれ (著名人：宮沢賢治・大谷翔平など)
専門分野「養護学」。青森県内小中学校の養護教諭経験の後、平成 29 年度より現職。保健室における子どもと養護教諭の関わりの教育的意義を研究。

養護教諭のはじまり

十数年前のことです。中学校の養護教諭だった私は、勤務していた学校の校舎改修のため、保健室の備品を整理することになりました。赴任してから多忙で手付かずだった保健室の木製戸棚を開けると中にはきちんと箱に仕舞われた何百本のガラス製の「点眼棒」がありました（図１）。「こんなにたくさん使うことがあるのかな……今の健康診断では使用しないけど」と不思議に思いました。「点眼棒」とは、目薬や軟こうを少量点眼したり、まぶたをひっくり返したりするのにも使用する20㎝くらいの細いガラス棒です。透明な部分と青色の部分に分かれています。学校では疾病治療を行わないので、以前は健康診断の眼科検診で使っていたのでしょうか。綺麗なガラスの「点眼棒」を片付けながら、その時ふと、学生時代に習った、大正時代のトラホーム流行の歴史を思い出しました（もしかして、トラホームの治療に使った物が残されていた…？）。

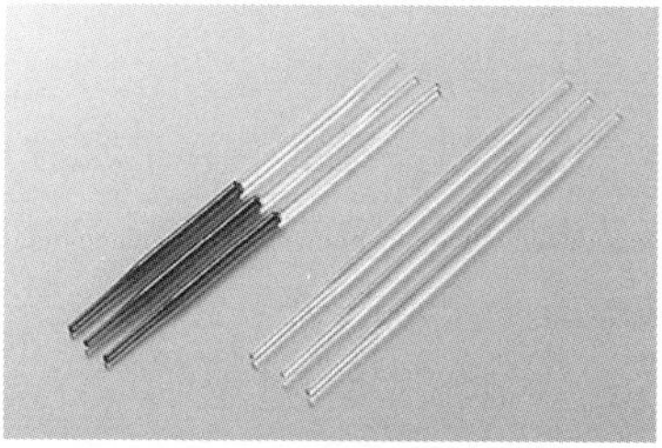

図１　ガラスの「点眼棒」（青色と透明の２色タイプ、透明のタイプ）

1895年、日清戦争終結により帰還した帰還兵がもたらしたとされる眼科疾患「トラホーム（トラコーマ：trachoma）」*は、全国的にまん延しました。この時代、その他にも全国的に赤痢とコレラが大流行し、看護婦（当時は

---

*「トラホーム（トラコーマ :trachoma)」
クラミジアによって起こる感染性角結膜炎で、５～７日の潜伏期を経て発症し、初期には炎症による眼痛、流涙、羞明（しゅうめい）を特徴とする。上眼瞼結膜に形成された濾胞（ろほう）が大きくなり、肉芽が角膜に及んで最終的に失明に至ることもある。テトラサイクリンなどの薬剤有効。高温で乾燥した発展途上国に流行する。現在のわが国ではまれである。(『看護大辞典第６版』医学書院を参考に改編)

「師」ではなく「婦」です）の養成が緊急の課題とされ、県・郡単位で公立又は私立の病院に委託して大量の養成が行われました。養成された看護婦は、病院や派出看護に従事し、伝染病の流行があれば市町村や警察の召集を受けて隔離所に勤務しました。学校の子どもたちにも大流行していた「トラホーム」の治療に携わり、1905年岐阜県において第１号の「学校看護婦」が誕生したとされています[2)]。大正時代は、就学率の向上が進み、児童愛護思想が普及し、子どもの健康障害に対する救済運動が次第に起きてきました。その中で、トラホームの児童に対する対策が第一に取り上げられ、学校に診療所を設置して、洗眼を実施する学校が増加してきたとされています。結核も当時の国民衛生上の重要な課題となっており、児童の結核対策も大きな課題となっていた時代です。

そのような社会状況が背景にあり、「学校看護婦」の配置は全国に広がり、大正から昭和初期にかけてその数は飛躍的に増加したとされています。東北地方では、1913年に山形県、1914年に青森県、1917年に秋田県、1918年に宮城県におかれました。「学校看護婦に関する調査」[3)]によると、1924年には、全国の「学校看護婦」316人中、青森県では10人で青森市の５小学校、弘前市、黒石町（現在の黒石市）の小学校に「学校看護婦」がおかれたとのことです。青森県の配置が早かったことに驚きます。青森県の子ども達の健康・衛生の問題が背景にあることが推測されます。文部省（現在の文部科学省）は、子どものトラホーム対策の強化策としての「学校看護婦」の存在が、現在の「養護教諭」の発端であるとしています。1941年国民学校令により「養護訓導（ようごくんどう）」という教育職になるまで、「学校看護婦」は傷病治療、救急処置、校内巡視、家庭訪問などを行い、子ども達の衛生問題の改善に奔走していたのでしょう。そんな歴史をこのたくさんの「点眼棒」が伝えていたように感じました。

養護教諭の専門的機能の拡大と発展

「学校看護婦」が担ってきた事は、現在も養護教諭が救急処置や学校環境衛生に関わる業務として引き継がれ現在も大事な職務であることに変わりはありません。しかし、「Cure（治療）」からスタートした仕事は、時代を経て、「児童の養護をつかさどる」（学校教育法第37条第12項）教員として規定され、他の関連職種に代行できない独自の専門性を獲得しました。養護教諭

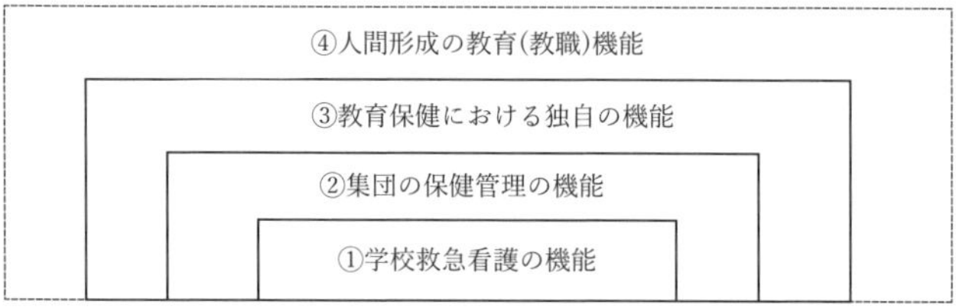

図２　養護教諭の専門的機能の拡大・発展過程（小倉1997、下線部：新谷追記）

の専門職化の過程を機能面から捉え、小倉[4] は、図２のように拡大・発展してきたと述べています。

諸外国には、子どもの健康に関わる専門職種として「School Nurse」がありますが、養護教諭の専門性と全く同じという訳ではありません。日本の「養護教諭」の仕事は、世界に類を見ないといわれています。ですから、日本養護教諭教育学会では、日本の「養護教諭」の英語表記は「School Nurse」とせず、「Yogo teacher」[5] としています。

子どもの人間形成の過程に寄り添う「養護」

平成になり、私は、子ども達が「保健室っていいな、ここに居たい」「なんかここにいるとホッとする……」とつぶやくのをよく聞くようになりました。子どものこのつぶやきをどう捉えますか。この子は何を訴えているのでしょうか（もしかして、あなたもこんな風に思ったことがあるでしょうか）。

初めてこの言葉を子どもに言われた時、保健室のことを褒められたと思った私は、笑顔で「ありがとう」と言いました。しかし、子どもは嬉しそうな顔をしなかったので戸惑ったことを覚えています。子どもの反応を見て、「何か違うことを言いたいのだな」と気づき、「一体何を言いたいのだろう。今、この子はどんな状態なのだろう」と相手の心身に思いを馳せることに専念しました。そして、子どもは保健室の居心地の良さを褒めたのではなく、単に教室

に帰るのが面倒というのでもなく（表面的にはそのような意味の言葉が含まれていますが）、何かの辛さ（SOS）を表現していることに気づいたのです。

子ども達の心の奥底にある、本当の願い（盛[6]は、これを「言葉の裏の真のニーズ」と表現しています）は、何でしょう。何か不安も感じているようです。子どもは「不安は○○です」とか「私の悩みは○○です」などと自分の心を整理し、的確に表現することはとても少ないです。使っている言葉そのものの意味とは異なることを言っていたり、それすらできない場合は身体症状で表出したりします。子ども自身は無意識で、よくわからない状態にある時です。

鯨岡[7]は、子どもは「今このようにある」という〈ある〉の相（phase of being）を大人に受け止めてもらえなければ、元気にまた幸せに生きていくことができない。たとえその「あるがまま」が大人にとって好ましいものではなく、負の様相を呈している場合においてさえそうなのである。そのように受け止めてもらうことによって、子どもは自分が自分らしくあることに自信を抱くことができる。しかし、他方で子供は「いま、ここ」に踏みとどまることができず、不断に「いま、ここ」を踏み越えていく存在でもある。それを未来に向かう〈なる〉の相（phase of becoming）と表現しています。学びが生まれるのはこの〈なる〉の相といえます。

保健室での子供との関わりの中で捉えたことは、子どもたちは、何か周囲からの要請された〈なる〉になれず、今〈ある〉でいることが許されないような、自分はどうあればいいか、どうしていいかわからなくなる不安を抱えることがあるということです。特に思春期の子どもは、自分の在りように強い不安を抱くことが多い。それは子どもが〈なる〉に向かう時、つまり成長（人間形成）の時です。この子の「ここに居たい」という気持ちを十分に感じ取り、置かれている状況を理解すること、これが最も重要な関わりです。これは養護教諭の行っている「養護」であり、子どもの育ちに重要な関わりであることがわかります。鯨岡は、「子どもは今の〈ある〉を、その正負の現れいかんにかかわらず、周囲の大人によって受け止め・認め・支えてもらうことができれば、今のあるがままの自分が肯定されたと感じ、自信が持てるようになる。この自信（自己肯定感と相手を信頼できる気持ち）は、子どもが一個の主体として自己形成していくための基盤となり、子どもが〈なる〉に自ら向かうバネになる」とし、このような対応を養護的対応（treatment of caring）と呼び、近年の大人の育てる営みの中で養護的対応が弱体化していると指摘しています。

このようなつぶやきに対して「ありがとう」ではなく、「ここにいたいなーって思うのね。どうしてそう感じたのかな」と関心を向け（思いを馳せ）、子どもとおしゃべりしました。やがて、少し悲しそうな表情だった子も「じゃ、またね」と落ち着いた表情で教室に帰っていきました。正直言うと、この一瞬、対応者としては寂しいものです。しかし、子どもがこのような大事にしてもらえた「養護」の体験、つまり「人として尊ばれる」体験を受けることにより乗り越え、成長していく姿は大きな喜びであり、同時に「養護」の教育的意味を知る瞬間でもありました。育てる側の者も、「育てる」営みを通して、育てられる側から色々な気づきを得て学び、成長しているといえます。

「Cure」から「Care」、そして養護教諭の「養護」を考える

養護教諭の職制の歴史的変遷の視点で見ると、近年、学校の子供の健康・衛生問題へのアプローチは、「Cure（治療）」から「Care」へと変化したことは明らかです。看護や福祉などの領域では、「Cure」はよく「Care」と対比して使われます。医学が進歩し、長寿社会になった今、「Cure」より「Care」が大切になったということがよくいわれるようになりました。2015年６月保健医療2035策定委員会、保健医療2035提言書では、「Cure 中心から Care 中心」へ、疾病の治癒と生命維持を主目的とする「Cure 中心」の時代から、慢性疾患や一定の支障を抱えても生活の質を維持・向上させ、身体的のみならず精神的・社会的な意味も含めた健康を保つことを目指す「Care 中心」の時代への転換が提言されています。

「Cure」と「Care」の語源は、どちらもラテン語の「Curare」です。「Care」の意味は、①気づかう、心配する、留意する、顧慮する、②（通例、否定構文で）気にする、かまう。例えば I don't care a bit what other people say（世間が何と言おうとかまわない）という風に使われる。③世話をする、めんどうをみる。④好く、愛する、望む。⑤〜したがる、〜したいと思う。つまり、

「Cure」が病気や障害を「治療する、癒す」という意味であるのに対し、「Care」は「愛をもって気づかい、心をこめて世話をする」ということであり、本来その範囲は広いのです[8)]。そして一般的に「Care」は一方的な働きかけと捉えられています。

しかし、アメリカの教育哲学者ノディングス（N. Noddings）は、一方的な働きかけではない「Caring（ケアリング）」という概念を「ケアする人」と「ケアされる人」との関係性の観点に立って解釈しました。「ケアリング」の関係とは、①受容性（相互に、相手をそれ自体として受容）、②専心没頭（専心的な注意を向ける）、③動機の転移（相手の動機に立った思考と行動）、④対象と自分の互恵性（一方的な行為ではなく相互に助け合う関係）、⑤応答性（相互に応答しあう）関係[9)]のことです。この「ケアリング」の概念は、保健室での養護教諭と子供の関係はもちろんのこと、「教える者」「学ぶ者」という教育的関係の在り方に通じていることがわかります。教育的関係をケアリング関係と捉える視点は、人間の「知る」や「学ぶ」が伝統的に、一般的、客観的、抽象的、論理的、記述的な言語で表現されるものとしてみなされてきた価値に対して、新たなパラダイム（認識の枠組み）を提起したと言えます。

養護教諭にとって「学校看護婦」の時代から「Cure」し、「Care」へと変化した中で、様々な気づきや学びがありました。これはとりもなおさず、ケアリングの相互関係にある子どもの側にも気づきや学びを呼び起こしていたに相違ありません。養護教諭と子どもの関わりが相互行為であったが故に、養護教諭自身も医療者と異なる「養護をつかさどる」教育者としての専門性を高めていきました。よく、教える側の先生が「子どもから学んだ」と言うことがありますが、教育職に共通することなのかもしれません。人間本来の「知る」「学ぶ」は対象との相互行為であることは無視できないことです。生田[9)]が、「学び」の新たなパラダイム可能性を「Care」の中に見出し、提言していることはとても興味深いことです。「教える」とは何か、「学ぶ」とは何か——つきつめれば「知識」とは何か、という問いから出発し、従来、非知的なものとして軽視されてきた言語化・記述化されない技能・技術・方法といった、身体にかかわる知識に着目して、教育実践を問い直しています。ここには、人間の「学び」や「育ち」をどう捉え、学校教育における「学び」「育ち」

をどう創っていくのかの重要なヒントが隠されていると私は考えています。

最後までお読みくださりありがとうございました。学校教育、現代の教育課題、人間の「学び」や「育ち」、養護教諭の「養護」について興味を持っていただけたらとても嬉しいです。

参考文献

１）弘前大学教育学部養護学科教室『弘前大学における養護教諭養成の歴史』、1991年。
２）文部省『学校保健百年史』、1973年。
３）文部大臣官房学校衛生課『学校看護婦に関する調査』、1925年。
４）小倉学『改訂　養護教諭―その専門性と機能―』東山書房、1970年、133-152頁。
５）日本養護教諭教育学会『養護教諭の専門領域に関する用語の解説集〈第三版〉』、2019年。
６）大谷尚子・盛昭子他『養護学概論　第４版』東山書房、2004年、69-74頁。
７）佐伯胖・鯨岡峻他「関係論的学び論―関係発達論の立場から―」、渡部真一編『「学び」の認知科学辞典、』大修館書店、2010年、389-402頁。
８）寺山久美子「〈気になるカタカナ〉ケア」、『ノーマライゼーション：障害者の福祉』第16巻３号（176号）、1996年、34頁。
９）佐伯胖・生田久美子他「ケアリングとしての学び」、渡部真一編『「学び」の認知科学辞典』大修館書店、2010年、81-94頁。

Lecture 3　アロマオイルを用いた看護 Care のエビデンスを蓄積し、Cure に繋げる

北島麻衣子

看護とアロマセラピー

看護にアロマ？ と思う方もいらっしゃるかもしれません。実際、地域で暮らす方々にアロマオイルを用いたイベントを行う際、私が看護教員であることをお話しすると、「アロマと看護は関係あるんですか？」と聞かれることがあります。実はアロマセラピーは看護と関わりがあり、産婦人科領域、緩和ケア、認知症ケア等で活用されています。アロマセラピーとは、ギリシャ語で香辛料や香りを意味する aroma と、英語で治療や療法を意味する therapy とを合わせて作られた造語で、フランス語ではアロマテラピーと発音されるため、アロマテラピー・アロマセラピーの二通りの呼び方が使われています。アロマセラピーは、植物によって花、葉、枝など様々な部分から抽出された100％天然の精油《せいゆ》（エッセンシャルオイル）を、原液のまま空気中に芳香させたり、植物油などで薄めて皮膚にマッサージしたりして用いられます。この精油・エッセンシャルオイルがいわゆるアロマオイルと呼ばれるものです。

今回のテーマは「Cure 癒し」ですが、Cure は治癒、療法、医療薬という治療による癒しを意味し、看護師がメインで行うことではありません。看護師が行う内容は Care《ケア》 と呼ばれます。がん患者さんのことを例にすると、医師はがん患者さんに病気の治癒を目的として手術療法や抗がん剤の投与などを行います。それに対して看護師は療養生活を送る患者さんの生活を支えるために、お風呂に入れない状態であれば身体を拭いて清潔にしたり、食欲

きたじま　まいこ　　保健学研究科　助教
1981 年青森県出身。弘前大学教育学部特別教科（看護）教員養成課程卒、同大学院保健学研究科博士課程修了。専門は成人看護学で現在は放射線看護に関する研究に取り組んでいる。

不振があれば食事を工夫することで少しでも食べられるようにしたり、痛みやだるさなどの苦痛があれば少しでも楽になるようにします。このようにして、がんに向き合い療養生活を送る中でのつらさや不安が少しでも楽になるように、からだとこころの両面から療養生活を頑張っている人たちを支える役割を持っている、これが「看護」で大切にしているCare《ケア》なのです。医療・治療などのCureと、人々の療養上の世話を行うCareは分けて考えられがちですが、治療をして病気が治っても痛みが残り日常生活がままならない状態ではつらく、どちらか一方が十分でも快適に暮らすことはできません。CureとCare、この２つをバランスよく、その人の身体的状態や思い、生活に合わせて行うことが医療では大切だと思います。私は、看護師として働いていた頃、あることがきっかけでアロマセラピーに関心を持ち、現在は看護教員として、精油を用いた看護Careに関する研究に加え、精油を用いた地域での活動を行っています。私のこれらの活動が、今回のテーマ「Cure」にどのように繋がるのか、これからお話ししたいと思います。

ある患者様との関わりがきっかけに

私がアロマセラピーを看護ケアに取り入れたいと思ったきっかけは、肝臓がんで入院中の患者さんとの関わりにありました。その方は、がんが悪化し、足がむくみ、身体にだるさが生じて大きな苦痛を感じていました。私は状態や表情を見ながら足をさするなどして関わりましたが、つらい体験をしている患者さんに対して少しでも苦痛を和らげる方法はないのだろうかと悩んでいました。そのような時、街で偶然アロマセラピスト養成のポスターを目にし、アロママッサージであれば、患者さんと時間と空間を共有でき、また触れる・さすることによる安堵に加えて、香りの効果も加わり、その人のつらさをケアすることができるかもしれないと思い、アロマセラピストを目指すことになりました。

アロマセラピーを学び始めた当初は、アロマセラピストの養成講座において精油の香りを嗅ぐことで、気持ちがホッとしたり華やいだり、リラックスできることを体感し、資格取得後すぐに看護ケアに取り入れようと思っていました。しかし、学んでいく中で、アロマセラピーが人の身体や心理面に与える効果は様々あり、どのように利用すればそのような効果が得られるのか、エビデンスが十分に確立していないことを知り、看護師の私が患者さんに使っていいのだろうか、という不安が生まれました。

アロマセラピーは、フランスでは医療として発展し植物療法として用いられていますが、日本では補完代替療法に位置づけられています。補完代替療法とは、通常、がんの治療で用いられている医療（手術や薬物療法、放射線治療など）を補う医療のことで、病気を治す治療そのものに使うものではない療法です。アロマセラピーは「がん補完代替療法ガイドライン」（日本緩和医療学会）では推奨度B（勧められる）、「がんの補完代替療法クリニカル・エビデンス2016年版」（日本緩和医療学会）では一部の疾患でエビデンスの掲載があるとされています。しかし、精油の種類、利用方法等の検討が十分とはいえません。また、医療における利用方法は一施設での活動報告がほとんどであり、地域ごとあるいは全国での利用方法を明らかにした研究はされていません。

そこで、医療におけるアロマセラピーの利用状況を調査し、精油の香りの心理・生体への効果を明らかにするため、私の研究がスタートしました。今回は、私が卒業研究生と一緒に行った研究をいくつかご紹介します。

1．アロマセラピーの実施状況に関する調査

分娩を行っている産科施設、全国のがん診療拠点病院に設置されているがん相談支援センターを対象に、アロマセラピーの実施状況や方法、実施する上での課題などを調査しました。東北地方の産科施設約100施設を対象に行ったアンケート調査では、約30％がアロマセラピーを実施しており、ラベンダー精油が最も多く用いられていました。最も多い対象者は出産後の方であり、不安・緊張の緩和や下肢の浮腫軽減を目的に、マッサージ、芳香浴、冷湿布・温湿布などの形で取り入れられていました。がん相談支援センターを対象とした調査では、リラクセーションを目的としたイベントの１つとして一部の施設でアロマセラピーが行われていることがわかりました。また、アロマセラピーを利用するときの課題として、マンパワー不足、効果の検証

が不十分なことがどちらの調査にも共通して挙がっており、より安全に利用できるようにエビデンスを蓄積する必要があると思われました。

２．がん患者に対するラベンダー精油を用いた足浴《そくよく》の効果

この研究では、がんの薬物療法を行っている患者さんに足を洗う許可をいただき、お湯の中にラベンダー精油を入れた場合と入れない場合を比較して違いを検証しました。実施の際は、主治医の許可を得て、対象となる患者さんにラベンダーの香りが苦手ではないか、その日の体調はどうか、確認しながら行いました。その結果、ラベンダー精油入りの足浴は、疲労感が軽減し、ストレスマーカーとなる唾液中コルチゾールは低下、すなわちストレスが低下しました。血圧や脈拍も測りながら行い、大きな変動なく安全に行うことができましたが、香りが苦手で実施できない方もいらっしゃったので、好みに応じて利用することでリラックスできるケアになると考えられました。

３．青森県産クロモジ精油を用いた足浴の効果

「オオバクロモジ（以下、クロモジ）」という植物を知っていますか？ クロモジは落葉低木で、樹皮を一部残して和菓子を食べる時の爪楊枝や、枝や葉から抽出された精油として利用されています。青森県では、クロモジは森林管理のために間伐される未使用木材であるため、その効果を検証することで、青森県産品の活用・地域活性につながる可能性があります。私は、弘前大学大学院保健学研究科看護学領域の冨澤登志子准教授の研究事業に参画し、クロモジ精油を製造している青森県内の一企業との共同研究で、クロモジ精油によるリラクセーション効果を検証しています。2018年は、女子大学生に対してフットバスにクロモジ精油を入れた場合・入れない場合の２通りの方法を行い、足浴前後で気分に関するアンケートに回答してもらい、心拍変動を測る機器を装着して交感神経、副交感神経の活動を測定しました。その結果、クロモジ精油入りの足浴では、怒りの感情が低下し、副交感神経が優位になる、つまりリラックスした状態になることがわかりました。クロモジ精油は足浴の他、アロマヨガ、クリームなど様々な利用方法があり、今後はそれらについて検証し青森県産品の活用に繋げたいと思っています。

精油を用いて地域に癒しを届ける

これまでの研究、研鑽で得られた知識を用い、適切な用い方でリラクセーションできる機会があればと思い、精油を用いたイベント活動も行っています。今回はそれらの活動のうち、以下の２つをご紹介します。

１．子育て中の母親のためのリフレッシュ講座

この講座は、子育てしているお母様方に対して、リフレッシュする時間をつくることを目的に、精油を使った物作り（ハンドクリーム、エアーフレッシュナー作りなど）をするというものです。地域の子育て支援センターや保育園で行い、スタッフの方々に子どもをみてもらいながら、お母様方は少し子どもと離れて物作りをすることで気分転換ができるようにしています。核家族化や少子化が進み、育児中の母親が孤立しやすい状況の中、お母様方が交流をもつことで子育て仲間を見つける機会にもなればと思っています。この講座の一番の特徴は、弘前大学で母性看護学を担当する高間木静香助教、小児看護学を担当する橋本美亜助手と協働して、子どもの看護や子育てに関する悩み相談も行っていることです。参加者に予防接種や感染症予防などのミニ講話をした後、個別相談の時間を設け、何気ない、ちょっとした疑問を相談できる場になっているのではないかと感じています。地域で精油を用いる場合には、講座が終了したらほとんどの方がすぐ屋外に出るため、肌に塗るクリームに入れる精油は、光毒性（紫外線に当たることで皮膚発赤が生じる）のある成分が含まれない精油を選択する、などの配慮が必要です。また、妊娠中の方が参加する場合もあるので、妊娠中避けたほうがよい精油（通経作用という月経を促す作用の精油など）を使わないこと、作ったものをお子さんの肌につけたいという方には精油の希釈濃度を低くしたりするなどのアドバイスをしています。

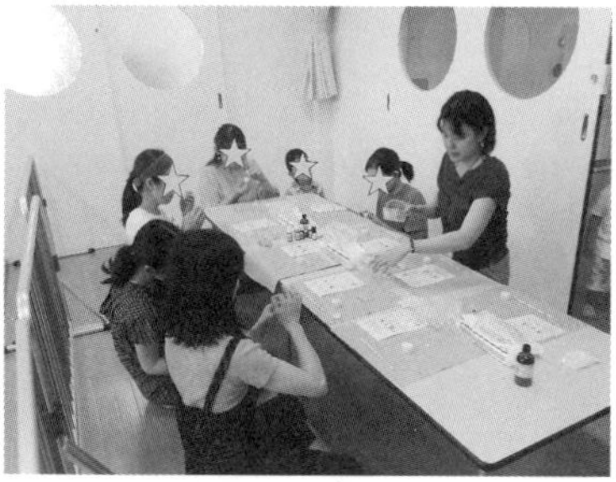

アロマハンドクリーム作りの様子

子育てに関するミニ講話の様子

２．がん相談支援センターにおける精油を使ったイベント

がん相談支援センターとは、全国のがん診療拠点病院に設置されている、がんに関する相談活動を行う場です。電話、メールなど相談活動の形態は各施設で様々ですが、弘前大学医学部附属病院では、がん相談支援室「がんサロン」という部屋を設け、相談室の他に図書、脱毛対策に用いるウィッグ・タオル帽子の展示などをしています。私たちはそのがんサロンで定期的に行われるリラクセーションイベントの１つとして、アロマハンドクリーム・エアーフレッシュナー作りを開催しています。どなたでも参加可能ですが、入院中の場合には医師の許可を得た上で参加していただいています。

2018年は、開催１回あたり４～５名の方が参加し、入院中のリフレッシュになった、楽しかった、癒されたという感想をいただきました。時には、参加者が精油の香りを嗅ぎながらふと、病気や治療に対する思いを打ち明け、それを聴いた別の参加者が自分の経験をもとにアドバイスしたりする、というピアサポートの場になることもありました。また、私たちが相談を受けることもあり、一緒にお話ししたり、他の医療者に繋いだほうが良い内容であれば、がんサロンのスタッフであるがん相談員にサポートをお願いしたりしています。治療のこと、副作用のことなど、何か相談事があっても、病院内の相談室に行くのはハードルが高い、と思う方もいるかもしれません。リラクセーションはもちろん、相談のきっかけ・相談しやすい雰囲気づくりのお手伝いにもなればと願っています。

冒頭でお話しした通り、アロマセラピーは補完代替療法の１つであり、私たちの取り組みは、直接的なCure（治療して癒す）にはなりません。しかし、今回ご紹介したようなアロマセラピーに関する調査・研究によりエビデンスを蓄積することで、安全に看護Careに活かすことができ、そのCareが充実することで患者様がCureに向かうための環境を整えられるのではないかと思っています。

参考文献

１）成田愛「化学療法を受けるがん患者へのアロマ足浴の有効性」、『弘前大学医学部保健学科看護学専攻卒業研究論文集』第８巻、2012年、185-188頁。
２）シャーリー・プライス、レン・プライス著、川口健夫、川口香世子訳『プロフェッショナルのためのアロマセラピー』フレグランスジャーナル社、2003年。

Lecture 4　生命科学研究における解析手法開発のすすめ

藤井　穂高

生き物の秘密を解き明かすには？

筆者の研究室では、生命科学研究を行うための解析手法の開発を、大きな研究の柱の一つとしています。生命機能研究者には、例えば、発癌のメカニズムの研究であるとか、生物の形作りのメカニズムの研究であるとか、免疫系の制御機構の研究であるとか、個別の研究対象を持っている人が多いです。逆に、解析手法の開発を進めている研究者は少ないと思います。本稿では、筆者がどうしてこうした新しい方法の開発を進めているのか、また、解析方法開発の実際についてできるだけ分かりやすく説明していきたいと思います。

生命科学の研究法

生命科学研究では、多種多様な解析方法が使われています。例えば、癌の治療では、研究対象とする癌がどういったタイプの癌なのかを調べる病理診断に始まり、これには古くからの顕微鏡診断や近年発展してきた画像解析技術が用いられます。さらに、発癌を促進する癌遺伝子や癌化を抑制する癌抑制遺伝子に変異が入っているかどうか、そうした遺伝子の数（コピー数と言います）に変化があるかどうか、が調べられます。また、治療法の選択のためのバイオマーカーの検索等が行われます。バイオマーカーは、癌細胞が多くあるいは少なく発現している分子、例えば細胞表面蛋白質等がそれに当

ふじい　ほだか　　医学研究科　教授
94年　東大医卒、98年　同大大学院博士課程修了（医博）、同大医・助手、00年　バーゼル免疫学研究所・研究員、01年　ニューヨーク大医・助教授、09年　阪大微研・准教授を経て、17年より現職。

たります。2018年にノーベル生理学・医学賞を受賞した本庶佑《ほんじょたすく》（以下、敬称略）らが開発した癌の免疫療法では、免疫細胞の機能を阻害する分子であるＰＤ－Ｌ１という分子が癌細胞表面にあるかどうかを調べて、抗ＰＤ－１抗体を使った治療を行うかどうかを決めます。ＰＤ－Ｌ１が癌細胞にたくさん発現していれば、抗ＰＤ－１抗体の効き目が良いことが予想されるのでこの治療を開始しようという決断ができるわけです。

この例では、（１）病理診断に用いられる組織切片等の染色法、（２）画像解析技術、（３）癌遺伝子や癌抑制遺伝子の変異を検出する方法、（４）遺伝子のコピー数検査法、（５）細胞表面蛋白質の発現量を定量する方法等が必要であり、生命科学研究の歴史の中でいろいろな方法が開発されてきました。例えば、変異を検出する方法には、遺伝子の配列を解読する方法が必要で、こうした方法を開発したフレデリック・サンガーとウォルター・ギルバートには1980年のノーベル化学賞が贈られています。

Biology is Method!

見方を変えると、生命科学研究は、こうした重要な解析方法の開発によって推進されてきました。"Biology is Method!" という人もいます。前段でノーベル賞の話をしましたが、重要な生命科学研究の解析方法の開発に対しては、多くの受賞者が出ています。特に化学賞では1980年以降の約40年間に限っても、生命科学研究の解析手法の開発に多くの賞が授与され、2002年の田中耕一らによる質量分析解析技術の開発や、2008年の下村脩《おさむ》による緑色蛍光蛋白質（Green Fluorescent Protein：ＧＦＰ）の発見とイメージング等への応用は記憶に新しいところです。また、生理学・医学賞では、新しい診断法や治療法の開発にも多くの賞が授与されています。前述の本庶は免疫チェックポイント作動薬という新しい癌の治療法の開発ですし、2012年に生理学・医学賞を受賞した山中伸弥の induced pluripotent stem（ｉＰＳ）細胞作製技術の開発もこの範疇に入れていいと思います。こうして見ると、ノーベル賞を取るための「手っ取り早い」方法は、新しい方法の開発と言えるかもしれません。

どうすれば新しい方法が開発できるのか？

それでは、どうすれば、新しい解析方法が開発できるでしょうか？ これまでの生命科学研究の歴史を見てみると、いくつかのパターンがあることに気付きます。順を追って見てみましょう。

１．生物が持っている機能を利用する

まず最初は、生物が持っている機能を利用するパターンです。例えば、制限酵素という酵素は、特定の配列を持っているＤＮＡを切断する酵素です（図１Ａ)。制限酵素は、元々細菌に由来する酵素です。細菌は、ウイルス（バクテリオファージ等と呼ばれます）が内部に侵入してきたときに、ウイルスＤＮＡを切断して、自らを守るという仕組みを持っています。この仕組みを担っているのが制限酵素です。制限酵素は、組換えＤＮＡ技術の実施に欠かせず、制限酵素を発見したダニエル・ネーサンズ、ハミルトン・スミス、ヴェルナー・アーバーは1978年のノーベル生理学・医学賞を受賞しました。

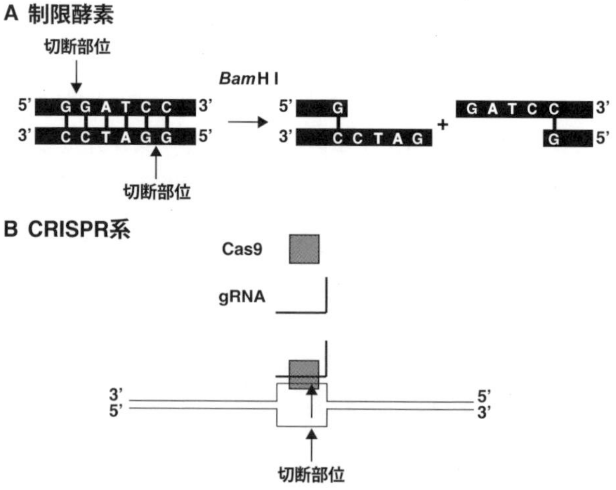

図１　配列特異的ＤＮＡ切断酵素

最近、注目を浴びている技術に「ゲノム編集」があります。ゲノム編集が飛躍的に発展したのは、clustered regularly interspaced short palindromic repeat（ＣＲＩＳＰＲ）／Ｃａｓ系が利用可能になったからです（図１Ｂ）。ＣＲＩＳＰＲ／Ｃａｓ系も、細菌や古細菌が持っている免疫システムの一つですが、先の制限酵素は特定のＤＮＡ配列だけを切断するのに対して、ＣＲＩＳＰＲ／Ｃａｓ系は、侵入してきたウイルスが持つ配列をゲノム中に取り込んで、次に同じウイルスが侵入してきたときにそのウイルスゲノムを切断するという「獲得免疫」である点が大きな違いです。このシステムを、ゲノム配列を自由自在に改変することに利用するのがゲノム編集技術です。ゲノム編集自体は、他の系を用いて行われていたのですが、ＣＲＩＳＰＲ／Ｃａｓ系は、標的ＤＮＡ配列の特異性をガイドＲＮＡ（ｇＲＮＡ）というＲＮＡが担う点が特徴です。ｇＲＮＡと相補鎖形成するＤＮＡが切断されることから、ｇＲＮＡを変えるだけで別の標的ＤＮＡを編集できるという手軽さがあり、爆発的に広まりました。ＣＲＩＳＰＲ／Ｃａｓ系のゲノム編集への応用は、ノーベル賞受賞が確実と言われています。ちなみに、ＣＲＩＳＰＲ／Ｃａｓ系が取り込んだウイルス由来のＤＮＡが連なる細菌ゲノム中の奇妙な配列を発見したのは、筆者の前任地である大阪大学・微生物病研究所にいた石野良純らでした。

別の例としては、前述のＧＦＰは、元々はオワンクラゲの発光のメカニズムを調べていた下村脩が発見しましたが、その後、マーティン・チャルフィーがこの遺伝子を解析対象細胞に導入するという発想を得て、現在では解析対象細胞の追跡や、遺伝子発現のモニタリング等、レポーター分子として広く利用されています。

２．必要は発明の母

次は、何らかの必要性に迫られて、それを解決する方法を開発する場合です。前述のＤＮＡ配列の決定法の開発はこれに属すると言えるでしょう。

山中伸弥によるｉＰＳ細胞の作製は、この部類に属するたいへん興味深い例です。ある細胞系列から他の細胞系列への転換をトランス分化（trans differentiation）と言い、古くは線維芽細胞にＭｙｏＤという転写因子を導入することで筋細胞に転換したハロルド・ワイントラウブの実験がありました。同様の発想で、分化した細胞に転写因子を導入して未分化な多能性幹細胞を作ろうという試みは、恐らく多くの人が試したと思いますが、うまく行かなかったのだろうと推測します。その理由として、幹細胞中では多くの転写因子が機能しており、恐らくそれら全てを発現させ、分化した細胞で働いているが幹細胞では働いていない転写因子の機能を阻害すればトランス分化を誘導することも可能だという発想に容易に至ります。しかし、いくつの転写因子を導入すれば脱分化を誘導できるのかは分からず、仮に100個入れなければならないとすると、実現させることは難しそうです。山中らは、胎児性幹細胞で発現している転写因子を詳細に解析し、重要そうな14個までに絞った後、初めは一つ一つを線維芽細胞に導入して脱分化を見ていましたが、うまくいきませんでした。そこで、担当した大学院生が、「こうなりゃ、ヤケクソだ」ということで、14個全部を導入したところ、ｉＰＳ細胞が作製できた、と山中先生が話されていました。一般に、遺伝子導入実験では、数個以上の遺伝子を同時に導入することは難しいとされているので、普通の研究者であればこのようなことはやらないのですが、「やったらできちゃった！」ということです。そうした意味でも非常に興味深い事例です。

３．インスピレーション

最後は、インスピレーションを得て、思いもかけない方法を編み出すパターンで、例えば、特定の核酸配列を増幅する方法である polymerase chain reaction（ＰＣＲ）法がそれに当たります（図２）。ＰＣＲの原理は単純で、ひと組のプライマーと呼ばれる短いＤＮＡを、熱変性により一本鎖にした増幅させたいＤＮＡ（「鋳型」と呼びます）に結合させます。プライマーは、ＤＮＡの性質上、それと相補的な配列を持つ鋳型に結合します。反応溶液中にＤＮＡポリメラーゼという酵素が存在すると、プライマーの３＇端に鋳型ＤＮＡの配列に相補的なヌクレオチドを付加します。その後、再び熱変性により反応産物を一本鎖にし、これに再びプライマーを結合させてＤＮＡの伸長反応を起こさせると、結果的にプライマー配列で挟まれたＤＮＡが合成されます。この反応を繰り返すことにより、プライマーで挟まれたＤＮＡが指数関数的に増幅していき、サンプル中にほんの僅かしか含まれていないＤＮＡも容易に検出できるようになります。この方法は、革命的で、現在、実験室で最も良く使われる方法であることに加え、法医学分野、病原体の検出、遺伝子診断等、ありとあらゆる分野で利用されており、開発者のキャリー・マリスは1993年にノーベル化学賞を受賞しました。

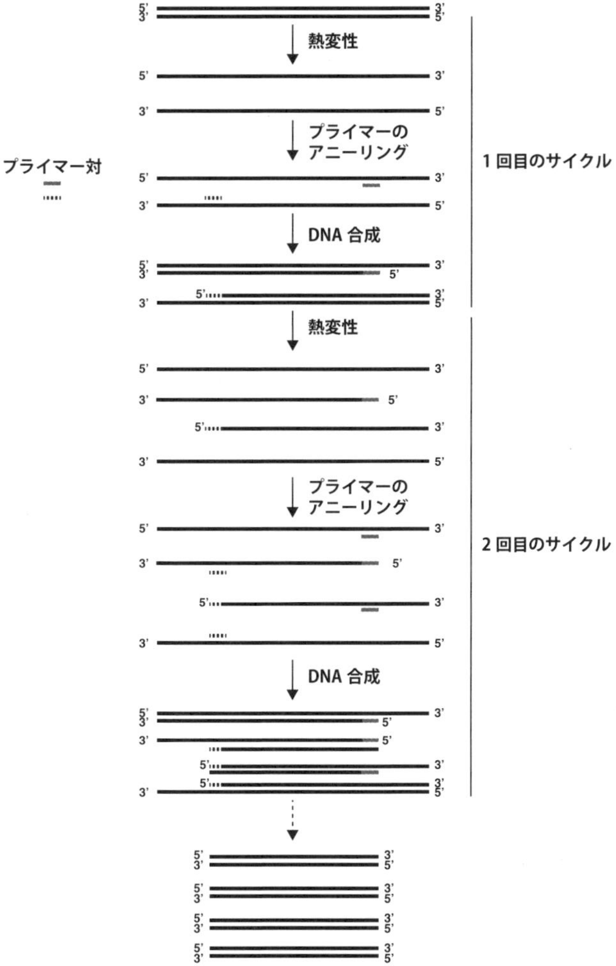

このサイクルを繰り返すことで、プライマー対で挟まれた二本鎖 DNA が指数関数的に増加する

図２　ＰＣＲ法による解析対象ＤＮＡ配列の増幅

筆者が開発してきた解析方法

それでは、最後に、筆者がこれまでに開発してきた生命科学研究の解析方法について述べます。

1. 誘導性核移行トラップ（ＩＴＴ）法

筆者は、大学院や東大の助手時代には、サイトカインと呼ばれる細胞外の情報伝達分子が、細胞膜表面上の受容体に結合した時、どのようにしてシグナルが細胞の中に伝わるのか、という細胞内情報伝達機構の研究をしていました。細胞内情報伝達では、シグナルに応じて細胞質から核内に移行する分

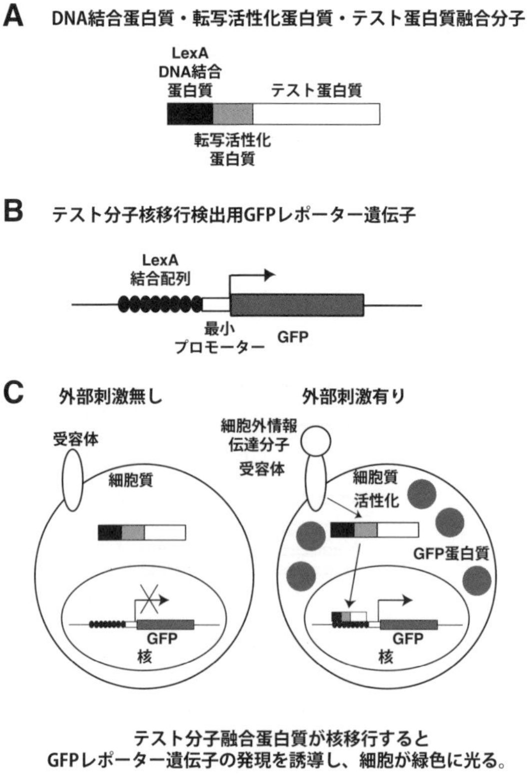

図３　誘導性核移行トラップ（ＩＴＴ）法

子が重要な役割を果たしていることが多いことから、こうした分子を検出・同定するための方法として、研究者として独立後に開発したのが誘導性核移行トラップ（inducible translocation trap（ＩＴＴ））法です。ＩＴＴ法は、上でも出てきたＧＦＰ等のレポーター遺伝子の発現により、解析対象の蛋白質が核内に移動したかどうかを検出します（図３）。

この方法を用いて、いろいろな刺激に応じて核内に移行する分子を同定しましたが、中でも興味深いのがピルビン酸キナーゼＭ２（ＰＫＭ２）です。ＰＫＭ２は、細胞内のエネルギー産生に関わる解糖系の酵素ですが、我々の研究が端緒となってこうした代謝経路の酵素がダイナミックに核と細胞質を行き来することが明らかになってきており、癌化との関わりも分かってきたことで、近年大きな注目を集めています。

２．遺伝子座特異的クロマチン免疫沈降法（遺伝子座特異的ＣｈＩＰ法）

上に述べたように、筆者は当初、細胞内シグナル伝達の研究をしていたのですが、達観すれば、シグナル分子間の物理的な結合や酵素反応による修飾等が誘導する機能制御であって古典的な代謝経路マップのように分子間の相互作用や変化の過程が張り巡らされた複雑な経路図に収斂し、新しい制御機構が見つかっても、所詮経路が数本増えるだけに過ぎず、新しい原理が見出される可能性が低いのではないかと思い、よりミステリアスな核内でのゲノムＤＮＡが関与する生命機能の解析へと分野を変えました。ゲノムＤＮＡが関与する生命機能には、遺伝子ＤＮＡから蛋白質をコードするＲＮＡ（メッセンジャーＲＮＡ）を合成する「転写」や、染色体やヒト等の真核生物で染色体に結合しているヒストン蛋白質等の修飾により遺伝子発現の調節を行なっている「エピジェネティック制御」等があります。

こうしたゲノム機能の発現がどのように調節されているのかを明らかにするためには、解析対象としているゲノムＤＮＡにどのような分子が結合しているのか、を知る必要があります。そのような分子には、転写因子と呼ばれるＤＮＡ結合蛋白質や、近年その機能が少しずつ分かってきた蛋白質をコードしないＲＮＡ（ノンコーディングＲＮＡ：ｎｃＲＮＡと呼ばれる）、あるいは遺伝子のプロモーターの機能を調節しているゲノム領域といったものが挙げられます。しかし、従来、特定のゲノム領域に結合する分子を同定するための方法は、あまりいいものが無く、例えば、試験管の中で解析対象ＤＮＡと核抽出液を混合して、ＤＮＡに結合してきたものを同定する方法のような非常に人工的で生理的な条件を反映しない方法しかありませんでした。筆者たちのグループは、より生理的な条件下で解析対象ゲノム領域に結合している分子を同定するために、特定のゲノム領域を生化学的に単離する方法を開発し、それを遺伝子座特異的クロマチン免疫沈降法（遺伝子座特異的ＣｈＩＰ法）と名付けました。図４にその概念図を示します。

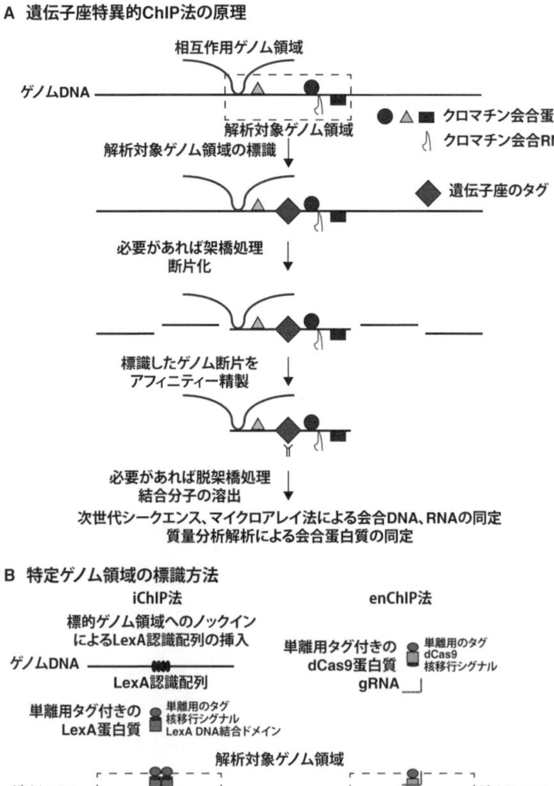

図４　遺伝子座特異的ＣｈＩＰ法（巻頭カラー）

まず、単離したいゲノム領域を適当な方法でタグ付けします。2009年に開発した insertional ChIP（ｉＣｈＩＰ）法では、細菌のＤＮＡ結合蛋白質であるＬｅｘＡ蛋白質の認識配列（ＬｅｘＡが結合する配列）を単離したいゲノム領域に挿入（そのため挿入的：insertional と呼ぶ）し、生化学的な単離（アフィニティー精製と呼ぶ）をするために必要なタグを付加したＬｅｘＡを細胞内に発現させると、単離したいゲノム領域がタグ付けされます。2013年に開発した engineered DNA-binding molecule-mediated ChIP（ｅｎＣｈＩＰ）法では、上に述べたゲノム編集技術にも使われているＣＲＩＳＰＲ／Ｃａｓ系等の配列特異的ＤＮＡ結合分子を用いて、単離したゲノム領域をタグ付けします。ｅｎＣｈＩＰ法では、ＬｅｘＡ蛋白質等の認識配列を挿入する必要がなく、実験系の構築の労力が大幅に低減されました。特に、ＣＲＩＳＰＲ／Ｃａｓ系を利用すると、非常に簡単に解析対象ゲノム領域がタグ付けできるため、今後の利用が飛躍的に進むことを期待しています。

この技術を利用することで、転写やエピジェネティック制御等のゲノム機能の発現調節機構の解明が加速されることを期待しています。それは、生命科学分野の基礎的な知見の獲得のみならず、創薬等の分野にも大きな影響を与える可能性があります。実際、筆者らはこの技術等に関する特許を基にして、創薬・創薬支援等を行う企業体として株式会社 Epigeneron を設立し、難治疾患の新しい創薬標的の同定等を行なっています。

３．Oligoribonucleotide interference - PCR（ＯＲＮｉ - ＰＣＲ）法

上に述べたようにＰＣＲ法は、現在の生命科学研究に必須の技術となっていますが、筆者らは短いＲＮＡ（oligoribonucleotide：ＯＲＮ）を利用して、その配列と相補的な鋳型のＰＣＲ増幅を阻害することによって、遺伝子変異等を高感度かつ特異的に検出する方法を開発し、これをＯＲＮｉ - ＰＣＲ法と名付けました（図５）。ＰＣＲ法が開発されたのは、1980年代後半なので、既に30年以上が経っていますが、未だにその派生技術が開発できたことに筆者らも少々驚いています。この方法は、今後、遺伝子変異を持つ癌細胞等の病的細胞の検出やゲノム編集細胞の特定等、様々な場面で利用されていって欲しいと考えています。

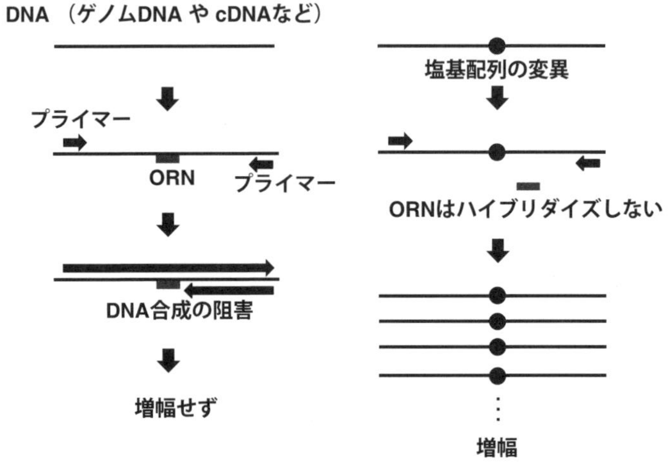

ORNi-PCRおよびそれを利用した塩基配列変異検出の模式図

図5　ＯＲＮｉ－ＰＣＲ法

技術の産業化

一般に、方法の開発は、知財化の可能性が高いので、それを基盤としたライセンスの導出や起業等の産学連携活動に繋がる可能性を広げます。

ライセンスフィーは、医薬品の開発に繋がった場合、莫大な額に達します。起業後に上場した場合には、多額の上場益を手にすることも可能です。近年、国の科学研究活動支援は、運営交付金の毎年の減額や、近視眼的な誤った分配政策等により危機に晒されていますが、自ら開発した技術の産業化によって研究費を稼ぐことができ、これらを基礎研究に回すことで、日本の科学の衰退を妨げる一手となることを期待しています。

謝辞

原稿を読んでフィードバックをしてくれた弘前大学医学部医学科学生の今西祥子さんと白戸碧さんに感謝します。

おすすめの本

・ロイストン・M・ロバーツ著、安藤喬志訳『セレンディピティー―思いがけない発見・発明のドラマ―』化学同人、1993年。
・高松秀機『研究開発物語　創造は天才だけのものか―模倣は創造への第一歩―』化学同人、1992年。
・立花隆、利根川進『精神と物質―分子生物学はどこまで生命の謎を解けるか―』文藝春秋、1993年。
　これらは筆者が主に学生時代に読んでおもしろいと思ったものなのでいささか古いのですが、最近もこうした内容の本はたくさん出ているので、書店や図書館で適宜手に取ってみるといいと思います。

図の説明

図１　配列特異的ＤＮＡ切断酵素

（Ａ）制限酵素。制限酵素は、主に細菌由来で、ＤＮＡの特定の配列を認識して切断する酵素である。（Ｂ）ＣＲＩＳＰＲ系。ＣＲＩＳＰＲ系は、細菌や古細菌由来の獲得免疫系である。ｇＲＮＡと相補的な配列を切断する活性を持つ。ｇＲＮＡの配列を変えるだけで、柔軟に幅広い配列の二本鎖ＤＮＡを切断することができ、ゲノム編集に使われる。

図２　ＰＣＲ法による解析対象ＤＮＡ配列の増幅

ＰＣＲ法は通常、（１）熱変性、（２）プライマーのアニーリング、（３）ＤＮＡポリメラーゼによるＤＮＡ合成の３つのステップから構成される。このサイクルを繰り返すと、最終的に、図の下方にあるプライマー対で挟まれる二本鎖ＤＮＡが指数関数的に増加し、適当な方法により検出できるようになる。

図３　誘導性核移行トラップ（ＩＴＴ）法

（Ａ）ＬｅｘＡ　ＤＮＡ結合蛋白質、転写活性化蛋白質、解析対象テスト蛋白質から構成される融合蛋白質の模式図。（Ｂ）テスト分子核移行検出用のＧＦＰレポーター遺伝子の模式図。（Ｃ）上記（Ａ）の融合蛋白質を（Ｂ）をゲノム中に挿入した細胞株に発現させる。外部刺激が無い状態で、テスト蛋白質が細胞質等の核外にあれば、レポーター遺伝子の転写調節部位に結合することができないため、ＧＦＰレポーター遺伝子は発現しない（左パネル）。外部刺激によりテスト蛋白質が核移行すると、融合蛋白質のＤＮＡ結合活性によって、融合蛋白質がＧＦＰレポーター遺伝子の転写調節領域に結合する。次いで、転写活性化蛋白質によりレポーター遺伝子の転写が活性化され、ＧＦＰ蛋白質が発現する（右パネル）。すなわち、細胞が緑に光れば、テスト蛋白質が核内に存在することが示唆される。

図４　遺伝子座特異的ＣｈＩＰ法（口絵　カラー参照）

（Ａ）遺伝子座特異的ＣｈＩＰ法の原理。単離したいゲノム領域を適当な方法で標識し、必要があれば架橋処理等を行なって分子間の結合を安定化させた後、超音波処理等により断片化する。その後、標識分子が持つ精製用のタグ（抗体等が認識するもの）に結合する分子を用いて、そのゲノム領域のみを精製する。架橋処理を行なった場合には、脱架橋処理を行なった後、そのゲノム領域に結合している蛋白質は質量分析法等、ＲＮＡや他のゲノム領域（ＤＮＡ）は次世代シークエンス法等で解析し、どのような分子であるかを決定する。（Ｂ）ゲノム領域の標識の方法。ｉＣｈＩＰ法では、単離したいゲノム領域にＬｅｘＡ等の外来性ＤＮＡ結合分子の認識配列を挿入し、その外来性ＤＮＡ結合分子を利用して標識する。ｅｎＣｈＩＰ法では、ＣＲＩＳＰＲ複合体等の人工ＤＮＡ結合分子を利用する。野生型のＣＲＩＳＰＲ複合体は、ゲノムＤＮＡを切断する活性を持っているため、その活性を失っているがＤＮＡへの結合能を保持している変異体を利用する。図では、細胞内に標識分子を発現させる「細胞内」遺伝子座特異的ＣｈＩＰ法を示しているが、組み換え蛋白質等の形で作製した外来性ＤＮＡ結合分子を利用して、試験管内で標識する「試験管内」遺伝子座特異的ＣｈＩＰ法も実用化している。（生体の科学　Vol.68,No.3,pp.189-pp.193（2017）より転載）

図５　ＯＲＮｉ－ＰＣＲ法

ＰＣＲのプライマー・セットが複数の鋳型ＤＮＡに結合する場合、それらが増幅されるが、往往にして、そのうちのどれかの鋳型ＤＮＡの増幅を阻害したい場合がある。反応液中に、阻害したい鋳型ＤＮＡには完全に相補するが、それ以外の鋳型ＤＮＡにはせいぜい一部しか相補しない配列を持つ短いＲＮＡ（オリゴリボヌクレオチド）を入れておくと、完全に相補的な鋳型ＤＮＡの増幅が阻害される。これがＯＲＮｉ－ＰＣＲ法の原理であり、例えば（Ａ）細菌叢解析での優占種由来のＤＮＡ配列の増幅阻害や、（Ｂ）遺伝子変異の検出等に用いられる。（Scientific Reports vol.8,No.1,17195（2018）より転載）

Lecture 5　雪と無限とフラクタル

江居　宏美

雪と無限

みなさんは「無限」をどんな時に感じたことがありますか。以前、雪国出身の方から、子どものころ、しんしんと降る雪を眺めて初めて無限というものを体感したという話を聞きました。弘前に移り住んでみると、その言葉の意味がよくわかりました。仕事の合間のひと休みに空を見上げて、次から次へと雪が舞い降りてくるのを見たとき、今見えているその向こうでも、そのまた向うでも雪が降っていることを想像します。そうすると無限の世界に引き込まれていき、なぜか疲れが癒されるのです。私自身は子どものころ、平行に立てられた鏡の間に物を置き、鏡に映った像が小さくなりながらずっと続いているのを見たとき、無限を感じました。そして、同じものが限りなく繰り返される現象は、一体何だろうと疑問に思いました。ここではみなさんと一緒に、この疑問について考えていこうと思います。

無限と極限

「無限」と聞くと極限を思い出す人もいるでしょう。高校の教科書をみると、数列の極限については次のように説明されています。

えい　ひろみ　　理工学研究科　准教授
フラクタルと準周期的なタイル張りをテーマにした研究に従事。
著者からのメッセージ「エッセイでは雪をテーマにしましたが、出身は広島県尾道市であまり雪が降らない地方です。だからこそ神秘的な雪に引き寄せられるのかもしれません。」

【数列の極限の定義（高校)】数列$\{a_n\}$において、nを限りなく大きくすると、a_nの値が一定の値αに限りなく近づくとき、数列$\{a_n\}$はαに収束する、または、数列$\{a_n\}$の極限値はαであるという。このことを記号で、$\lim_{n\to\infty} a_n = \alpha$と表す。

この文章は、極限という概念の内容・意味を定めています。このような記述を「定義《ていぎ》」といいます。例えば、$a_n = \frac{1}{n}$のとき、$a_{10} = 0.1$、$a_{100} = 0.01$、$a_{1000} = 0.001$、……。こういう観察より、nを限りなく大きくするとa_nの値は0に限りなく近づくので、定義より、$\lim_{n\to\infty} a_n = 0$となります。

さて、これから先、みなさんを数学の独特の世界にお招きしましょう。お散歩するような気分でこの世界を歩いてください。ここでは、数列の極限について、次のように定義しなおします。

【数列の極限の定義】任意の正の数ε（イプシロン）に対して適当な番号Nを選ぶと、$n > N$のすべてのnに対して$|a_n - \alpha| < \varepsilon$となるとき、数列$\{a_n\}$は$\alpha$に収束するといい、記号で$\lim_{n\to\infty} a_n = \alpha$と表す。

ここで、“任意の”とは、“心のままに選んだ”という意味です。この定義に従って数列の極限について議論することを、ε-δ論法（あるいは、ε-N論法）といいます。高校の定義は直感的で分かりやすいのに、この定義ではなぜ、わざわざ分かりにくい説明をするのかと思いましたか？ 再度、$a_n = \frac{1}{n}$で表される数列$\{a_n\}$を考えましょう。これは減少する数列なので、$\varepsilon = 0.1$のときは$N = 10$、$\varepsilon = 0.001$のときは$N = 1000$を選べば、$n > N$ のすべてのnに対して$|a_n - 0| < \varepsilon$が成り立つことが分かります。一般には、正の数εに対して$\frac{1}{\varepsilon} < N$を満たすように番号$N$を選ぶと、$n > N$のとき、

$$|a_n - 0| = \left|\frac{1}{n}\right| < \frac{1}{N} < \varepsilon$$

よって、高校の定義を用いた時と同様に、$\lim_{n\to\infty} a_n = 0$ となります。

もう一度高校の定義を見直すと、「nを限りなく大きくする」とか、「αに限りなく近づく」といったあいまいな表現があります。一方この世界の定義

では、“a_nと極限値αの近さ”をεで表し、極限値に近い値をとるには“どれだけnを大きくすればよいのか”をNで表すことにより、厳密な議論が可能になっていくのです。このように、あいまいさを含まない数学の世界のお散歩は、癒し効果あり？

極限と雪

前節では数列の極限について考えましたが、今度は図形の列の極限について考えましょう。図１(a)を見てください。平面上の長さ1の線分をC_1とします。次に、C_1を３等分し、中央の線分を、それを底辺とした正三角形の残りの２辺に置き換えた図をC_2とします。これは地面から三角の“芽”が出たような図ですね。次に、C_2上の長さ$\frac{1}{3}$の線分4本それぞれから、先ほどと同様に三角の芽が出た図をC_3とします。一般に、nをある自然数としたとき、C_n上の各線分から三角の芽がでた図をC_{n+1}とします。まず、C_1があり、C_nからC_{n+1}の図を描く手順が与えられているので、数学的帰納法より平面図形（ここでは折れ線）の列$\{C_n\}$ができます。図１(a)を見ると、C_1という“種”がC_2, C_3と成長していきながら“ある図形”に近づいているように見えませんか？　そこで、この平面図形の列$\{C_n\}$の“極限”とでもいうべき図形をCとします。この図形Cは1904年にコッホ（Helge von Koch）により発表され、コッホ曲線と呼ばれています。

さて、前節の厳密な極限の話の後だと、コッホ曲線Cについては直感的で厳密さに欠ける説明だと感じるかもしれません。もちろん、図形の列の“極限”を厳密に定義する必要があります。ここでは、その定義は省略して、図形の列$\{C_n\}$の極限Cの存在を認めて、この図形の性質を調べましょう。ここで問題です。

問題：曲線Cの両端点の一方の点をスタート地点とし、もう一方の点を目指してこの曲線に沿って一定の速度で歩く亀がいます。この亀はゴールインできるでしょうか？

亀はスタート地点に立った時、「ゴール地点がすぐそこに見えるから楽勝だ。でも、道が複雑に入りくんでいることが気になるな」と思うもしれません。では、曲線Cの長さを考えてみましょう。C_1の長さは1、C_2は長さ$\frac{1}{3}$の線分4本からなるので全体の長さは$\frac{1}{3} \times 4 = \frac{4}{3}$、$C_3$は長さ$\left(\frac{1}{3}\right)^2$の線分$4^2$本からなるので全体の長さは$\left(\frac{4}{3}\right)^2$です。このように考えていくと、$C_n$の全体の長さは$\left(\frac{4}{3}\right)^n$となり、$\lim_{n\to\infty}\left(\frac{4}{3}\right)^n = \infty$なので、曲線$C$は無限の長さをもつことが分かります。つまり、亀は永遠にゴールにたどり着くことができません。このようなことは、普通の道を歩く亀にとって（我々人間にとっても！）ありえないことです。

さて、この亀、次なる挑戦を思いつきました。

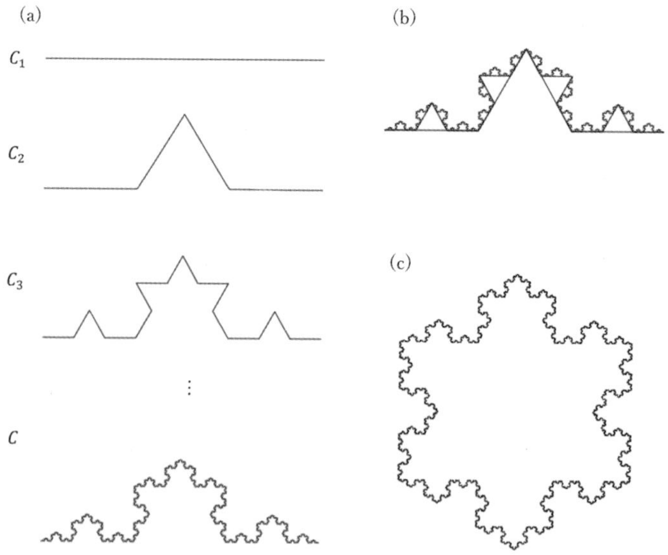

図１　(a) 図形の列 C_n とコッホ曲線 C 、(b) コッホ曲線の自己相似性、(c) コッホの雪片

問題：亀は、曲線C上のすぐ近くに見える異なる２点を選び、一方の点をスタート地点とし、もう一方の点を目指してこの曲線に沿って一定の速度で歩くことにしました。今度はゴールインできるでしょうか？

この問題を考えるために、図C_1が曲線Cの“種”であることを思い出しましょう。C_2は長さ$\frac{1}{3}$の線分4本、つまり、種であるC_1を$\frac{1}{3}$倍に縮小した4つの図からなり、それぞれの種が成長していくと曲線Cになります。よって、曲線Cは、C_2の4本の各線分をC自身の$\frac{1}{3}$倍の縮小図に置き換えた図になります(図１(b))。同じように考えると、曲線CはC_3の4^2本の各線分を、Cの$\left(\frac{1}{3}\right)^2$倍の縮小図に置き換えた図になります。このように考えていくと、曲線C上のどんな点をとってもその近いところに、曲線Cの縮小図が含まれていることが分かります。曲線Cの長さは無限大なので、たとえ小さい倍率で縮小したとしても、その縮小図の長さも無限大になります。かくして、またもや亀の挑戦は失敗に終わったのでした。

最後に、長さ1の正三角形の各辺を曲線Cに置き換えた図（図１(c)）を紹介します。この図はコッホの雪片と呼ばれています。雪といえば六角形ですが、図をよく見ると、六角形と関係していることが分かります。亀もこの美しい図を見て、心が癒されるといいのですが……。

フラクタル

前節でみたコッホ曲線のような図形は、発見された当初、幾何学の世界に大きな衝撃を与え、「怪物」とまで言われました。その理由の一つは、我々にとってなじみのある滑らかな曲線は、限られた範囲で長さが無限になることはないからです。コッホ曲線のような図形は、フラクタル（Fractal）と呼ばれています。フラクタルは、1975年にマンデルブロ（Benoît B. Mandelbrot）によって作られた造語で、図１(b)のように、その図形の一部分を拡大すると全体と同じような形になり（これを自己相似性といいます）、形は複雑だけど、単純な操作を繰り返すことにより得られる図形です。フラクタルは雲や樹木、海岸線、地表の凹凸といった自然の形状を表現するのに適していて、物理学や経済学、また、CGで美しい図形を描けることから美術など、様々な分野に応用されています。

ところで、最初にお話しした、平行に置いた鏡の中に現れる世界は、まさにフラクタルだったのです。

無限に続く階段とフラクタル

ここからは、私の研究の話をしたいと思います。まずは、次の問題を考えましょう。

> 問題:傾きが黄金比 $g = \frac{1+\sqrt{5}}{2}$ の逆数 g^{-1} である坂に沿って階段を作ります。ここで、階段の高さ（蹴上）を1、奥行き（踏面）を１か2とした時（例えば、1は10cm、2は20cm と考えます)、どのような規則で階段を作れば良いでしょうか？

もしかしたら「階段ではなく、コンクリートで滑らかな傾斜の坂を作れば良いではないか」と思うかもしれません。でも、コンクリートだって拡大してみれば、滑らかではありません。ミクロに見れば凸凹道です。滑らか（連続的）なものをとびとび（離散的）のもので近似するというのは、実際にとても大事なことなのです。問題に戻りましょう。まず、0を01、1を0に置き換える規則を使って（これを置換規則と呼ぶことにします)、0と1の列を作ります。0は置換規則に従って01になり、この01に対してまた置換規則を使うと、01 0になります。同様にすると、

$$0 \to 01 \to 010 \to 01001 \to 01001010 \to \cdots\cdots$$

となります。ここでポイントは、ひとつ前の列、例えば010に対し置換規則を使って得た列01001は、ひとつ前の列を先頭に含んでいることです。このことから、この手順を無限に続けると、右側に無限に続く0と1の列0100101001001……を得ます。この無限に続く0と1の列を ω と書きましょう。無限の列 ω の中では、0は3回以上、1は2回以上続かないことに注意します。次に、座標平面上の原点からスタートして、無限の列 ω を最初から順に

見ながら、0がでたらx軸方向、1がでたらy軸方向に、それぞれの正の向きに長さ1だけ進みます。すると座標平面上に階段状の折れ線ができます（図2(a))。

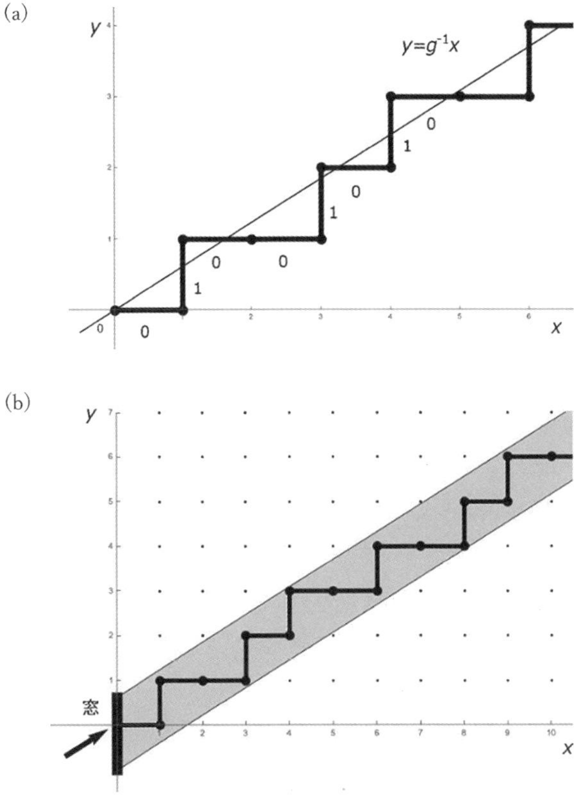

図2　(a) 無限の列ωから作られる階段、(b) 窓から見える階段

これが、求める階段になることを見ましょう。無限の列ωは、$F_1 = 1$、$F_2 = 1$、$F_{n+2} = F_{n+1} + F_n$により定められる数列$\{F_n\}$（これはフィボナッチ数列と呼ばれます）と関係があります。0から始めて置換規則をn回使ってできる0と1の列に現れる0はF_{n+1}個、1はF_n個になります。実際に、0から始めて置換規則を4回使って得た列01001010の中には、0がF_5個、1がF_4個現れています。よって、01001010までの情報によって作られる折れ線（階段）は、傾き$\frac{F_4}{F_5}$の直線に沿っていることになります。無限に続く列ωから作られる折れ線が、求める階段であることを示すには、$\lim_{n\to\infty}\frac{F_n}{F_{n+1}}=g^{-1}$を示せば良いことになりますが、これは、数列$\{F_n\}$の一般項が分かれば求められるので、練習問題とします。さて、階段はできたわけですが、もう一つ、同じ階段を作る別の方法があります。この階段は坂に沿っているという性質に着目するのです。平面座標上の2点(0, -1)と(0, g^{-1})を結ぶ線分を“窓”と呼びます（図2(b)）。この窓から、ベクトル(1, g^{-1})の方向だけを見ることにしましょう。そうすると、先ほど描いた階段全体が見え、しかも、階段に含まれていない点(m, n)（m, nは自然数）は視界に入ってきません。つまり、窓から方向ベクトル(1, g^{-1})に沿って見える点(m, n)（m, nは自然数）たちを結んでできる折れ線が、求める階段になるのです。

今度は同じようなことを、3次元空間内で考えます。例えば、0を01、1を02、2を0に置き換える置換規則から作られる図3(a)の螺旋階段が見える窓は、図3(b)の3つの図形を合わせたものになります（なぜ？ と疑問を感じた人がいらしたら歓迎します）。ここでまた、フラクタルに出会います。この3つの図形は図3(c)の種からできる、互いに相似で、ある意味で自己相似性を持つ図形です。この図形はロジー（Gérard Rauzy）によって発見されたことから、ロジー・フラクタルと呼ばれ、その自己相似性から、図3(d)のような美しいタイル張りも得られます。このロジー・フラクタルの美しさ（数学的にも美しい）に魅了されて以来、私はこの図形を研究テーマにしています。

数学＝癒し？

最後に「数学＝癒し？」について正直に話します。数学が生み出す美しい世界には癒されますが、一方で、数学を考えている間はストレスもあり、しんどい思いだってするので、数学をすることにより必ずしも癒されるとは言い切れません。雪の研究で知られる中谷宇吉郎は随筆『線香の火』の中で、

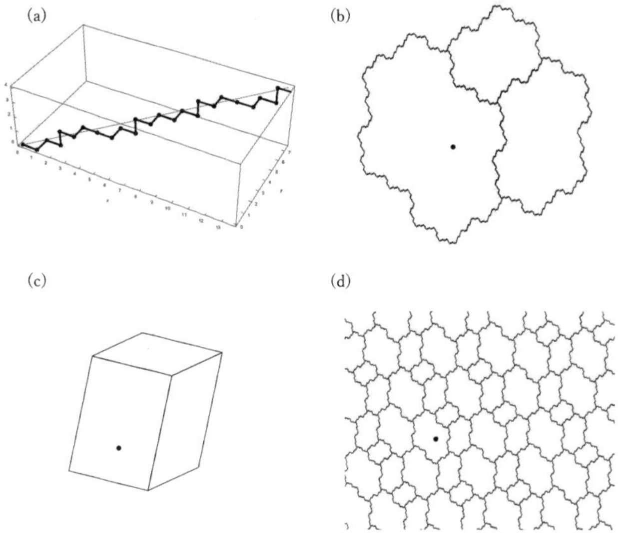

図３(a) 螺旋階段、(b) ロジー・フラクタル、(c) ロジー・フラクタルの種、(d) ロジー・フラクタルを用いたタイル張り（図の中の黒い点は原点を示します）

研究を続けることの大切さを伝えています。どんなことでも疑問に思ったことについて研究を続けていれば、もしくは、癒しのひと時が訪れるのかもしれません。

参考文献

・田島一郎『解析入門』岩波全書、1981年
　※ ε - δ 論法に興味がある方は、この本を参考にしてみてください。

おすすめの書籍

・Alex Bellos、Edmund Harriss（秋山仁 訳）『世界一美しい数学塗り絵～宇宙の紋様～』化学同人、2016年。
・山口昌哉『カオスとフラクタル』ちくま学芸文庫、2010年。

Lecture 6　美味しい食べ物に含まれる油の秘密

前多　隼人

あなたの好きな食べ物は何ですか？ ジューシーなお肉、油が乗ったお刺身、ラーメン、カレーライスなどが思い浮かびます。チョコレートやケーキなどのスイーツを思い浮かべる人もいるでしょう。ヒトはなぜこのような食べ物を好む傾向にあるのでしょうか？ 共通して言えることはエネルギー（カロリー）が高い食べ物であることです。美味しい食べ物は心の隙間を満たし、幸福な気持ちにしてくれます。食は生物が生きていくために必要なエネルギーを取り入れる方法です。ヒトも含めた動物は植物と違い自分ではエネルギーを作ることができません。エネルギーを取り入れる行為は動物の本能であると考えられます。

なぜ我々は油を欲しがるのか？

カロリーの高い食べ物は油が多く含まれる特徴があります。油はエネルギーを取り入れ、身体に蓄える上でメリットが高い成分です。油はお肉のイメージが強いと思いますが、ラーメンにはラードが、チョコレートには植物油が、ケーキにはバターが含まれています。エネルギーのことを食品ではキロカロリー（kcal）の単位で表します。食品に含まれる成分の中でカロリーのあるものは糖質（炭水化物）、タンパク質、そして油（脂質）の３種類しかありません。１g あたりのカロリーを調べると、糖質とタンパク質が約４kcal であるのに対し、脂質は約９kcal にもなります。これは少ない量を食べるだけでたくさんのエネルギーを得ることができるメリットがあります。ま

まえだ　はやと　　農学生命科学部　准教授
2008 年３月北海道大学大学院水産科学院博士後期課程修了。専門は食品科学。地域の食材（リンゴ、海藻、カシス、ゴボウなど）に含まれる成分の分析や、健康機能性を明らかにする研究をおこなっている。

た余分に食べたエネルギーは肝臓や脂肪組織に脂肪として蓄積します。飢餓になった時のためのエネルギーのストックとして持ち運ぶことが可能となります。脂肪は１gあたりのカロリーが高いので、軽くても多くのエネルギーを持ち運ぶことができ便利です。旅行するときの荷物はなるべく軽い方が動きやすいのと同じです。油は動物の生存にとってはとても都合がよい物質なのです（図１）。

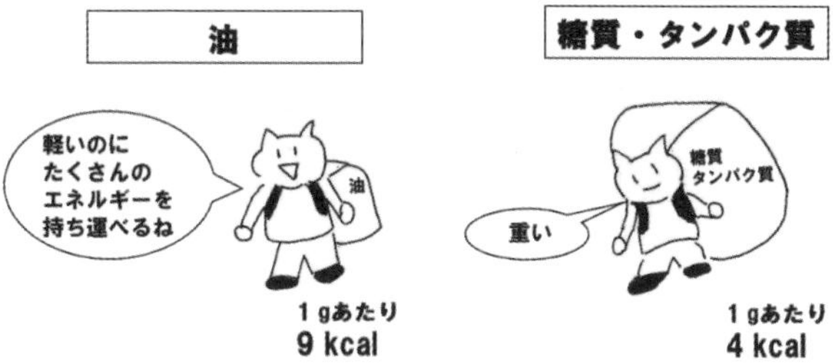

図１　油はカロリーが高い

しかし油は最近では健康の面から悪者扱いをされています。ダイエットには油は大敵であると認知されています。また油の種類についても良いものと悪いものがあるいう声を聞きます。これはどのような理由からなのでしょうか？ 油はカロリーが高く、食べすぎると肥満の原因となります。肥満は糖尿病、高血圧、脂質異常症といったメタボリックシンドロームの原因になります。動物は本来、食べ物を得ることが難しい状況で進化していきました。ヒトも同様で、日本人でもほとんどの人が３食毎日食べられるようになったのは、20世紀に入ってからのことでしょう。肥満は進化の上では想定していない状況であり、適正な量のエネルギー摂取と消費（運動）が必要です。

油はどんな形をしているの？

食品に含まれる油のほとんどはトリアシルグリセロールと呼ばれる形で存在します。トリアシルグリセロールは「中性脂肪」、「中性脂質」、「TG (Triacylglycerol の略語)」「トリグリセリド」と複数の呼び名がありますが全て同じ物質を指します。例えば「中性脂肪」は健康診断での血液の検査項目で使われています。血液中を流れる油の値を測定することで、脂質異常症という病気の目安になります。健康診断の検査結果では「TG」と書かれているかもしれません。トリアシルグリセロールは化学の分野の呼び方になります。トリ（tri-）はギリシャ数字で３を意味します。トリアシルグリセロールはグリセロールという物質に３つ脂肪酸という物質が結合している物質のことを指します（図２）。脂肪酸は長い棒のような形をしています。結合している脂肪酸の種類には様々なものあり、油の種類によって結合している脂肪酸の種類や位置が異なります。脂肪酸の種類がその油の物性や身体に対する機能の違いに影響してくるのです。

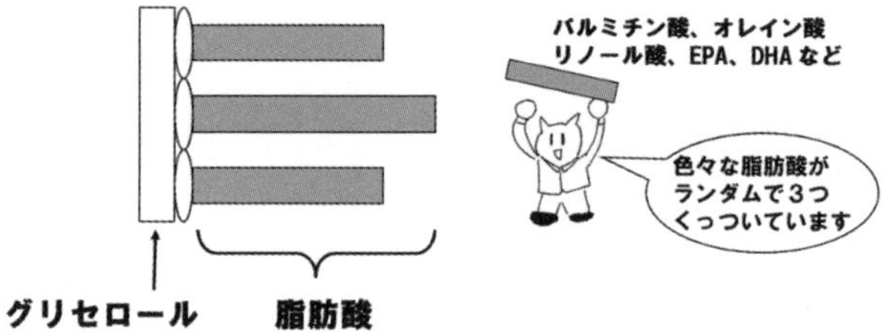

図２　油（トリアシルグリセロール）の構造

油の固まりやすさの秘密は脂肪酸の違いにあった！

動物の油は健康に悪い、魚の油は健康によいという話を聞きます。「魚の油はEPA（エイコサペンタエン酸）や DHA（ドコサヘキサエン酸）である。」ということを知っている人もいるでしょう。しかしこれは厳密に言うと少し表現が間違っています。前述のように油を構成するトリアシルグリセロールには３つの脂肪酸が結合しています。EPA も DHA も脂肪酸の一種の名前です。魚の油を構成する３つの脂肪酸のすべてが EPA や DHA が結合している訳ではありません。EPA の割合が高いイワシでも15%ほど、DHA の割合が高いマグロでも10%ほどしか含まれていません。ですから正確には「魚の油は EPA や DHA の割合が他の食品よりも比較的高い。」が正しい表現です。

脂肪酸は炭素（C）が長くつながった構造をしています（図３A)。短い脂肪酸を短鎖脂肪酸といいます。例としては乳酸（Cが３個）や酪酸（Cが４個）などです。これらは室温では液体になっており、柔らかい特徴があります。炭素が８～12個つながったものを中鎖脂肪酸といいます。例としてはココナッツオイル、パーム油などで、身体に脂肪が付きにくい健康オイルとして脚光を浴びています。炭素が14個以上つながったものを長鎖脂肪酸といいます。豚肉、牛肉、ラードに含まれるパルミチン酸（Cが16個)、ステアリン酸（Cが18個）などがあげられます。Cの鎖が長くなると脂肪酸は硬くなる性質があります。ラードは室温では固体です。温度を上げると溶けて液体になります。油が多めのラーメンを食べ終わった後に、スープが冷めると固体の油が出て来ます。パルミチン酸やステアリン酸で構成されたラードは室温でも固まる性質があります。これが身体の中で起こることを想像してみてください。ヒトの身体は37℃前後です。長鎖脂肪酸を含む油が血液中を大量に流れると、流動性が低くなり血流が悪くなることが想像できます。これがラードたっぷりのラーメンを食べた後は血液がドロドロになると言われる理由です。

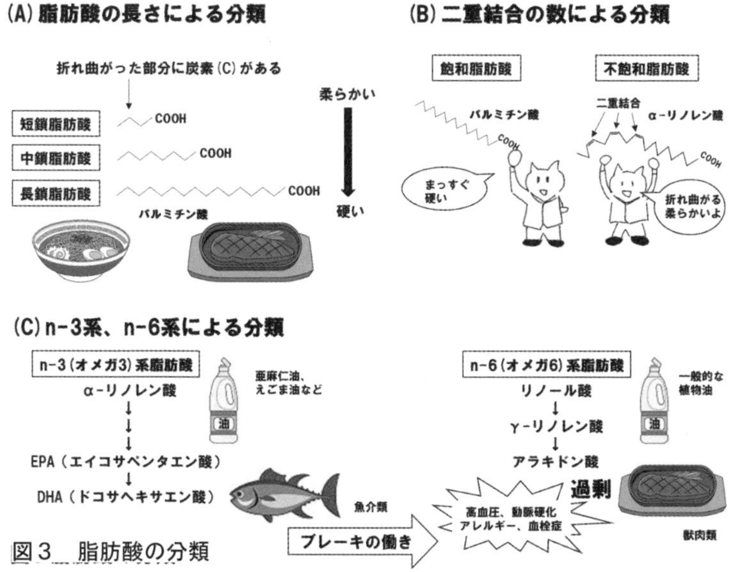

図３　脂肪酸の分類

それでは血液がサラサラになると表現される魚の油に含まれるDHAやEPAは短鎖、中鎖、長鎖脂肪酸のどれになるのでしょうか？ DHAはCが22個、EPAはCが20個も繋がっています。したがって長鎖脂肪酸に分類されてしまいます。長鎖脂肪酸は硬いはずなのに、なぜそうではないのでしょうか？ これにはもう１つの分類である「飽和脂肪酸」か「不飽和脂肪酸」かが鍵となります（図３B）。CとCはほとんどの部分が単結合と呼ばれる１本の鎖で繋がっています。しかし一部２本の鎖で繋がった二重結合の部分を持つ脂肪酸もあります。単結合だけで繋がった脂肪酸のことを「飽和脂肪酸」と呼びます。飽和脂肪酸は長いものほど硬い性質になります。一方、二重結合を含む脂肪酸を「不飽和脂肪酸」と呼びます。不飽和脂肪酸は二重結合の数に比例して、柔らかくなる性質があるのです。

二重結合が多いと柔らかくなる

例えば健康オイルと言われているオリーブオイルにはCが18個つながっているうち、二重結合を１個含むオレイン酸と呼ばれる脂肪酸を約80％も含んでいます。二重結合を１個だけ含む脂肪酸のことを「一価不飽和脂肪酸」と呼びます。一般的なサラダ油は大豆油や菜種油、紅花油などの植物油から作られます。サラダ油にはリノール酸が50～70％も含まれます。リノール酸はオレイン酸と同じくCが18個ありますが、二重結合が２個含まれます。オリーブ油を冷蔵庫に間違って入れてしまうと固まってしまいます。しかしサラダ油は冷蔵庫で保存してもサラサラの状態です。更に、健康にこだわりのある人たちに人気のある、亜麻仁油、えごま油、チアシードオイルは二重結合を３個含むα-リノレン酸が50％以上含まれています。魚の油のEPAは二重結合を５個、DHAは６個も含みます。炭素数の鎖が長くても二重結合の部分が多い脂肪酸は柔らかい性質をもち、生体内では血液の流動性や細胞の柔軟性を高めることに寄与しているのです（図３B）。ちなみにCが16個以上、二重結合を２個以上含むリノール酸やα-リノレン酸、EPA、DHAなどを「多価不飽和脂肪酸」と呼びます。

イヌイットの研究からわかった魚の油の力

ここまで脂肪酸の長さによる分類、二重結合の数による分類について説明してきました。最後にn-3系（オメガ３系）脂肪酸、n-6系（オメガ６系）脂肪酸の分類について解説します（図３C）。最近の健康ブームでは「n-3系の油を摂取すると身体によい」と提唱されています。魚に含まれるEPAやDHA、亜麻仁油、えごま油に含まれるα-リノレン酸はその代表例です。この根拠は1970年代の研究成果が発端です。グリーンランドにはイヌイットと呼ばれる先住民の人たちが住んでいます。グリーンランドは寒い地域ですから農作物が育たなく、牛などの牧畜もできません。彼らはアザラシやクジラなどの海獣類を主食としていました。また寒さに対抗するため油の割合が約40％の高脂肪の食事を摂取していました。高脂肪食を摂取すると動脈硬化を誘発し、心臓の血管が詰まって亡くなる虚血性心疾患の割合が高くなります。しかし不思議なことにイヌイットの人たちの虚血性心疾患で亡くなる割合はわずか５％程度と低い値だったのです。一方、同じ人種のデンマークの人たちも同じぐらいの油の摂取量でしたが、虚血性心疾患の割合は35％と高い割合でした。

遺伝的に差がない同じ人種で、同じぐらいの割合の油の摂取量であったにも関わらず、イヌイットの人たちは血管が詰まりにくい傾向にあることがわかりました。イヌイットの人たちの主食の海獣類は哺乳類ですので、牛肉と同じように飽和脂肪酸が一定量含まれます。しかし海の生物なので魚介類を餌にするため、EPAやDHAなども肉中に高い割合で含有しています。一方、デンマークの人たちは牛肉から油を摂取していました。デンマークはヨーロッパ有数の牧畜地域ですので、アザラシを捕まえなくても美味しい牛肉を食べることができたのでしょう。牛肉は飽和脂肪酸の他に、アラキドン酸（Cが20個で二重結合が４個）が高い割合で含まれます。アラキドン酸はEPAと同じ炭素鎖の長さであり、同じように柔らかい性質もあります。どうやら油の硬さだけでは説明ができない要因があるように考えられました。

この秘密の解く鍵は脂肪酸の構造の中の二重結合の位置にありました。二重結合の位置の違いによっても脂肪酸の役割が異なることが明らかになったのです。アラキドン酸、リノール酸は二重結合の位置から n-6系脂肪酸に分類されます。一方、EPA、DHA、 α-リノレン酸はn-3系脂肪酸に分類されます(図３C)。イヌイットの研究から n-6系と n-3系では身体の中での生理作用が異なることが示唆されました。その後の研究が進み、n-6系の脂肪酸は血液を固めたり、生体防御のための炎症を誘導したり、血圧を高めたりする機能を示すホルモン様物質の原料になることが明らかになりました。この作用は身体の調節に非常に重要なのですが、摂取しすぎると効果が強すぎ悪影響を生み出します。n-6系脂肪酸の摂取割合が高いと、血栓や炎症過多によるアレルギー、高血圧の原因になると考えられています。一方で EPA などの n-3系の脂肪酸も同様の役割をするのですが、その効果がマイルドで且つ n-6系由来のホルモンの働きを抑える、言わばブレーキの役割をすることが明らかになりました。イヌイットの人たちが油をたくさん摂取していても、n-3系脂肪酸の摂取量が多いため、血が固まり血管が詰まるリスクが低く、そのため虚血性心疾患のリスクが低いことが考えられました。実際、イヌイットの人たちの血漿《けっしょう》と血小板の脂質には DHA や EPA が多いことがわかり、食事由来の n-3系脂肪酸が血管の機能に良い影響を与えたことが予想されました。現在では脂質異常症の患者さん向けに EPA を配合した薬も実用化されています。

どちらの脂肪酸が良い、悪いという訳ではなくどちらも身体に必要な脂肪酸です。困ったことにヒトはこれら n-6系、n-3系の多価不飽和脂肪酸を身体の中で作ることができないため、食事から必ず適量摂取する必要があります。しかし、現代の食生活では一般的には n-6系脂肪酸の摂取過多になっている方の割合が高いと推定されています。肉だけではなく植物油にも n-6系のリノール酸が含まれています。一見すると油が入っていないように思われるパン、チョコレート、総菜類にも植物油が含まれます。n-6系脂肪酸は普通の食事で必要量摂取されていると考え、意識的に n-3系脂肪酸を含む食品を摂取するようにするとよいでしょう。

n-3系脂肪酸を食べるには？

n-3系脂肪酸を摂取するにはどんな食品がよいでしょうか？ 動物は脂肪酸

を体内で他の成分から合成できる能力もあります。例えば飽和脂肪酸のパルミチン酸、オリーブ油のオレイン酸は合成可能です。オレイン酸は別にオリーブ油たっぷりのドレッシングを食べなくても足りているのです。n-3系多価不飽和脂肪酸のα-リノレン酸からEPAやDHAに変換することも可能です（図３C）。

n-3系多価不飽和脂肪酸の中でも直接ホルモンに変換され機能を発揮するのはEPAです。それでは「α-リノレン酸を含む亜麻仁油やえごま油を食べれば、EPAが作られるので安心だ。」と思われるかもしれませんが、そうではありません。ヒトはα-リノレン酸からEPAやDHAを作る能力がかなり低いことがわかっています。男性では摂取したα-リノレン酸のうち0.3～８％程度、女性でも21％程度しかEPAに変換されない臨床研究が報告されています。また日本人は歴史的に魚介類から十分量のEPAを摂取してきたため、合成能力が他の民族よりも遺伝子的に弱いと推測されています。したがって海産物からEPAそのものを摂取するのが効率のよい摂取方法であると考えられます。

結局は「海産物をもっと食べよう」という話になってしまいましたが、厚生労働省の指針では飽和脂肪酸：一価不飽和脂肪酸：多価不飽和脂肪酸＝３：４：３、n-6系脂肪酸：n-3系脂肪酸＝４：１の割合が望ましいとされています。極端に多価不飽和脂肪酸やn-3系脂肪酸の摂取割合を高める必要はありません。普段の食事の油を一部置き換える形で脂肪酸の割合を整えることで十分に達成できると考えられます。大学の栄養学の研究ではこのような食品の成分がどのような働き、どのように役立っているか研究をしています。食べることは我々の気持ちを幸福にします。あまり極端なバランスの食事を避ければ、健康の維持にも役立ちます。油を悪者と考えず上手に付き合っていくとよいのではないでしょうか？

おすすめの本

・彼谷邦光『健康寿命を延ばそう！機能性脂肪酸入門』裳華房、2017年。
・守口徹『カラダが変わる！油のルール』朝日新聞出版、2016年。

Short Essay 1 「人」であること、「他者」と在ること

尾崎名津子

作家の織田作之助（1913〜1947年）を知っていますか？ 現在ではその作品よりも、ゲーム「文豪とアルケミスト」や漫画・アニメ『文豪ストレイドッグス』のキャラクターとしての方が有名かもしれません。私は彼を中心に置いたときに見える様々な問題――検閲と文学、膨張する近代都市と文学、戦時体制と文学、それらのテーマを通じて見る、制度としての「文学」のあり方――について考えてきました。しかし、学びの内容は、論文や講義といった形でのみ表れるものではありません。むしろ、一個人としての私の心を動かしたのは、それだけでは一本の論文や90分間の講義にはならないような、些細な言葉であることが多かったように思います。

今、私たちは織田作之助の日記の一部を読むことができます。そのうち、1938年３月12日のページは、冒頭に「午前四時」と記され、続いて次のように書かれています。

忘れていた　忘れていた、
やがて死ぬ身であることを、
飯をくらいお茶をのみ馬鹿話し〔「し」は原文のまま〕して、
けちくさい恋も照れてやり、
小説本をよみながら、
死ぬことを忘れていた、

人は必ず死にます。「当たり前のことを言うな」と思った方もいるでしょうか。当時、織田は「進学する」と家族に嘘をつき大阪から東京に出てき

おざき　なつこ　　人文社会科学部　講師
日本近現代文学
1981年生まれ。神奈川県出身。専門は日本近現代文学。特に昭和期の文学や検閲、ジェンダーに関心を持ちつつ研究している。編著に『織田作之助女性小説セレクション　怖るべき女』（春陽堂書店、2019年）がある。

て、友人たちと文学同人誌を作っていました。また、結果的に彼の命を奪うことになる肺結核を既に患っており、その症状に悩まされていました。さらに、結婚を誓った女性とは離れて暮らし、連絡もままなりません。そうした不安定な状況にある24歳の青年が、未だ肌寒いであろう春の明け方、一人日記帳に向かう。その背中を私は幻視します。

日記は断片的にすぎ、それを分析するだけでは論文にできません。しかし、日々の生活、友人関係、恋愛、文学、つまり「生」そのものと正面から向き合っていた青年が、ふと「死」に向き合わされる瞬間に、言葉で接し、思いを馳せる。この体験がしばしば私を「絶対的に私でない誰か」と出会わせてくれます。この瞬間、私は逃れようなく他者とともに生きています。

言葉のあり方を研究することは、生活の利便性や社会の維持に直接関わるものではありませんが、生きることそれ自体と繋がってはいないでしょうか。文学の歴史が人類の歴史とほぼ重なり、現在に至るまで続いている理由も、そのあたりにあるように見えます。

Short Essay 2　キャンパス内の小さな洋館カフェ

佐藤　光輝

弘前大学文京キャンパス正門の横に小さな洋館があります。赤い三角形の屋根とペパーミントグリーンの外壁が人目を引く、まるで絵本の中に登場するような可愛らしいお家です。建物の中は喫茶店として使われていて、周囲にもコーヒーの香りが漂います。ここは大学の学生や教職員はもちろん、学外の方々の憩いの場所となっています。

この建物の正式名称は旧制弘前高等学校外国人教師館といいます。弘前大学の前身である旧制弘前高等学校の外国人教師のための宿舎として1925年、中津軽郡清水村（現在は弘前市大字富田）に建てられました。館にはドイツ語と英語を担当する外国人教師が家族とともに住んでいました。設計したのは旧制青森県尋常中学校校舎（現弘前高等学校鏡ヶ丘記念館）などを手がけた川元重次郎です。旧弘前偕行社や太宰治の生家「斜陽館」など、明治時代の青森県において洋風建築を多く手がけた堀江佐吉の弟子です。旧制弘前高等学校の建物はこの外国人教師館を除いてすべて姿を消してしまいましたので、この館が唯一の現存建築物となっています。

弘前大学に管理が移った後も教職員宿舎として使用されてきましたが、道路拡幅整備のため取り壊される計画となります。しかし、学内からの移築に対する強い要望があり、2004年に現在の弘前大学敷地内に移築復元されました。その後は一般公開されて大学の資料などを展示していましたが、2016年に建物内を改装して「弘大カフェ」が誕生しました。

開業に合わせてロゴマークが学内公募され、教育学部の学生の作品が選ば

さとう　みつてる　　教育学部　准教授
1969年　東京都生まれ
専門はグラフィックデザイン。ロゴマークやポスターのデザインについて研究しています。絵本製作、針穴写真術、シルクスクリーン印刷、なども大学で教えています。
http://www.facebook.com/hirodaibi

れました。洋館の姿を簡潔にデザインした可愛らしいロゴマークです。カフェの看板やスタンプ、レシートへの印字などに活用されています。また、店内にあるイスとテーブルは全てオリジナルデザインです。特色はイスの背板とテーブル下のトンボ貫の形です。弘前大学から見た岩木山の形がデザインされています。イスの背柱にも館階段の柱と同じ形が施されています。木目が美しい深緑色の家具です。

建物周辺にも注目してください。横庭に大きな桜の木があり、その下にレンガで作られた円形のパティオが広がっています。側には太宰治生誕100周年の文学碑が建てられています。この庭で音楽会や朗読会などのイベントも開催されます。建物を出た細道には「弘前銘醸株式会社」の古いレンガ造りの倉庫群があります。このレンガ壁も大正時代のもので「イギリス積み」と呼ばれる美しく重厚な佇まいです。

このエッセイに図版は掲載しないことにしました。訪問いただき是非ご自身の目で眺めて欲しいからです。弘前市には多くの文化財がありますが、歴史文化と学問に最も浸れる場所としてご紹介しました。

第5章

分かる

Comprehend

Lecture 1　地獄のおばあさんと山の女神
―東北地方の民俗信仰を探る―

山田　巖子

「ささやかな」事象に立ち止まる

「民俗学」は「現在学」と言われています。題材となるのは「現在」の、どちらかというとその土地に生活する人々にはあまり意識に上らないようなささやかな事象から、それぞれの地域やコミュニテイの集合的な知識や文化を探ってゆく学問分野です。同時代の現象を起点にして、共時的（同時代的）な諸現象との連関を探る方法と、現在から遡って、過去から現在に至る経緯を探る方法があります。

民俗学では声によって口伝えに伝えられているものを「口承文藝」と呼んできました。しかし、無文字社会ではない以上、私たちのまわりには文字をはじめさまざまな媒体＝メディアがあります。そこで「声」を特権視することなく、さまざまなメディアがひしめいている状況を前提に「声」によって伝えられているものを把握しようという主張がおこりました。それらは従来のものと区別して「〈口承〉研究」と呼ばれています。

今回は現在聞くことのできる話や図像について過去からの経緯を含めて考えていきます。その際にそれを伝えるメディアに留意していきます。みなさんは東北地方に、「こわいおばあさん」の話や図像があることをご存じでしょうか。今日は青森県の「こわいおばあさん」の話や図像に立ち止まりながら、宗教者からの「知識」を受け止め、発展させてきた人々の世界を探っていきたいと思います。

やまだ　いつこ　　人文社会科学部　教授
民俗学、口承文芸論
大学時代、民俗学に出会い、「同時代」を対象化する方法として有用だと感じ、民俗学者を目指しました。マイノリティと「世間」を問うた仕事に「民俗と世相」（小池淳一編『民俗学的想像力』（2009年、せりか書房）があります。

「地獄のおばあさん」の受容

青森県でもお彼岸やお盆にお寺にお参りすると、地獄絵が掛けられているのを見ることがあります。地獄絵を見ると、絵画の下方に、おばあさんが描かれているのを目にすることができます（図１）。

図１　法運寺の地獄絵（巻頭カラー）

地獄の三途の川のほとりに棲む奪衣婆《だつえば》は、死者の着物を剥ぐおばあさんです。地獄の裁判官、閻魔王と並んで広く親しまれてきました。閻魔も奪衣婆も仏教の起源であるインドの教典にはなく、中国で作られた教典（疑経）の影響の下に日本で12世紀末に成立したとされる『仏説地蔵菩薩《ぶっせつじぞうぼさつ》発心因縁十王経《ほっしんいんねんじゅうおうきょう》』によって知られるようになりました。このときに、日本独自の要素が付け加わったとされています。

当初奪衣婆の相方として懸衣翁《けんえおう》というおじいさんが記されていましたが、おじいさんの方はほとんど図像化されることはありませんでした。婆の姿のものだけがもてはやされた背景に、研究者たちは、日本独自の山への信仰が関わると考えてきました。

日本では「山の神」は女だといわれてきました。奥さんのことを「山の神」と呼ぶ呼び方が残っていますね。岩木山の神も「お岩木さま」と呼ばれる女性です。日本の各地では老女の姿の霊的な存在が「山の神」として信仰されてきました。そのような神々を総称して「姥神」と呼びます。「うば」は「おばあさん」ではなくもとは「権威ある女性」の意味であったと柳田國男は説いています（「祭日考」小山書店、1946年（『柳田國男全集』第16巻、筑摩書房、1999年所収））。山姥や山で出産をする女性の伝承もまた、姥神信仰のヴァリアントと考えられています。山の神は12人の子を持つと言われ、安産祈願と結びついています。これらの信仰や伝承には、修験者や巫女という山岳信仰と関わる宗教者たちが関わってきました。

この姥神の伝承は、東北地方ではさまざまな展開を見せます。福島県では「おんばさま」と呼ばれる姥形の神が安産の神とされ、山形県では修験道の霊場、湯殿山（天台宗立石寺《りっしゃくじ》）には姥神を祀る姥堂があります。秋田県では、奪衣婆の像を、小野小町の老いた姿と言い、この語りには、天台宗や浄土宗の僧侶が関与したこと、奪衣婆像を持って各地で開帳したことが分かっています。またその御利益も「乳授け」という子育てと関わるものでした（錦仁『小町浮遊』風間書店、2001年）。

基底となるイメージは重なりながらもそれぞれの場所で独自の想像力を広げてきたといえるでしょう。

青森県津軽地方の姥神／奪衣婆

それでは東北の北端の青森県ではどのような形で姥神／奪衣婆が現れるのでしょうか。青森県は津軽地方、南部地方、下北地方という三つの地域に分かれています。津軽地方（旧弘前藩領）と南部地方・下北地方（旧盛岡藩領）では、習俗や信仰のあり方は大きく違っていることが知られています。弘前藩は、藩の成立前後に、津軽一円から弘前城下に寺院を移転させ、寺町を形成しました。盛岡藩領は、弘前藩領に比べ、修験者の多い地域であったことが分かっています。また、盛岡藩領のうち下北地方は、江戸時代に枝村（開拓などにより本村から独立した村）であった集落には、現在でも寺院がなく、テラと呼ばれる無住の宗教施設が寺院と女性達の集会場の役割を果たしています。老女たちはここに位牌や仏像を持ち寄り、念仏を唱えたり、百万遍の数珠を回したり、イタコやカミサマと呼ばれる民間宗教者を呼んで占いをしたりしています。このように、青森県という形で一つにするわけにはいかない状況があります。

筆者らの調査で、青森県では奪衣婆のことをエンマババ、エンマバサマと呼ぶ地域があることが分かっています。津軽地方では弘前市内、旧岩木町、青森市油川、西田沢、後潟、北津軽郡鶴田町で、下北地方ではむつ市大畑町で確認しています。しかし、南部地方にあたる三八上北地方（三戸郡、八戸市、上北郡）ではこの呼称は確認できていません。

津軽地方においては、奪衣婆は、閻魔と対で出てきます。例えば、旧岩木町五代では「盆にはホトケ（死者）たちが閻魔大王、エンマババサマから、休みをもらって帰って来る」などと言います。両者の関係についても様々に解釈されています。北津軽郡鶴田町の女性は、地蔵堂にある閻魔像をエンマジッコ、奪衣婆をエンマババと呼び、夫婦だと語っていました。弘前市西茂森の長勝寺（曹洞宗）のご住職は、土地の人は奪衣婆を「閻魔大王の母」と言っていると語っていました。また青森市後潟の男性は、「閻魔大王の年老いた人をエンマババっていう。あれは男も女もないもんだ」と語っていました。

このような話が広がっている背景には、寺院の側の唱導の方法もあると考えられます。五所川原市金木町雲祥寺や、北津軽郡鶴田町の称光寺の地蔵堂（図２）、つがる市柏の浄円寺、木造の全龍寺の位牌堂には、奪衣婆と閻魔王の木像が並べて祀られています。

図２　称光寺の地蔵堂

絵画に描かれたものとして注目すべきは、東津軽郡今別町の浄土宗寺院、本覚寺の地獄絵（図３）です。

閻魔と同じ大きさで図の上部に描かれています。

図３　本覚寺の地獄絵

この地獄絵は現在、１月16日と8月13日から16日まで、当麻曼荼羅とともに、本堂に掲げられています。津軽地方では、盆、春・秋彼岸、１月16日の小正月など特定の日に地獄絵を開帳することが続けられてきました。1月16日は、嫁やカリコと呼ばれる奉公人の里帰りの習俗と結びついていました。実家に帰って寺参りをすることが娯楽の一つだったのです。

津軽地方では、奪衣婆は姥神と習合することはなく、盆や彼岸、藪入り（奉公人の里帰り）の機会に「地獄のおばあさん」として親しまれてきたといえるでしょう。

青森県下北地方における奪衣婆／姥神

それでは旧盛岡藩領の下北半島に目を転じてみましょう。この地域にはエンマババの他にエナババという呼称が残っています。

下北半島北通りでは、むつ市大畑の優婆堂《うばどう》の奪衣婆像が有名です。ここは恐山の入り口にあたり、この像は、恐山から正津川を流れてきたといわれ、奪衣婆像は「しょうづかばあさん」と呼ばれています。「しょうづか」は「葬頭河」と書き、「しょうづかばあさん」は奪衣婆の異名です。「うば」は「姥神」であることが推測されますが、「優婆」という表記は在家の仏教信者「優婆夷」からきています。

大畑の枝村小目名では、集落に寺院がないので、テラが寺院と女性たちの集会所をかねています。テラで大正生まれの女性たちに「エンマババ」のことを尋ねると、「エンマバアサマに皮むかれる」「お尻の皮をつねる」という答えが返ってきました。子どものお尻の青い蒙古斑は奪衣婆がつねったあとだというのです。

西通りにあたるむつ市脇野沢村も小字ごとにテラを持っています。脇野沢村役場編・発行の『脇野沢村史民俗編資料集』（1983年）では、昔話の中にエナババと呼ばれる妖怪が登場します。「三枚のお札」で知られる昔話の中で、小僧を追いかける山の妖怪（他地域では山姥と語られることが多い）は「エナババ」とされています。

東通りにあたる下北郡東通村では、子どものお尻の青い痣はエナババがつねって母体から出した跡だと言います。また、死者の死着物の衿元に、産着の小布を縫いつけるのは、エナババのため、とも言われています（東通村教育委員会編『東通村史　民俗・民俗芸能篇』東通村、1977年）。ここにおいて、エナババは、「誕生」と「死」の両方に関わってきます。あの世からこの世に来るときにお尻をつねって手助けをしてくれたおばあさんに、この世からあの世に行く時に、産着の小布を渡して礼を尽くすのでしょう。つまり、·このおばあさんは、この世とあの世の境に位置して、二つの世界の移行を手伝う存在といえるでしょう。

川村邦光は、室町時代物語の『天狗の内裏』に、奪衣婆は、人が生まれる時に「ゑなきん」（エナ。胎児が生み出されたのちに排出される胎盤や卵膜などの総称）を貸したので、死後それを返せ、と迫る場面があると紹介しています（「奪衣婆／姥神考」岡田重精編『日本宗教への視角』、東方出版、1994年）。エナは胎児を包む「着物」で、死者の「着物」は、それと等価のものと認識されているといえます。しかし、この場面は、多くの写本（もとになる本を写したもの）があるなかで、江戸中期のものに限られています。それらは奥浄瑠璃と呼ばれる芸能のための本であることが分かっています。

奥浄瑠璃とは、室町時代末に成立した古浄瑠璃、説経浄瑠璃、幸若舞などの系統をひいている語り物芸です。東北ではボサマと呼ばれる盲目の法師や修験者、巫女などによって盛んに語られてきました（ボサマの芸はのちの津軽三味線へと受け継がれていきます）。

また、尾崎修一は、この場面を持つ写本は、山形県の出羽三山信仰の影響の強い地域に残っていること、富山県の立山に残る、1820年「御嫗尊縁起《おんうばそんえんぎ》（寺社の起源を記したもの）」に、奥浄瑠璃系「天狗の内裏」と類似する箇所があることから、立山信仰の影響を推察しています（「奥浄瑠璃『天狗の内裏』の在地性」『上智大学国文学論集』42号、2009年）。

このことを考えると、東北における姥神と奪衣婆の習合は、修験、巫女、僧侶といった媒介者と、図像を用いた唱導という要素以外に、「奥浄瑠璃」という、東北特有のメディアも考慮に入れなければならないことが分かります。

下北地方の奪衣婆信仰のあり方は、下北独自の宗教施設やメディアの影響の他にも考えるべきことがあります。当地は海を媒介として他所とつながってきました。日本海側から下北半島へ移住した者には、山形県、富山県の出身者も含まれています。さまざまな媒体を通して宗教的な知識が入り込み、仏教由来の「奪衣婆」とは言い切れない要素を含みもつのが、下北半島の奪衣婆であったといえるでしょう。

まとめにかえて―メディア間の往復とイメージの重層性―

「地獄のおばあさん」にまつわるイメージに青森県でさまざまなヴァリアントがあることを見てきました。従来は東北の姥神の上に奪衣婆が習合する、と考えられてきました。本稿ではそれらを青森県のそれぞれの場所の、宗教的環境とメディアを確認しながら、地域の人の実際の発話と図像をもとに再考してみました。

近世期に寺院の整えられた津軽地方では、奪衣婆は地獄のおばあさんであり、閻魔と結びつきました。一方、寺院の数が限られる下北地方では、奪衣婆がエナと結びつき、「産神」的な要素が見られました。その一方で、宗教的な環境だけではなく、奥浄瑠璃というメディアの影響も考えられました。

〈口承〉の資料を探ることは、メディアからもたらされた知識がどのような解釈を経て発話されたかを探ることでもあります。奪衣婆と姥神のイメージの重なりは、古風な信仰が東北の地に残っているという図式ではなく、東北地方に発達した多様なメディアとその解釈運動として捉えてゆく必要があります。図像にことばが与えられ、ことばが図像を求める、その相互の運動の中で奪衣婆と姥神は重層的なイメージを獲得してきたといえるでしょう。

参考文献

・山田嚴子「仏教唱導と〈口承〉文化」、入間田宣夫・菊地和博編『講座東北の歴史　第5巻　信仰と芸能』清文堂出版、2014年。

Lecture 2　理論物理学入門

佐藤　松夫

理論物理学への誘い

理論物理学の対象は物理学ですが、手法は数学です。みなさんの中には高等学校に通っている人も多いと思いますが、高等学校の知識では学習内容との兼ね合いもあり、理論物理学とはどのようなものなのかを知らずに大学受験を迎える受験生がほとんどだと思います。人生の高等学校の段階から理論物理学とはどのようなものかを体験することは、将来の選択の幅を広げる意味でとても役立ちます。

本章では特殊相対性理論[1,2]を通して、これまでの理論の限界に直面しその限界を超えた原理を設定することで一から理論を組み立てていくプロセスを体験してもらいます。高校生向けの特殊相対性理論の解説本などは出版されていますが、理論物理学の方法で基本法則を構成することで理論そのものが持つ知的面白さを伝えてくれるものはあまりありません。理論物理学では自然な仮定のみをおいて理論を構成しますが、それらの本では結果を知っていなければわからないような不自然な仮定をおいている場合も多いです。本章では特殊相対性理論の解説というよりも特殊相対性理論の構成を通じて理論物理学の面白さを伝えることを目的としています。

相対性理論入門

1　ニュートン力学

さとう　まつお　　教育学部　准教授
1975年生まれ　東京都出身
現在、弦幾何という新しい数学を構成して、その数学に基づいて超弦理論の完成版を定式化しようと研究しています。

特殊相対性理論が構成される前にはニュートン力学が物理学の標準理論でした。ニュートン力学における時間の概念は、地上での経験的事実の拡張と理想化に基づきます。ニュートンは前提として絶対時間を仮定しています。絶対時間とは、同じ構造の時計を用いて時間を計る限り、その示す時刻は時計の位置や運動の状態に依らない、という概念です。

ニュートン力学の原理は、ニュートンの運動の三法則としてまとめられています。

慣性の法則：力が作用しない粒子は等速直線運動する。
運動方程式：粒子の質量を m，加速度を a，それに働く力を f とすると、ma=f が成立。
作用反作用の法則：２粒子間にはたらく力の大きさは同じで向きは反対である。

ここで、ma＝f において、力 f＝0 とおくと ma＝0 となり a＝0 つまり等速直線運動となります。これは第二法則が第一法則を含んでいるように思われますが、実際はそうではありません。第一法則では、力が作用しない粒子が等速直線運動をするような座標系の存在を要請しています。このような座標系を慣性系と呼びます。第一法則のもとに、その慣性系で第二法則、第三法則が成り立つことを要求します。

ある慣性系 S で力が働いていない粒子が速度vで等速直線運動をし、その位置をxとします。その系 S に対し、速度uで等速直線運動している系S'から粒子を観察する位置をx'とします。
このとき

$$x' = x - ut \quad ・・・(*)$$

と表されます。時間変化Δtを考えます。この時の変化の関係は

$$\Delta x' = \Delta x - u\Delta t$$

となります。両辺をΔtで割ると、

$$v' = v - u \quad ・・・(**)$$

を得ることができます。系Ｓで等速直線運動している粒子は系S'でも等速直線運動していることとなり、系S'も慣性系であるといえます。また、速度uは任意にとることができるので、系S'という慣性系は無限にとることができます。このようにある慣性系から他の慣性系へ写す変換をガリレイ変換といいます。

ガリレイ変換（*）でニュートン力学の基本法則（１）、（２）、（３）は不変です。このように変換で基本法則が不変であることを理論に対称性があるといいます。対称性は理論物理学において基本法則を構成する強い指導原理です。相対性理論では、ガリレイ変換でなく、次節で導くローレンツ変換で基本原理が不変であることを要請します。

２　特殊相対性理論

ニュートン力学の限界に直面した際、その限界を超えた原理を設定し無矛盾性を通じて特殊相対性理論は構成されます。この節では特殊相対性理論における対称性を与えるローレンツ変換を導きます。

マイケルソンとモーレイは実験により光の速さを測定しました。地球は自転をしており、静止系ではないので東西や南北で測定される光の速さは異なるはずです。しかし測定結果によると、どの方角でも測定される光の速さは同じでした。これは光の速さは観測者の状態に依らず一定であることを意味します。この事実を光速不変性といいます。光速不変性はガリレイ変換によって与えられる速度の加法則（**）と矛盾しています。そのためニュートンが定義した慣性系の定義を見直す必要が出てきます。

認めざるを得ない実験事実である、光速不変性をもとに慣性系の定義をし直しましょう。光をある慣性系の２か所で観測します。簡単のために空間と時間合わせて２次元の場合を考えます。２点(t_1, x_1)と(t_2, x_2)の距離$\Delta \mathrm{l}$は、

$(\Delta l)^2 = (x_2 - x_1)^2$ と表されます。光速不変性により、光の速度が一定値 c となるので $\Delta \mathrm{l} = \mathrm{c}(t_2 - t_1)$ が成り立ちます。この２式から $\Delta \mathrm{l}$ を消去すると、$c^2(\Delta t^2) = (\Delta x)^2$ という関係式が得られます。これは時間座標と空間座標のみの関係式となっています。そこで、光線で結ばれる任意の時間空間の２点に対し、常にこの関係が成り立つ時間空間座標系を慣性系とします。

新たに慣性系が定義されたので、特殊相対性理論の枠組みで慣性系から他の慣性系へと写す変換を導きます。ある慣性系 S の２点 (t_1, x_1) と (t_2, x_2) で光を観測します。また、異なる慣性系S'からみた系 S の対応する２点を (t_1', x_1') と (t_1', x_1') とします。各慣性系では、

$-c^2(\Delta t^2) + (\Delta x)^2 = 0$　･･･①

$-c^2\left(\Delta t'^2\right) + (\Delta x')^2 = 0$　･･･②

が成り立っています。ここで簡単のために光速 c を1とおきます。この c を復活させるためには t → ct とします。

系 S での点を系S'の点に写す変換を求めます。すでにガリレイ変換（*）は矛盾しているので変換を拡張する必要があります。ニュートン力学では絶対時間の概念を暗に認めていましたが、変換を拡張するために時間は絶対的なものではなく、空間座標と同様に変換を受けると仮定します。つまり、

$t' = at + bx$　･･･③

$x' = ct + dx$　･･･④

と表します。この仮定が正しければ、矛盾なく各係数 (a, b, c, d) が唯一つに決定されるはずです。

まず、S'系の原点の動きを S 系で見ると、④式より、

$$\mathrm{x} = -\frac{c}{d}t$$

となります。これは系S'が系 S に対して、速度 $-\frac{c}{d}$ で等速直線運動をしているといえます。以下、この速度を v とします。

$v = -\frac{c}{d}$　・・・⑤

(t_1, x_1) と (t_2, x_2) について③式と④式から、

$$\Delta t' = a\Delta t + b\Delta x \quad \cdots ⑥$$

$$\Delta x' = c\Delta t + d\Delta x \quad \cdots ⑦$$

が得られます。

これを②式へ代入し、整理すると、

$$(-a^2 + c^2)\Delta t^2 + (-b^2 + d^2)\Delta x^2 + (-2ab + 2cd)\Delta t\Delta x = 0$$

この式と①式が等価であるので係数が比例します。係数を比較し整理すると、

$$\mathrm{ab} = \mathrm{cd}$$

$$a^2 - c^2 = -b^2 + d^2$$

となります。ここで⑤式で c を消去します。

$$\mathrm{ab} = -d^2 v$$

$$a^2 + b^2 = d^2(1 + v^2)$$

さらに $\frac{a}{d} = a'$, $\frac{b}{d} = b'$ とおくと、

$$a'b' = -v$$

$$a'^2 + b'^2 = 1 + v^2$$

の２式が得られます。

これを $a' - b'$ 座標に表すと図のようになります。上記の２式は双曲線 $a'b' = -v$ と半径 $\sqrt{v^2 + 1}$ の円で表すことができ、(a', b') の解が4組あることが図形的に分かります（図）。これらの２式を解くことで、(a, b, c, d) の組み合わせが以下のようになります。

$$(a, b, c, d) = d(\pm 1, \mp v, -v, 1), d(\pm v, \mp 1, -v, 1)$$

（複合同順）

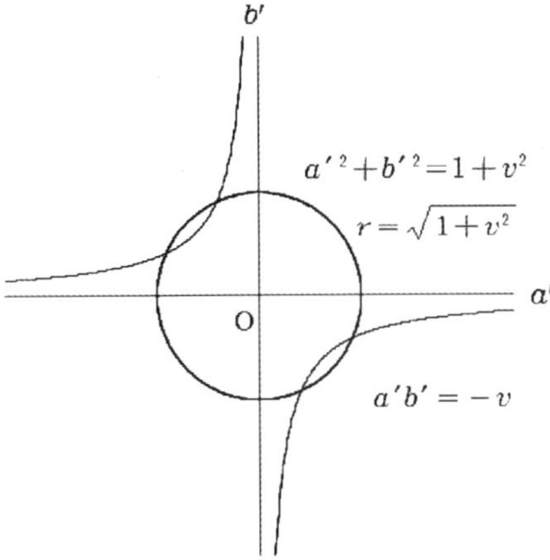

図　4組の解

まだ変換は唯一に定まっていません。さらに無矛盾性を追求します。系S' から系 S への逆変換を考えます。$(a,\mathrm{b},\mathrm{c},\mathrm{d})$ はvの関数なので、$(a,\mathrm{b},\mathrm{c},\mathrm{d})(v)$ と表します。⑥式と⑦式から逆変換の式を表すと、

$$\Delta t=\frac{d}{ad-bc}\Delta t'+\frac{-b}{ad-bc}\Delta x'$$

$$\Delta x=\frac{-c}{ad-bc}\Delta t'+\frac{a}{ad-bc}\Delta x'$$

ここで$ad-bc=0$の時は逆変換が存在しない（逆に解けない）ので$(a,b,c,d)(v)=d(\pm v,\mp 1,-v,1)$ は不適です。系S' が系 S に対して速度vで等速直線運動しているので、逆に系 S は系S' に対して$-v$で運動しています。よって、この式は$(a,b,c,d)(v)$ に -v を代入したもの、

$$\Delta t=a(-v)\Delta t'+b(-v)\Delta x'$$

$$\Delta x=c(-v)\Delta t'+d(-v)\Delta x'$$

と等価でなければなりません。ここで、

$(a,b,c,d)(-v)=d(\pm 1,\pm v,v,1)$　　*(複号同順)*

係数を比較すると

$$(a,b,c,d)(v)=d(1,-v,-v,1)$$

と符号が定まります。また、$d=\pm\frac{1}{\sqrt{1-v^2}}$を得ます。

さらに、系S'が静止している場合、つまり$v=0$の場合を考えると、t'とt、x'とxが一致しなければならないので、dの符号は＋のみが正しいです。これで変換の係数(a,b,c,d)が唯一に定まりました。

以上より、慣性系から慣性系へ写す変換は、

$$t'=\gamma(t-vx)$$
$$x'=\gamma(x-vt)$$

で表されることになります。（ただし、$\gamma=\frac{1}{\sqrt{1-v^2}}$。）　この変換をローレンツ変換といいます。

　ここでローレンツ変換を我々の日常における速さ、つまり光の速さよりかなり遅い場合で考えてみます。これを非相対論的極限と呼びます。光速cを復活させるとローレンツ変換は、

$$ct'=\gamma\left(ct-\frac{v}{c}x\right)$$

$$ct'=\gamma\left(ct-\frac{v}{c}x\right)$$

です。vを光速cより十分小さい値とします。つまり、$\frac{v}{c}\to 0$です。
この時、

$$\gamma=\frac{1}{\sqrt{1-(\frac{v}{c})^2}}\to 1$$

となります。これを適用するとローレンツ変換は、

$$t'=t$$
$$x'=x-vt$$

となり、これはガリレイ変換（*）と一致します。実は、特殊相対性理論の非相対論的極限はニュートン力学に帰着しますが、それが座標変換にもあら

われています。このように物理学は新しい、より一般的な理論が過去の理論を含む形で発展しています。

先ほどの導出で、

$$d = \frac{1}{\sqrt{1 - v^2}}$$

とありましたが、d は実数でなければならないので、

$$1 - v^2 \geq 0$$

が要請されます。ここで、1とおいていた光速 c を復活させると、

$$1 - \left(\frac{v}{c}\right)^2 \geq 0$$

これを整理すると、

$$c^2 \geq v^2$$

つまり、

$$\mathrm{c} \geq |v|$$

となります。これは慣性座標系の速度が光速を超えられないことを意味します。ここでは導きませんが、この結果は「物体の速度は光速を超えることはできない」という有名な事実につながります。

超弦理論

このような、これまでの理論の限界に直面しその限界を超えた原理を設定することで一から理論を組み立てていくプロセスは、現在の理論物理学の研究でも行われています。理論物理学の最先端の一つ、超弦理論では、一般相対性理論と量子力学の限界を超えた新しい最も基本的な原理を探求しています。

一般相対性理論は特殊相対性理論に重力を含めることによって構成され、結果、宇宙全体を記述することができます。一方、量子力学はニュートン力学のもう一つの限界である、極微の世界を含めて記述する理論です。一般相対性理論に基づく考察の結果、宇宙の始まりにおいては、宇宙空間全体が極

微の世界となっていることが知られていますが、その極微の始まりの手前が理論の限界となっています。よって、宇宙の始まりを知るためには一般相対性理論と量子力学の融合が必要になってきます。しかし、単純に融合すると矛盾が起こることが知られています。

一般相対性理論と量子力学は粒子の理論ですが、実は粒子は近似的描像に過ぎず、たった一種類の弦（ひも）で様々な粒子はできているという描像の下で理論を構成すると一般相対性理論と量子力学が矛盾なく融合されることが知られています。それが超弦理論です。ただし、超弦理論は完成されておらず、真の原理はまだ確立していません。結果、新しい物理現象を予言できていません。これまでの超弦理論を越えた新しい原理が必要だと考えられています。

私は超弦理論の新しい基本原理を提案して、弦幾何理論という理論を構成しました[3)]。弦幾何理論からはこれまでの超弦理論を導出することができます。つまり弦幾何理論は超弦理論を含みます。弦幾何理論においては粒子だけでなく、時空自体も弦（ひも）で構成されるという描像が得られます。現在は弦幾何理論に共鳴した共同研究者らとともに、弦幾何理論をさらに深く理解し、新しい物理現象の予言を行おうと日々努力しています。

参考文献

１）アルバート・アインシュタイン著、内山龍雄訳『相対性理論』岩波書店、1988年。

２）小玉英雄『一般相対性理論』岩波書店、2000年。

３）Matsuo Sato, “String Geometry and Non-perturbative Formulation of String Theory”, arXiv:1709.03587（2017）.

Lecture 3　「偶然」に遭遇する道

山田　勝也

受験勉強とは関係ない話

原稿の依頼を受けてタイムマシンのように高校生の頃の気持ちを思い出しました。大学紛争が高校に降りてきて長い間学園紛争があり、学校が機動隊に封鎖され、入ろうとした友達が大勢逮捕されたり、今ではあまり想像できないかもしれませんが、全体としてそういう時代でした。

何がおきているのか情報が少なく、どう振る舞うのが正しいのか、生徒も保護者も先生も意見が分れたので、クラス単位で話し合ってはいろいろ決めていましたが紛糾して大変でした。経験も乏しかったので、これはという先生にはお考えもお聞きしたくて、３人位で漢文の先生のご自宅にお邪魔したこともあります。先生は、日本は狭い。山を削り海を埋めよと言われました。実際に削ったら色々困ると今なら考えますが、強烈なインパクトでした。こうした直接勉強とは関係ない話は鮮烈に残りますね。

１年分の体育の授業を１日でやるからみんな校庭に集まれ、という日もありました。高校生だからこうあるべきだというような基準がなく、みんな思い思いにやっていました。友達が大きな本屋に行くというので、暇なのでついていくと新鮮でした。大きな図書館もよかったですねえ。入り浸るものですから雑誌なんかはすぐ読みきって飽きてしまいます。たまに体を動かすと気持ちがいいように、頭も背伸びしたくなるのかもしれません。いつのまにか学術書なんかが並んでいる階を覗いてみると、人もいないし何か格調高い雰囲気。

やまだ　かつや　医学研究科　准教授
酸素、ブドウ糖と脳の関係を調べるうち、蛍光で光らせたL-ブドウ糖をがんが取り込み光ることを発見、国際特許を取得。脳研究と並行して、診断法開発や取込みを阻害するリンゴポリフェノールの研究も進めている。

昨今ブラックホールの予言でも有名なアインシュタイン先生が若い時に影響されたと確か自伝だったかに書いていたので、翻訳本でしたが音速で有名なマッハ（Ernst Mach）という人の書いた『マッハ力学』[1)]と、プランク（Max Planck）という人の書いた昔の教科書[2)]を手に取りました。人間追い立てられなければ、暇で何かしてみたくなるのかもしれません。ただ読むだけなんですが、時々理解しようと自分でも少し考え、そんな程度でしたが考えている時は少しどきどきしましたね。頭の中が立体空間になったような感じで、ぐるぐるするというか最初は少し気持ち悪かったですね。急に運動するみたいなもんですか。

マッハ力学は正直全然面白くありませんでしたが（私の力がなかっただけですね）、力学の本というよりひたすら実験は間違っていることもあるし、実験条件を細かくみてみないと結論も鵜呑みにできないというような趣旨で具体的な実験のことが書かれていたように思います。緑色の布カバーの本ですが、最近仕事でご一緒しているＡＩ企業の技術部門を率いている方が若い時やはりそれを読んでいて緑色の布カバーで盛り上がりました。教科書に書かれている原理を疑うなど、学校ではあり得ないことだったので、お互いマッハの姿勢には影響を受けたようですね。

量子論の祖と言われノーベル賞受賞者でもあるプランクの本は、一見難しそうな大学生向けの物理学の本でしたが、一つずつゆっくり読み重ねていけば高校生でも！全ての論理が追えるんだと本当に驚きました。中学高校の教科書はいくら読んでもそこらじゅう、全くわからないことだらけで、成績の良い友人には追いつけない自分は頭が悪いと傷つき諦めていたので、目から鱗でした。ただ、プランクやマッハの世界と、わからなくても覚えて短時間でひたすら問題を解かなければ先に進めない受験勉強とのギャップは開く一方でしたね。

私の場合更に残念なことに、手を動かす方も非常に遅い。手を動かすと頭が完全に止まるという惨憺たる状況でした。どうしたらいいんでしょうねえ。でもそれが20～30年も経つと、あっちの国の研究所やこっちの国の人とすっかり盛り上がったり、一緒に研究をしてるんですね。それはもう受験勉強と違って楽しいのなんの（受験生の方、ごめんなさい）。それで、皆さんの勉強のイメージとはもしかするとちょっと違うかもしれませんが、こんな私でも楽しんでる研究のお話を少ししてみようと思います。

研究していて楽しいですか？

と、そういうわけでもし聞かれたら、正直自分の場合これ以上楽しいことやわくわくすることはありません、とすぐ答えます。小さい頃から音楽も大好きなので、あまりに素晴らしい生演奏を聴いた時のこと、このまま死んだら幸せかもなと感じたこともありますし、ごくたまに下手の横好きでセッションなどに加わると、本人はそれはもちろんとても楽しいですし、他の人も優しいので温かい気持ちになります。で他にも長い人生いろいろ楽しいこともありますが、それらはこの世の出来事という感じです。

これに対して研究の場合、時々全く予想もしていなかった偶然に遭遇することがあるのですが、そういう時は子供の頃テレビでＳＦを見ているような、あたかも宇宙船に乗って突然見たこともない世界に突入してしまったような感覚を覚えます。大げさかもしれませんが、世界から解き放たれ時間とか場所の感覚が一瞬なくなるような自由な感じと、自分が何か永遠とつながっているゾーンに一瞬存在しているかのような、一体何が起こっているのかわからない、おいおいまじか、俄かに信じられないといった高揚感があります。

この惑星はどんなところかな、と真っ暗闇の中を宇宙船を降下させていくような感覚です。装置を行き来しながら思わず鼻歌も出ます。いつもと同じ実験室が輝いて見えます。正解のある問題の解き方を覚えるのは死ぬほど苦痛でしたが、探検や秘密基地は小学生の時から何しろ大好きですから。

必ず報われる研究

どうしたらそんな「偶然」に出会えるのさ、ですか？ 私の考えでは、特別な事は何も必要ありません。ただ、自分で考えて自分が出会った結果に基づいて、また自分で考えてはこつこつとやっていると、いつとはいいませんが、そのうちほぼ必ず出会えます。一度でも出会うと、また次も出会えるようになりますので、人によってはすっかりはまります。これまでに私のところである程度以上の期間指導した学生さんや、博士号の研究指導をした大学院生に聞いていただければ、ほとんどそういう経験をしたと答えてくれるのではないかなと思います。

でも最初のうちはあまりうまくいかないかもしれません。やればやるほど条件の組み合わせが無限に増えていくように感じたりもします。やる度に結果が違ったりすると嫌になってやめたくなったりしますよね。私もそう思う時期がありました。経験を積むとだんだん効率的にできるようになってくるのですが、場合によると２～３年もいろいろ失敗が続くこともあります。でも実はその時、学んでいるんですね。

「偶然」に遭遇する道を早く進む方法がありますか？ と若い方に聞かれれば、まず良く見ること、それから良い先生を見つけることですと答えます。目の前で信じられない現象が起きていても、人間は往々にして頭でこうであるはずと決めつけていることしか見ていないようです。良く見ることができるようになると発見の準備は完了です。同じ現象を学生さんと２人で見ている時、見ているところが違うことがあります。私は失敗を繰り返して痛い目にあっていた大学院生時代のあるお正月、今年はよく見ることを目標にするぞと決めたことを覚えています。どれだけよく見えるようになったかわかりませんが。

そして失敗しても長い目で見守ってくれる、実力を備えた、できれば何の分野でも構いませんのでその分野では世界有数とされる上司（英語ではメンターといいますね）に出会えた人は早く頭角を現し、その後も順調にキャリアを重ね、幸せかもしれません。でもなかなかそういかないこともあるでしょうし、真逆のこともあるかもしれません。反面教師といって、まともに指導もしてくれないし、怒ってばかりいる先生もいるかもしれませんが、一人前になって早くここを逃げ出さなければと頑張って立派なお弟子さんが出る場合も現実にありますので、どちらが良いかは一概に言えません。

20年位前、中国からの女子の国費留学生、身なりもかまわず昼夜土日も働いているけれどもまだ結果がでない博士課程３年の大学院生が泣いているのでどうしたのか聞きました。すると、私はこのあいだ久しぶりに国に帰ったら、既に立派な論文を書いた他の留学生と比べられ、あなたは一体日本で何をしていたのですかと酷く軽蔑された。私は論文なしでは国に帰れないからもう死ぬしかないというのです。実験指導は同僚の教官がしていましたので直接のアドバイスはできませんが、あなたは今滑走路を猛スピードで走っているから他人からは飛んでいない、何もしてないと思われるかもしれないけれど、滑走路でどんどん加速すれば必ずいつか離陸する。そうすれば人の見方もすっかり変わるからあともう少しだと慰めました。翌年彼女は本当に実験がうまく行きだし、結局最後は一流雑誌に３つも論文が受理され、無事博士となり母国で活躍しています。

他にも、上司と喧嘩してもうやめてやると大声を出していた大学院生、あと少しの辛抱だからと何回も話を聞き、なんとかその後博士号をとって助手にもなりました。後に開業し、20年位たち、その土地では知らない人がいない位の病院になり、先生お世話になったのでなんでも美味しいものをご馳走しますから、と言ってくれたことがありました。まだご馳走になってませんが。

別のある留学生は、日本に来てから１年経ってもなかなか研究を始めず、日本語の勉強をすると言っては図書館に引きこもって実験室にいません。ようやく始めても、実験指導をすると、先生に言われたことをするのではうまくいっても自分は何も面白くない、博士号を取ったらもう研究をやめると言っていましたが、私も若かったので厳しくトレーニングをして２本の論文を早めに仕上げ、さあもう学位は取れるので、後は１人で思うように実験をしてみてもいいよと彼が博士課程最後の年は自由にすごしてもらいました。すると彼は、当時私や同業者の誰も予想だにしていなかった重要な結果をひとつ見つけました。その後アメリカに渡った彼はとても良い指導者に巡り合い、今や世界のあちこちからお呼びがかかる研究者として活躍し、最近私をアメリカの自分の大学に招待してくれました。大きな家も建て幸せそうな彼をみて私も嬉しかったですが、ハードワーカーの彼は、あれ、自分の学生さんのことを最近の若いもんは全くなってない！ とぼやいていましたよ。

ある外国映画で、上司から激しい仕打ちを受け、お前などやめてしまえと言われ続けてもやめなかった男を上司が不思議に思い、なぜやめないんだと逆に聞いたところ、泣きながら、俺は他に行くところがどこにもないんだと話したシーンも印象に残っています。結局最後はその男が立派に巣立つという映画でした。少なくとも科学の世界では、頑張れば必ず報われると私は思います。立身出世のことではないですよ。自然が真実をあなたにだけ少し見せてくれるということです。

美しい現象は必ず生き残る

さて、とにかくこうして新しい現象に偶然遭遇すると、それが自然の本当の姿であるのか、実験上の間違いなのか。もしも本当であるならば、一体どのような仕組みでその現象がおきるのか。現象の意味や役割はどのような点にあるのか？ と確かめ、説明していく旅が始まります。何の世界でも同じかもしれませんが、他の人があまり歩いたことのない道には行く手を阻む関門が現れます。先は見えませんし、川が渡れなければ橋も作らなければいけないかもしれません。崖を前に途方にくれるかもしれません。そっちに向かってよいのか、誰もわかりません。

そういう時、私の経験では、最初に目にした現象が美しければ、必ず最後までその現象は生き残り、真実の力が自ずと道を切り開いていきます。その際、最初の関門が大事です。見つけた現象と同じ現象が繰り返しおこることを確認する、科学の世界でいわゆる「再現性」と呼ばれる関門です。これがかなりの強敵です。ビギナーズラックと言いますが、最初にまず強敵と当たらせ、たまたまだろう、まぐれだと思ってしまう挑戦者をふるいに掛けて落とす感じですね。私の場合、現象が美しく、そしてもし２度起きたら、必ず理由があるはずだ、最後まで取り組む意義がある、と考えます。

でもその後は、実験するたびに結果が違ったり、どの条件がどうであればその現象が起こるのかをほぼ完全に理解するまで長い時間がかかるのが普通です。ここを突破するには、それぞれの条件を制御する技術をしっかり作り、考えうる限り実験条件をそれぞれ一定にしたり、逆にずらした時に結果がどうなるかを把握する作業を続けます。新しい装置や方法を考案することで初めて突破できることもあります。それでもいよいよ行き詰まったら、文献を勉強して先人の知恵に学んだり、いろいろな分野の専門家のところに相

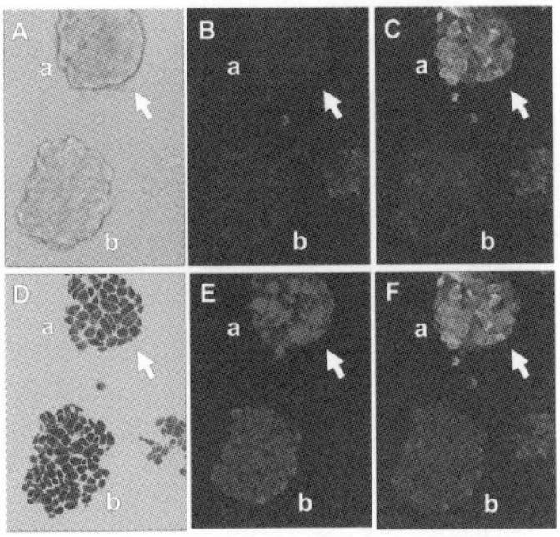

図　悪性腫瘍を特徴づける大小不同の核をもつ腫瘍細胞塊ａに蛍光Ｌ－ブドウ糖が強く取り込まれる様子（巻頭カラー）

Ａ：一見よく似た腫瘍細胞塊ａと細胞塊ｂ　　Ｂ：蛍光Ｌ－ブドウ糖投与前の自家蛍光
Ｃ：蛍光Ｌ－ブドウ糖投与後の蛍光像　　Ｄ：蛍光Ｌ－ブドウ糖を均一に投与中の蛍光像
Ｅ：細胞塊ａは大小不同な異常核を示す　　Ｆ：蛍光Ｌ－ブドウ糖と核染色の重ね合せ

（出典）Sasaki A. et al. Human Cell 29 :37-45(2016) より改変

談に出かけたりすることがその時はとても役立つでしょう。最初から読んだり人に聞いたら早いだろうと思うかもしれませんが、それはお勧めしません。

ある時医学部で、正解のない試験問題を出したことがありますが、学生さんがどうやって採点するんですか？ と怪訝な顔で聞きます。私は、世の中にでると誰も正解がわからない現象に１人で直面するようになるから、その時になって慌てないように今から自分で考える練習を始めようと話したところ、それはその時になったらやりますから、今は正解のある問題を出して下さいと言われたことがあります。でも考えるということは、スポーツと同じで一足飛びにはなかなかできないと思いますよ。

他に関門突破のこつをお教えしましょう。以前に関門を突破したことがある、という経験がすごく効きます。別の分野でのことでも構いません。とにかく目の前で起きている現象は超常現象ではないのだから、そうなるには必ず理由があるはずだ、と、普段当たり前と思っている各条件を詳しく吟味して、しっかり制御できるように積み重ねてはその時起きた現象を再度よく見て整理していくと、不思議と「再現性」が得られるポイントがわかってきます。積み重ねと、そしてやりっぱなしでなく結果を「整理することの威力」もばかにできません。整理している時にも発見があります。感動します。

そこまで来たら、最後にトップシークレットを教えましょう。意気込んで実験を始めると、そういう時に限って、装置のトラブルや予想もしない障害が重なって、実験を今日はやめた方がよいかもしれないといった事態がおきるものです。このような時、私の研究室では、敵は相当追い詰められているね、なりふり構わずはやく諦めろと言っているから、パワーを10倍に上げろ、と話します。同じ日にもし３つトラブルが連続したら、必ずその日は新しい現象を少しだけ教えてくれるよ、と話しています。トラブルが起きるたび、なめるなよとパワーを10倍、更に100倍にして、臨機応変に対応し、場合によっては装置を即興で作ってでも、そして仮に倒れても、絶対にただでは起きない、必ず尻尾を掴んで、それを次に繋げるんだと話します。

かく言う私も、博士課程の時、目の前で突破していく大先生を間近に見ることが勉強になりました。自分にはとても無理と内心諦めかけていましたが、海外からも尊敬を集めている先生がこつこつと毎日地道に工夫を重ねている姿を見ると、自分も工夫しないとなと自然に思いました。逆に、ついている先生が頼りにできない先生だと思ったら、自分でやるしかないと覚悟を決めて遮二無二やっているうちに、不思議とどこかでそれを見て助けてくれる人がきっと現れるものです。

もしかして

やった、美しい「偶然」に遭遇したと興奮しても、実は同じようなことがほぼ同時期に世界の他の場所で見つかっていたりすることもあります。進みが遅いと、先に発表され、ああ自分も見つけていたのにと。博士課程の時、フランスから来ていた研究者と実験している時でした。新しい現象が２つ見つかり、その分野で高名なカリフォルニアの研究者に手紙を書き、研究室を訪問したところ、１つの現象は同じ結果を先方が既に論文投稿中。しかしもう１つの現象は、先方も、たまたまその研究室にイギリスから実験に訪れていた研究者と顔を見合わせ一瞬絶句したあと、理論的にはありうると言いました。私は内心、してやったと思いましたが、ほどなく似た内容がネイチャーという有名な雑誌などに３つ出たのを横目に、自分にも発見のチャンスはめぐってくるんだなと思う一方で、なんかこんなちょっと早いか遅いかで評価が変わるような世界で一生やるのは嫌だなと思いました。

特に博士課程の時には各国の有名な先生が毎月のように訪れる研究室に所属しており、それらの先生が来るたびに驚くようなみやげ話をしていくので、いつも目が白黒して世界が永遠に追いつけない速度で進んでいくように感じました。幸運なことに別の大学で助手（今でいう助教）にしてもらってすぐ、特に何をやれとも言われず頭を冷やす一年間がありました。その時、人の興味に従って流行のこと（つまり誰が聞いても面白い）をやるから勝った負けたになる。お釈迦様の手の中でその気になってる孫悟空かも。自分が高校生の頃、本当に興味があったのは何だったんだろうと考えました。そこに向かう近道は思いつかなかったのですが、仕方なく自分にできることから一歩ずつ、いろんな先生に教えを受けながら10年ほどやっていました（10年そんなことをしていたら今なら首ですね）。

そうしたら浦島太郎のように、ある時急に、ネイチャー・プロトコル（Nature Protocols）という新しい雑誌を作るから創刊号に書いてくれないかと言われる幸運があり（結局間に合わずに掲載は第２巻になりました）、それが元で海外の会議に呼ばれたりするようになりました。自分の論文を読んでくれていたりすると何か少しうれしい気持ちですよね。いろんな方に助けられて少しずつ大きな予算もとれるようになり、チームでやるようになっていきました。

研究は100ｍ競争とは違っていろいろな物差しがあり、人はそれぞれ異なる視点から独自のアプローチで取り組むことのできる自由な世界だと思います。私の場合は、誰かが注目し始めた仕事は後を任せて、なるべく誰も目を向けない仕事（秘密基地ですね！）に集中したいと思っていますが、１人ではなかなか全関門を突破できない。そこで、最近は国内のほかにもいろんな国の人とタッグを組んでいます。逆に現象がはっきりして秘密ではなくなり、多くの人がもし取り組むようになれば、もう自分はやらなくてもいいかなと考えるタイプです。何しろ自由なんですから！

というわけで、若い皆さんは大学で、これはという先生の部屋を、１人では気がひけるなら２～３人で勇気を振り絞ってともかくノックしてください。偉い先生の場合、質問すると、それはね、こうするとこうなる、それから世界の誰々がこうだと言っているがその先はわかっていないんだ、そこからは君たちの仕事だよとか答えてくれるはずです。なんならうちで少し実験でもしてみますかと誘ってくれるかもしれません。こういう良い本があるから興味があれば読んでみたらとか、その問題ならこの先生に相談してみたらと紹介してくれるかも知れません。世界には平坦でない道を歩んできた心やさしい研究者がたくさんいますよ。気に入った先生と話しているうちに、へー大学ってこんなところだったんだ、研究ってなんかちょっと気になるかもときっと思うでしょう。

参考文献

1）エルンスト・マッハ著、伏見譲訳『マッハ力学ー力学の批判的発展史ー』講談社、1969年。

2）マックス・プランク著、寺澤寛一、久松啓一共訳『理論物理学汎論　一般力学』裳華房、1926年。

序に「予が長い間教職にあつての經驗に依れば、理論物理學を初めて學ばんとする學生が最も困難とする所は、多くその數學的の式ではなく、寧ろ提供された考程の物理的内容に存する。即ち方程式の計算にあらで、却つて其の構成並びに説明に彼等は最も悩むのである。此の方面に於いて親しく教導の任に當らんとするのが本書の主眼である。(中略)今心に浮かぶことは、力學の體系を、既に完成したものとしないで一歩一歩に成長し来ったものとして讀者に導き、(中略)因って以て未知の天地を單獨に渉獵するに際して、思索者が受ける特殊な衝動を多少でも殘す様にしたことである」とあります。(https://www.shokabo.co.jp/oldbooks/1926Planck-mecha/intro.pdf)

おすすめの本

・ニコルス・クフラー著、金子章道、小幡邦彦訳『ニューロンから脳へー神経生物学入門ー』廣川書店、1980年。

神経科学者でこれを読んでその道に進んだと述べている人も多い本です。私もその１人です。第２版もとても素晴らしいですが、第３～５版だったらKufflerが亡くなって中身は別物ですのでお勧めしません。日本語訳は絶版ですが、英語版はアマゾンでも入手でき、弘前大学にも第１版と第２版があり、全国の大学図書館にもあるはずです。もしも大学生になったら少し無理をしてぜひ原著（英語）で読んでください。興奮して読み進められないほどでした。

・From Neuron to Brain: Cellular Approach to the Function of the Nervous System. Second Edition by Stephen W. Kuffler. John G. Nicholls (1984).

Lecture 4　がんを捉える

渡邉　純・吉岡治彦・堀江香代

臨床検査技師・細胞検査士の仕事

1．臨床検査技師の仕事

みなさんは年に１度、学校や職場で定期的に健康診断を行っていると思います。その時に血液や尿を採取し、また中には心電図やエコー検査を受けた人もいるかもしれません。これらの検査に関わっているのが臨床検査技師です。臨床検査は大きく分けると次の４つに分類されます。①患者さんから採取された血液・尿などに含まれる成分や細菌などを調べる検体検査。②直接患者さんに接して行う、心電図・呼吸機能・脳波・筋電図・超音波などの生理機能検査。③ DNA や RNA などを対象とした遺伝子検査。④患者さんの組織や細胞を顕微鏡で観察する病理学的検査。それぞれの検査について簡単に説明したいと思います。

①検体検査は血液に含まれる様々な成分を分析し、体のどこに異常があるのか？ 炎症があるのか？ 栄養状態はどうか？ などを調べます。尿検査では、いろいろな腎臓の病気や、炎症、腫瘍などを見つけることを目的としています。また、髄液や胸水、腹水などを調べることもあります。②生理機能

わたなべ　じゅん　　保健学研究科　教授
東京都出身。愛媛大学医学部医学科卒業。米国マウントサイナイ医科大学研究員、北里大学医学部産婦人科助教、病理学講師、准教授を経て 2010 年より現職。研究分野は婦人科病理学、臨床細胞学。
よしおか　はるひこ　　保健学研究科　助教
青森県出身。弘前大学医療技術短期大学部衛生技術学科卒業、弘前大学大学院保健学研究科博士後期課程修了（博士号取得）。1984 年から弘前大学医学部附属病院、青森市民病院を経て 2010 年より現職。研究分野は細胞診検査。
ほりえ　かよ　　保健学研究科　助教
神奈川県出身。北里大学大学院医療系研究科医学専攻博士課程修了。北海道大学大学院先端生命科学研究院複合糖質機能化学グループ博士研究員を経て 2014 年より現職。研究分野は腫瘍病理学、臨床細胞学。

検査の一つである心電図検査は心臓から出される微小な電気を検出し、心臓の動きや心筋の障害を調べます。同様に脳波検査は大脳の活動状態を調べます。また超音波エコー検査では腫瘍や胆石、動脈硬化など様々な疾患を発見することができます。③遺伝子検査はDNAやRNAを解析しヒトの先天異常、代謝異常、また腫瘍の診断や感染した細菌やウイルスの検出を行います。

④病理検査はがんが疑われる場合にその部位の細胞や組織をとって、その中にがん細胞があるかどうかを顕微鏡で調べます。

２．細胞検査士の仕事

病理検査の中でも細胞の検査を行う専門職が「細胞検査士」になります。簡単に言うと顕微鏡でがん細胞を見つける仕事です。では、どのように正常細胞とがん細胞を見分けていくのでしょう？　左の写真はどちらも黄色くて丸い果物が二つ並んでいますが、それぞれ何の果物かわかりますか？　これは向かって左がマルメロ、右が花梨（かりん）になります。両者はとてもよく似ていて一見同じ果物に見えますが、よく見ると違っている部分が見つかります。まず、向かって右側の花梨は表面がツルツルしているのに対して左のマルメロは表面に細かいうぶ毛が生えているのが分かります。また、花梨の形は楕円形ですがマルメロは花梨よりも丸くてごつごつしています。このように両方で似ている部分と違う部分を探して正常細胞とがん細胞を見分けていくのです。

２つの丸い果物（巻頭カラー）

細胞検査士は細胞の形や大きさなど細かい部分を観察し、その細胞が悪性か良性か、またはどこの組織から出てきた細胞なのかを判別していきます。そのためには細胞の形を判断するだけでなく、体の構造（解剖学）や臓器を構成する組織（組織学）や病気のことなど様々なことを理解した上で慎重に診断に結び付けていきます。細胞診はがん細胞などの悪性細胞の早期発見、がんの組織型の推定の他にも良性病変の推定、ウイルスや真菌などの感染症、ホルモン状態の推定なども行います。また最近では悪性腫瘍の予後判定、治療効果判定の補助診断としての役割も担っており、がんの診断に欠かせない検査となっています。今や日本人の２人に１人は一生のうちに一度はがんにかかると言われている時代です。細胞検査士はがん検査の専門職としてがんの早期発見・診断に貢献し、医療の現場で活躍しています。（堀江　香代）

がんの診断について

皆さんは、がんの診断が現在どのようになされているか知っていますか。

がんは、がんの一部から切除・採取された組織や細胞標本を顕微鏡で見ること（鏡検）によって診断されています。では、鏡検するとはどういうことなのでしょうか。

１．誰が鏡検するの？

組織標本は、病理専門医が鏡検して診断します。この診断は、がんの最終診断であり、これを基に治療方針が決定されます。

細胞診標本は、細胞検査士がまず鏡検して判定します。そして、異常のあった症例は細胞診専門医と一緒に鏡検して診断されます。

２．鏡検して何をどのようにして診断するの？

図１　何が写っている？

組織や細胞の形を見て診断します。右の写真（図１）を例にして説明します。右の写真には何が写っていますか。まず、全体像を把握して、だんだんと細かい所見を観察していきます。全体像として、青い空と山、ビルが見えます。天気は快晴、山は独立峰で、中腹より上に雪が積もっています。ビルは最も高いもので10階程度です。

次に、山とビルの観察です。山頂には２つ（あるいは３つ）のピークがあります。ビルとの距離はそれほど遠くはなく、山の標高も2000m 以上はなさそうです。ビルには、東天などの名前が読み取れます。

以上の所見をもとに、この山の名前を判断します。第一に、青森県にある岩木山が挙げられます。区別すべき山としては岩手県にある岩手山が挙げられます。どちらも街から近い独立峰ですが、山の形が違います。岩木山の山頂には２つ（あるいは３つ）のピークがあり、女性の横顔に見えます（右が額）。さらに、盛岡には東天閣はありますが東天はありません（これはかなりの実力者でないと知らないと思います）。以上から、知識と経験をもとに岩木山であると最終判断されます。実力が不十分だと、岩手山だと誤った判断をしてしまうかもしれません。

３．実際にがんを診断してみましょう！

子宮の入り口にできた癌（子宮頸癌）の例を説明します。図２が染色液によりピンクと紫に染められている組織標本像、図３が染色液で薄緑と紫に染められている細胞診標本像です。

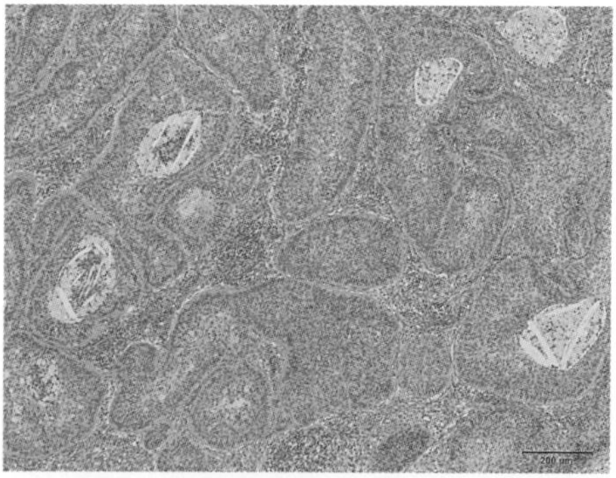

図２　組織標本像（巻頭カラー）

１）組織標本像：低倍率の像なので細胞の配列などの構造を観察します。細胞が蜂巣状（島状）の塊として増殖しているのが分かります。

次に細胞を観察するのですが、次の細胞診標本像で細胞の見方を説明します。

２）細胞診標本像：細胞が集塊状から一部ばらばらに出現しているのが分かります。細胞は、細胞を構成する成分のうち大きいものから小さいものへ、つまり細胞＞細胞質＞核＞クロマチン（染色質）＞核小体と順を追って観察するのが基本です。あちこちの所見をごちゃごちゃに観察していくと見落としが出てしまう恐れがあるからです。

実際には、細胞は大型で、細胞質は薄緑に染まり、核も大型で大小様々です。核の形は卵型で、位置は細胞の中央にあります。クロマチンは紫に濃く染まります。赤っぽく染まる核小体も見られます。

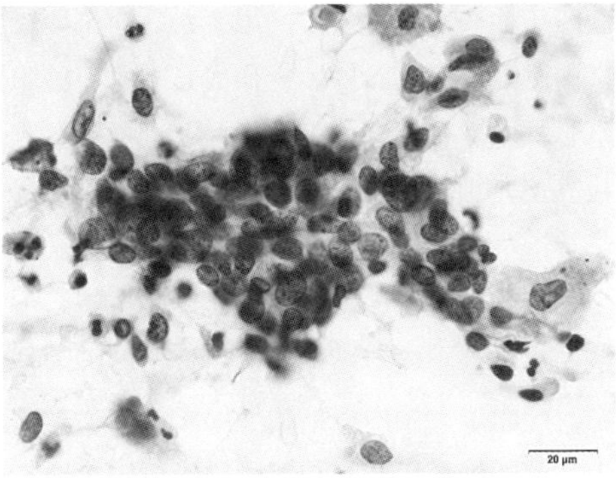

図３　細胞診標本像（巻頭カラー）

以上のことから、診断として悪性の「扁平上皮癌」を第一に考えます。区別する病気として、癌の手前の病変としての「高度異形成」が挙げられますが、細胞の見た目で悪性と判断されることから除外されます。

形は慣れれば誰でもわかります。あとは勉強と経験を積めば必ず自分で診断が出来るようになります。興味のある方は是非がん細胞を顕微鏡で見てみてください。（渡邉 純）

顕微鏡を見て正常細胞の中から、がん細胞を探す
—どうしたら細胞検査士になれるの？
どんな細胞検査士を目指すの？—

みなさん。ここまでで、“がんとは何か？”を理解できましたか。そして、“がん”の病理組織細胞検査・病理診断を担う職業は、臨床検査技師と病理専門医であることも理解できたこと思います。では、最後に、細胞検査士になる方法と、我々が目指している細胞検査士像について紹介したいと思います。

１．細胞診断とは

細胞検査士は、細胞診断の判定を担う医療職です。細胞診断とは形態学的な臨床検査の一つです。患者から病気の細胞を採取し、スライドガラスの上に展開して細胞診標本を作成します。細胞診標本を、光学顕微鏡を用いて観察し採取された部位の病態などを推定、判断します。この一連の作業を細胞検査士と細胞診専門医が、役割分担して行っています。

２．細胞検査士の受験資格と資格更新

細胞検査士の資格には国内資格と国際資格があり、それぞれ受験が違います。今回は、国内資格について説明します。

１）細胞検査士資格認定受験資格について

概して３つのコースがあります。

コース１：臨床検査技師の資格取得後、主として細胞診検査実務に１年以上従事したもの。

コース２：臨床検査技師の資格を有し、日本臨床細胞学会認定の細胞診技術者養成機関卒業見込みの者または卒業者。例えば、財団法人癌研究会有明病院付設細胞検査士養成所（現在の公益財団法人がん研究会）、他９施設

コース３：４年制大学で、日本臨床細胞学会認定の細胞検査士養成課程修了者で大学卒業見込み者または卒業者、および該当課程修了者で臨床検査技師の資格を取得した者。例えば、弘前大学医学部保健学科細胞検査士養成課程、他８大学

弘前大学医学部保健学科検査技術科学専攻では細胞検査士養成課程が設置されており、コース３に該当します。弘前大学のように在学中に細胞検査士の受験資格を得られる大学は全国に８大学しかないのです。

２）細胞検査士資格更新について

細胞検査士の資格は５年ごとに更新します（2016年７月29日　細胞検査士の業務及び資格更新に関する施行細則改定）。ただし2015年に施行された第48回細胞検査士資格認定試験認定者については初回更新のみ期間４年となっています。これまでは４年更新だったのが５年更新に変更されました。この間に、学会が定める単位を取得してなければ資格が更新できないことになります。単位の内容を簡単に述べますと、細胞診業務単位、学会並びに細胞診

研修会参加単位、教育活動及び論文・著書・学会発表などの学術活動に従事した単位の３項に分けられていますが、実際には結構大変です。

３．弘前大学での細胞検査士養成課程のカリキュラム

私たちの細胞検査士養成課程は2009年４月に開設され、2019年５月現在、専任教員は渡邊、堀江、吉岡の３名で、学生は、現４年生７名が８期生として学んでいます。

養成課程のカリキュラムは、３年次より開講していますので３年次編入生も履修できます。養成課程の学生は、通常の検査技術科学専攻の講義・実習に加え、細胞診断学講義、演習が空き時間に入り、一日５コマの授業時間枠がほとんど埋まってしまうくらいの単位数を修得しなければなりません。３年次夏休みから卒業研究も始めます。４年次は細胞診断学実習を始め、さらに卒業研究・学会発表・卒論、就職活動、国家試験対策、細胞診試験対策を経て、10月の細胞検査士資格認定試験一次試験（筆記、画像問題）、12月の二次試験（顕微鏡、標本作成技術）に臨むことになります。養成課程の課題としては実習標本の不足、選択科目非修了者の取り扱い、学生の多忙な生活に伴う精神的な負担があります。

その対策として青森県内外の病院、検査センター、外部講師から標本をお借りし顕微鏡実習の充実を図り、さらに貴重症例はWSI（Whole Slide Image）としてデータ保存して活用しています。また、養成課程専用の研究室を設け、学生同士が協力して勉強や研究に専念し、日常リラックスして過ごせる環境を整備しました（７期生との実習室写真を掲載しましたのでご覧ください）。また、学生時代に非修了者であっても希望すれば卒業後にも勉強会などに受け入れるようにしています。

細胞検査士養成課程の実習室（７期生と教員）

養成課程の学生は、月２回の

弘前大学医学部附属病院病理部での細胞診症例検討会、月１回の婦人科病理カンファレンスにも参加させていただき、臨床に即した実践的な経験を積んでおります。また学生と教員が共に実習用標本の整理や、卒業研究のリサーチでのディスカッション、学会参加をすることを心掛け、春には弘前公園で観桜会、夏には暑気払い、冬には雪まつりに参加し交流を深めることも大事なこととしています。

４．To Comprehend Cancer-cells

このレクチャーで細胞診断を担う細胞検査士に興味をもって頂ければ幸いです。私たちも細胞検査士です。繰り返しになりますが、細胞検査士の役割は日夜、細胞診断の能力を高め、患者さんの早期診断、早期治療に役立つ臨床検査を提供することであります。私たちの養成課程では、特に大学としての使命として教育と研究を両立させることや、診断だけではなく現場で直面するであろう課題を自分で考え、解決することができる細胞科学者の卵を育成することと考えています。2019年度は９期生を迎えています。一層、細胞検査士養成課程チームが協力し、種々の課題を分かち合いながら、がん細胞と真剣に向き合い、がん細胞からのメッセージをサイエンスしていきたいと思っています。

“To Comprehend Cancer-cells”

これでレクチャーを終わります。最後までお付き合い、ありがとうございました。（吉岡　治彦）

Lecture 5　スポーツに伴う怪我の原因は“足”にあった

尾田　　敦

日本のスポーツ界は、2020東京オリンピック・パラリンピックを控え、本格的な強化が進んでいます。また、青森県では2025年に国民スポーツ大会（旧国民体育大会）の開催が決定していますので、青森県体育協会としても県内の競技レベルの向上を図るために医事委員会を中心とした中高生レベルのアスリートの発掘・育成に力を入れはじめました。

しかしながら、どのスポーツでも怪我が付きものといった言われ方をされているほど、多くのスポーツ傷害（怪我のことを指します）に悩まされ、志半ばで選手生命を終えるアスリートが多いのも事実です。選手の競技力を高めるためには、極力、傷害の発生を予防しなければなりません。しかし、多くの傷害発生についてはその原因が明確になっていないことも多いのが現状です。

本稿では、可能な限り傷害の原因を追及して述べます。トレーニング及びリハビリテーションの一助としていただければ幸いです。

足部の骨構造と柔軟性（可動性）

ヒトの運動を考えるとき、動的姿勢の基本である立位において地面に唯一接しているのが足部であり、足部の状態（アライメント）変化がその上の

おだ　あつし　　保健学研究科　教授
・青森県出身　1962年生
・弘前大学医療技術短期大学部理学療法学科卒業　理学療法士
・仙台大学大学院スポーツ科学研究科健康福祉科学領域修士課程修了　修士（スポーツ科学）
・弘前大学大学院保健学研究科健康支援科学領域老年保健学分野博士後期課程　博士（保健学）
・教育分野：理学療法学，義肢装具学，スポーツ科学，筋骨格系障害学，
・研究分野：足部機能と運動連鎖と姿勢制御，運動分析

各体節の位置関係に影響を及ぼし、姿勢を変化させます。アライメントとは、身体の各部位の相対的位置関係のことをいいます。

一般に足部とは足関節より遠位の体節を指し、下腿（すねの部分）の骨である脛骨・腓骨は含まれません。片側の足部を構成する骨は、足根骨７個、中足骨５個、趾骨14個（基節骨５個、中節骨４個、末節骨５個）、種子骨２（～３）個の合計28個あり、稀に数個の副骨を有している場合もあります。両足では56個となり、身体全体を構成する骨の数がおよそ206個といわれていることから、約1/4の骨が足部に集中していることになります。その結果、関節の数38個、靱帯の数107個となり、筋肉の数は全身の2/3が下肢に存在（身体全体では650個）するといわれています。足部は、後足部・中足部・前足部に分かれ、それぞれの間は横足根関節（ショパール関節）、足根中足関節（リスフラン関節）で結合されていて、前足部には中足骨と趾骨との間の中足趾節関節があり、それぞれ連動して動くことにより機能しています（図１）。

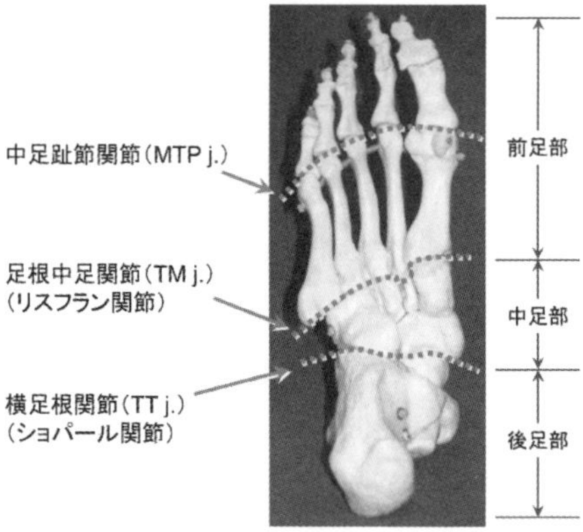

図１　足部底側面（右足）

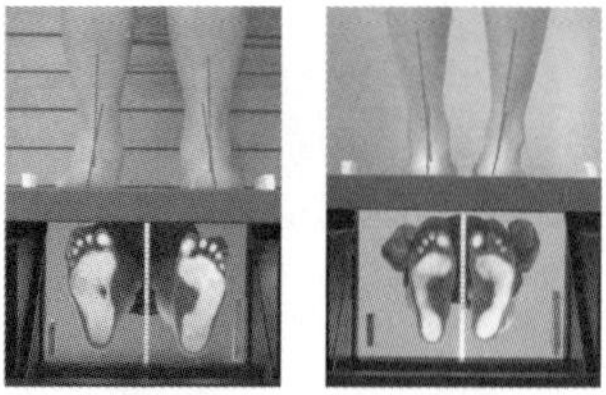

a. 回内位　　b. 回外位

図２　後足部の回内および回外の例

後ろから鍾を見て、暉骨が内側に傾いている状態を回内位（図のａ）といいます。この状態では前足部の可動性が大きくなって柔軟な足部となり、足部内側縦アーチか低くなります。

一方，睡骨が外側に傾いている状態を回外位（図のｂ）といいます。この状態では前足部の可動性か制限されて硬くなり、足部内側縦アーチが高くなります。

足部の柔軟性（特に前足部の可動性）は、後足部の向き（後ろから観察したときの踵の骨（踵骨といいます）の傾斜）などの状態によって決定されます（図２）[1)2)]。後ろから踵を見て、踵骨が外側に傾いている状態を回外位といいます。この状態では前足部の可動性が制限されて硬くなり、このとき、足部内側縦アーチ（土踏まず部分のアーチ構造）が高くなります。一方、踵骨が内側に傾いている状態を回内位といい、この状態では前足部の可動性が大きくなって、足部内側縦アーチが低くなります。

足部と下腿の動きの運動連鎖による姿勢への影響

図3は、足部（踵骨）と下腿の動き（回旋）の運動連鎖を示したものです。前述したように、後足部（踵骨）が回外することで前足部は硬くなって足アーチが高くなり、後足部が回内することで前足部は柔軟になってアーチは低くなりますが、踵骨の動きは下腿を外側または内側に回旋させるように影響を及ぼします。すなわち、後足部が回外すると下腿を外旋させる（外側に回旋させる）ことで、膝が外側に向きやすくなります。これを knee-out といいます。逆に後足部が回内すると下腿を内旋させる（内側に回旋させる）ことで、膝が内側に向きやすくなります。これを knee-in といいます。下腿の動きに伴って大腿部も回旋することとなり、下腿の外旋は大腿の外旋を、下腿の内旋は大腿部の内旋を生じます。後足部の回内・回外の大きさと下腿の内旋・外旋の大きさとは有意な正の相関があり、ほぼ直線的な関連性が示されています[3)]。そして、足部の状態はさらに骨盤の前後の傾きにも影響を与え、足部の回外は骨盤の後傾（後方に傾く）を招き、回内は骨盤の前傾（前方に傾く）を招きます。

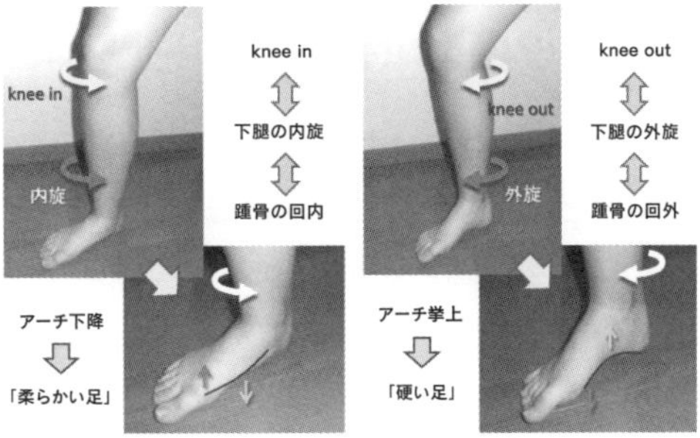

図3　足部（踵骨）と下腿の動きの運動連鎖

骨盤が後傾すると、生理的な腰椎の前彎が減少し、胸椎の後彎の減少、頸椎前彎の減少を招き、いわゆる flat back、straight neck をもたらすため、腰背部痛や頭痛が生じることもあります。逆に、腰椎前彎の増強は腰痛の原因となり、また、代償的に胸椎は後彎が増強しやすく、いわゆる円背姿勢となって、頸椎の前彎増強を招きます。同時に背中が丸くなり肩甲骨が開いて下降し、上腕骨頭が前方に突出して肩関節は前方への不安定性が増強するため、肩関節上後方の筋群（棘上筋・棘下筋・僧帽筋・肩甲挙筋など）は緊張が高まるので肩こり症状を呈するようになったり腕を上げにくくなって、肩関節の安定性に重要な役割を果たす肩関節腱板の負荷を増大させたり肩峰下滑液包炎などインピンジメントの症状が現れることもあります。

スポーツ傷害（怪我）の種類

スポーツに伴って生体に加わる総負荷量が過剰となり、生体の許容範囲を超えると怪我を発症します。総負荷量を決定する因子としては、１回の負荷量と繰り返し頻度があり、これらの相乗効果によりスポーツに伴う怪我は2つに分類されます。一つはスポーツ中に比較的大きな外力が急激に１回加わって発生するもので、スポーツ外傷といいます。１回の外力で発生するので、急性外傷、あるいは単に外傷とも呼ばれます。具体的には骨折・脱臼・打撲・肉離れなどの怪我がこれに相当し、コンタクトスポーツで発生しやすい特徴があります。もう一つは比較的小さな外力が、組織に長期間繰り返されて加えられて怪我に至るもので、スポーツ障害といいます。慢性的に組織にダメージが蓄積されて生じるので、慢性障害、あるいは単に障害とも呼ばれます。具体的には疲労骨折・腱鞘炎・野球肩・テニス肘などがこれに相当し、overuse injury（使いすぎ症候群）のほとんどはこの種類の怪我です。

生体の許容量の大きさを決定する因子としては、フォーム不良、誤ったトレーニング、過密スケジュールなどなどの技術的因子、用具不良や路面硬度・傾斜などの外的因子、未治療・不完全治療・変形治癒・潜在性疾患などの既存疾患、アライメント異常・関節弛緩性・筋の機能的短縮または相対的短縮・筋力低下・年齢・性差・体重などの内的因子・身体的素因が挙げられます。このうち、特に重要と思われるものは内的因子・身体的素因の中のアライメントの異常です。

前述したように、膝が内側に入りつま先が外を向いているようないわゆる knee in-toe out のアライメントでは、前十字靱帯を損傷しやすいことが指摘されています。そのほか、膝の内側の組織の伸張ストレスが増加するため内側側副靱帯の断裂・炎症や鵞足炎、膝蓋腱炎（内側型）を生じやすく、そして膝の外側には圧縮ストレスが増加するため外側半月板損傷を発症しやすくなります。足部のアーチが低下して、下腿内側に伸張ストレスを生じるため、シンスプリントやアキレス腱炎（内側型）を生じます。アーチの低下による足底面に存在する足底腱膜の伸張を招き炎症（足底鍵膜炎）を起こしたり、母趾内側への荷重負荷が大きくなることにより外反母趾などを生じやすいことが知られています。

一方、膝が外側を向いてつま先が内側を向くと knee out-toe in のアライメントでも特徴的な障害があります。膝の外側には伸張ストレスが増加するため、腸脛靱帯炎、膝蓋腱炎（外側型）を発症しやすく、そして膝の内側には圧縮ストレスが増加するため内側半月板損傷を発症しやすくなります。下腿及び足部は回外し下腿外側の組織の伸張ストレスが生じるため、アキレス腱炎（外側型）が生じやすく、足部の回外が強ければ足関節内反捻挫を起こしたり、足部外側への荷重量増加に伴う内反小趾などを生じやすいことが知られています。

足部からのその他の影響

足部からの影響はそれだけではありません。後足部が回内していると同側の脚長が機能的に短縮状態となり、逆に後足部が回外していると同側の脚長が機能的に延長状態となるため、仮に足部の状態に左右差があり、例えば右足回内位、左足回外位では前後から観察すると骨盤の傾きが生じ、左骨盤が挙上して後方に回旋し、右骨盤は下制して前方に回旋するため、骨盤の歪みが生じることとなり、仙腸関節痛や恥骨部の違和感などが出現します。代償的に脊柱には側彎が生じ、右肩は挙

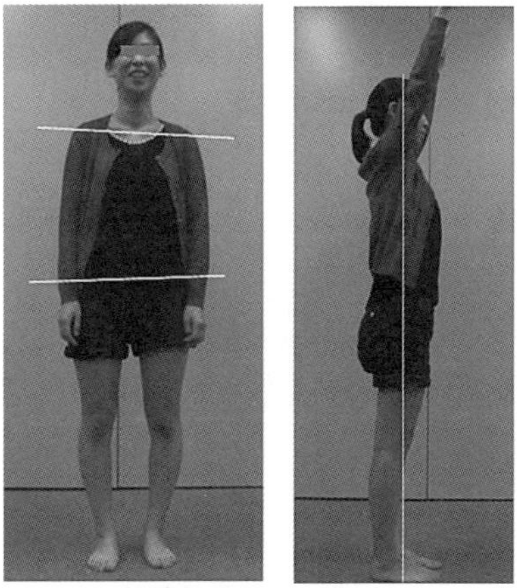

図4　足部過回内に伴う骨盤・肩への影響

アーチが低い方が脚短縮し、代償的に肩が挙上して、肩関節屈曲が制限されます。写真は右足が左足に比べて後足部回内に伴うアーチ低下がみられる例です。

上、左肩は下制するといった姿勢異常をもたらすことになります（図４）。

もう一つ注目していただきたいことは、後足部の回内は下腿の内旋・大腿の内旋を生じてＯ脚（内反膝）になりやすく、後足部の回外は下腿の外旋・大腿の外旋を生じてＸ脚（外反膝）になりやすいことです。すなわち、Ｏ脚を有する方は骨盤が前傾して円背となりやすいこと、Ｘ脚を有する方は骨盤が後傾して flat back や straight neck になりやすいことです（図５）。写真のモデルでは骨盤の前後傾や腰椎前後彎が認識できます。胸椎・頸椎の彎曲は分かりづらいですが、撮影時はまだ小学生であるため、顕著な姿勢異常には至っていない可能性があります。しかしこのような状態が継続すると将来的に恒久的な異常姿勢になる可能性があります。なお、Ｏ脚では両膝蓋骨が内側を向き（Squinting patella：やぶにらみ膝の意味）、Ｘ脚では両膝蓋骨が外側を向く（frog-eye patella：カエルの目の膝の意味）こと、そしてＯ脚の方が膝が過伸展（真っ直ぐよりさらに伸びている状態）が生じやすいことがわかります。

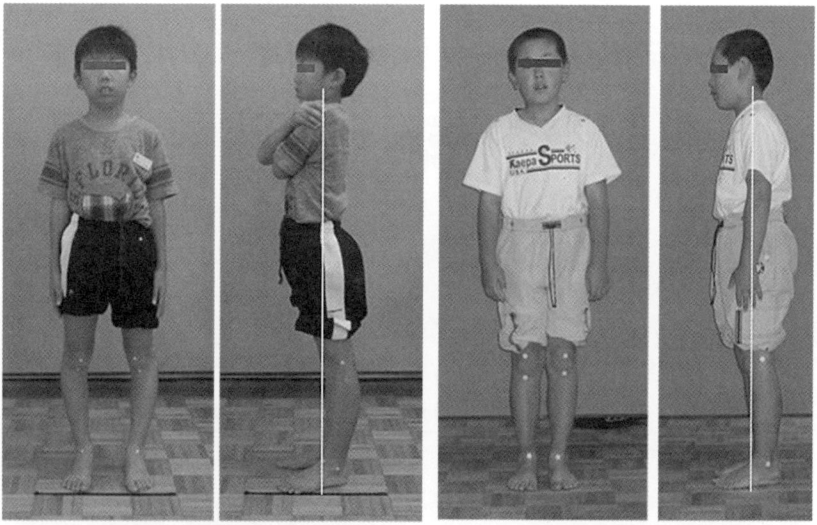

O脚児童の例（2年男児）　　X脚児童の例（4年男児）

図5　O脚とX脚にみられる典型的な姿勢異常（小学生の例）

扁平足に起因する主なスポーツ障害について

前述したように、足部が回内していると（回内足）、足部の内側縦アーチが低下し、いわゆる扁平足の状態を呈します。このような扁平足に起因する代表的な障害について簡単にご説明します（図６）。

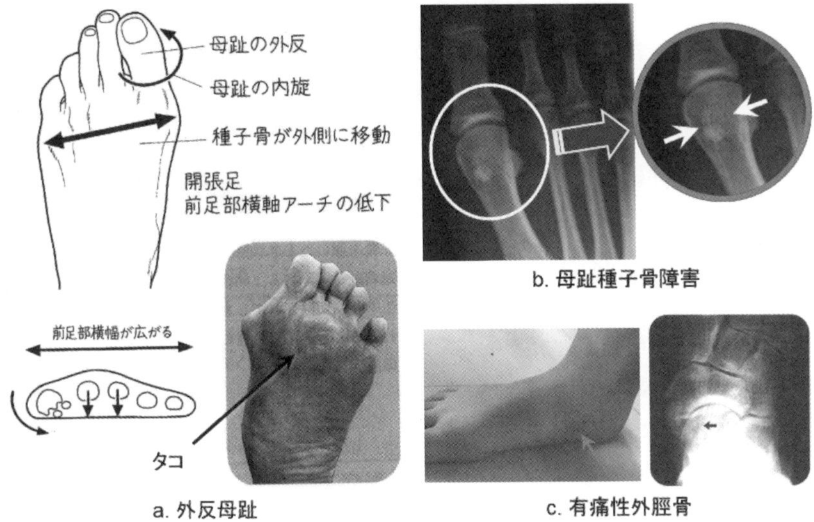

図6　代表的な足部の障害

扁平足では、足趾の機能不全を生じていることが多いと思われます。最も多いのは外反母趾です。足のアーチが低下した扁平足では、母趾側への荷重量が増加します。また柔軟性が高まった状態にあるので、同時に母趾と小趾で形成される横のアーチもつぶれ、前足部の横幅が広がった開張足という状態になります。その結果、母趾は内側にねじれ、内旋と外反が生じるため母趾の付け根で外側に曲がった変形を生じやすくなります。このような外反母趾では第２～３趾の足底面に胼胝というタコができていることが多いと思います。そして、足の横幅が広がることから、シューズが狭く感じるようになり一サイズ程度大きめのものを選択することが多くなりますが、そのことが結果的につま先の隙間が大きくなるために、靴紐をしっかり締めないと歩いたり走ったりするたびにシューズの中で足が前に滑るようになり、狭いシューズの先端部分に足趾が押しこまれるため、母趾の変形のみならず、小趾も内側に曲がった変形となります。これが内反小趾です。そして第２～４趾の関節は折れ曲がった変形（hammer toe：槌趾、claw toe：鷲爪趾、mallet toe：マレット趾）を合併することも多くなります。

横アーチが低下した開張足では、中足骨の疲労骨折も生じやすくなります。このような状態では、足趾が十分機能しなくなるので、動きをしっかり制動できなかったり、蹴り出しの力が弱くなるために動き出しが遅れたりすることになります。その代償として下腿部（ふくらはぎ）や大腿部の筋活動が過度に増強されるために肉離れを起こすこともあります。それでも制動できないと足関節捻挫を起こしたり、膝への強い外力が加わると内側側副靱帯や前十字靱帯の損傷原因になる可能性もあります。

母趾の付け根には種子骨という２つの小さな骨があり、母趾での荷重を安定化させていますが、外反母趾では外側に変位していくため内側の種子骨に過剰な荷重が集中し、骨折を生じて疼痛が発生する場合もあります。診断名としては、「分裂種子骨障害、疲労骨折、骨軟骨炎、無腐性壊死」などで、女性に多い疾患です。横アーチが低下し、開張足で外反母趾を合併した症例に多い傾向があります。

次に、有痛性外脛骨です。足の内側で内側縦アーチの頂点にある骨を舟状骨といいますが、この舟状骨内側に外脛骨という副骨がある場合があります。ここには後脛骨筋の一部が停止します。外脛骨は足部の過剰骨では最も多く（15～20％）、治療を必要とするほどの痛みは意外と少なく、存在自体は病的とはいえないのですが、外傷や運動負荷を契機として発症することがあります。10～15歳頃の思春期のスポーツ選手に多く、舟状骨内側の突出部に一致して痛みを訴えます。スポーツ後の疼痛や足の倦怠感、積極的にスポーツ活動に参加できないことを訴えることが多くなります。発症機転は、①外脛骨隆起部が靴で圧迫されて起こる炎症性滑液包炎、②後脛骨筋の付着部異常に伴う筋力低下が外反扁平足を招き、前足部の外転が生じ、縦アーチの動的支持が不十分となる、③外脛骨と舟状骨の間の線維組織の炎症、断裂、偽関節、というもので、疼痛を伴うので、「有痛性外脛骨（障害）」と呼ばれます。

回内足では、下腿の内側の筋・鍵などの軟部組織に伸張ストレスが生じやすく、特にヒラメ筋の筋膜が脛骨の内後側で遠位1/3部分に付着しているため、過度のストレスによってこの部分に炎症を起こすとシンスプリント(shin splints：脛骨過労性骨膜炎）を発症しやすくなります。進行すると疲労骨折に至ることもあります。シンスプリントは運動誘発性下肢痛を指し、あくまでも疼痛という症状を示すものであって、疾患名ではありません。つまり運動によって生じる慢性の下肢痛という症候群です。この中で最もよく認められるものがMedial Tibial Stress Syndrome（MTSS）です。MTSSとは、「運動により誘発される脛骨の後内側縁に沿った疼痛の症状を有するアスリートにおいて認められる複雑な症候群」であると定義されています。これもやはり症状を示すものです。MTSSは、骨折がなくMRIで骨膜と骨髄の信号上昇を認めるものを指していて、臨床的に使用されるシンスプリントの症例で認められる画像所見と一致しています。よってMTSSは狭義の意味でのシンスプリントであり、近年ではMTSSという表現を用いることが主流となっています。

まだまだ足部のアライメント異常に起因すると思われる障害は多く、このように、非常に足は重要な組織であることがわかります。これらの障害を予防・改善するためには、扁平足や回内足などのマルアライメントを改善するために足底挿板（インソール）を用いたり、当該の筋に対する筋力トレーニング及び柔軟性の向上が重要といえます。

参考文献

1）入谷誠「足部・足関節」、山嵜勉編『整形外科理学療法の理論と技術』メジカルビュー社、1997年、36-61頁。
2）Kirsten Götz - Neumann著、月城慶一他訳『観察による歩行分析』医学書院、2005年、55-60頁。
3）江戸優裕他「下肢の運動連鎖の動態特性」、『理学療法科学』第27巻6号、2012年、661-664頁。

Lecture 6　気候変動と現代社会
－地球科学と社会科学をまたぐ問題－

野尻　幸宏

私の観測研究と気候変動に関する社会の動き

私は、1981年以来国立環境研究所（国環研、1990年６月までの名称は国立公害研究所）に長く勤務し、2015年４月に弘前大学に着任しました。理学部化学科で学び、大学院では無機分析化学を専攻しました。理学はいわゆる実学に含まれないのですが、分析化学は化学を用いる計測の理論と実試料への応用まで扱うために、理学の中では実学に近い分野です。当時、現在よりずっと深刻だった環境汚染を中心とする環境問題の解決に取り組めることで、国立公害研究所での仕事はやりがいのあるものでした。研究所は単に公害問題に取り組むだけでなく、学術研究を重視していました。私の研究は、天然水試料の化学分析に最新の分析化学技術を応用することでしたが、現に地球で起こっていることを知るというような地球科学の基礎研究を十分にやらせてもらうことができました。日仏共同研究でフランスと日本の深海潜航艇に乗船し海底熱水の現場を発見したことやアフリカの火山湖ニオス湖からの二酸化炭素噴出災害の調査を行ったことなど、不思議な地球現象が起こっているまさにその現場に行けたことには大きな感動を覚えました。

1980年代後半になると、オゾン層破壊、酸性雨、熱帯林の破壊、海洋汚染、当時はまだ半信半疑の思いもあった地球温暖化、などのように国の範囲を越える広域環境問題を扱う必要が高まり、研究所はそれに向けた組織替えを行うことになりました。そのために皆で地球環境研究部門を作るための議

のじり　ゆきひろ　理工学研究科　教授
1981年より国立環境研究所（旧　国立公害研究所）に勤務し、2015年４月に弘前大学に着任。世界各国の研究機関と共同で、気候変動と海洋に関する研究に取り組んでいる。地球環境防災学科での専門教育、並びに、「気候変動と現代社会」と題した教養教育を展開。

論をしました。私は、それまでに自由にやらせてもらった火山や海底熱水という人とは無関係に起こる地球現象を研究してきた体験から、地球を知ることそのものに魅力を感じていました。しかし、将来社会ではおそらく地球温暖化が最大の地球規模環境問題になりそれに向けた研究を始めることが重要だろう、そして地球温暖化は人の活動が原因となるものの、その現象の理解には自然の地球の理解が重要に違いないという確信から、地球温暖化の研究チームに加わる決断をしました。

世界の重要な動きでは、1992年にリオ・デ・ジャネイロで環境と開発に関する国連会議が開催され、そこで気候変動枠組条約（ＵＮＦＣＣＣ）が採択され1994年に発効に至りました。これに先立ち、温室効果ガス（二酸化炭素、メタン、一酸化二窒素、ハロゲン化炭化水素など）の大気濃度増加に伴い温暖化が進むという科学的推論を確認するために1988年に世界気象機関（WMO）と国連環境計画（ＵＮＥＰ）のもとに組織された気候変動に関する政府間パネル（ＩＰＣＣ）が1990年に最初の評価報告書（第一次評価報告書）を取りまとめました。条約の採択にはこれが科学的な根拠となりました。条約は、人間活動の影響を「気候系に対して危険な人為的干渉を及ぼすこととならない水準」にすることを目的としていて、まずは先進国の温室効果ガス排出量をある水準以下にすることを決めました。先進国の最初の目標は、第３回締約国会議（ＣＯＰ３）が京都で開催されたときに2008年から2012年の５年間の排出量限度として具体的に取り決められ、わが国は1990年を基準として６％削減する義務を負いました。その達成に向けてさまざまな活動が実施されたことは、記憶に新しいと思います。

私は、1995年から気候変動と海洋の関係を研究テーマとし、いくつかの重要なプロジェクト研究をリードしたり、そこに加わってきたりしました。最大のものは、太平洋の貨物船に二酸化炭素を計測する装置を搭載し、北米やオセアニアと日本の間を通常運航する間に海洋表層の二酸化炭素濃度を計測しそこから太平洋の二酸化炭素吸収を観測するという事業でした。これは、1995年の開始以降、北米航路では四隻の貨物船に観測システムを載せ換えながら、またオセアニア航路では2005年の新造船に搭載したシステムを維持しながら現在に至るまで継続しています。この手法によると研究船運用では困難な全ての季節をカバーする観測を海域毎に実現できます。観測システムの維持には大変な労力がかかりますが、継続することで膨大なデータを国際研究コミュニティに提供できるようになりました。同様な貨物船利用観測にチャレンジしている機関は少ないながらも他国にありますが、私たちのプロジェクトがもっとも大規模であり長期に継続されています。これらの観測データを一元管理して世界の研究者がいつでも使えるような国際データベースを作ることも世界の研究者の共同事業として実現し、国環研を含む日本の各機関の海洋表層二酸化炭素観測データが国際データベースに登録され、二酸化炭素の地球規模循環における海洋の役割を解明する研究が進められています。

また、1997年から2000年にかけて国内の海洋研究機関が研究船を相互に提供しながら亜寒帯海洋の定点で季節変動を含む海洋の生物地球化学過程を観測する大きなプロジェクトの代表として研究をリードしました。2001年から2004年には亜寒帯北太平洋の生物生産（植物プランクトンの増殖）における海水中の鉄の役割を明らかにする現場海洋鉄散布実験に加わり、日本、カナダ、米国などの研究機関の共同で成果を上げました。国環研が1992年以来継続している沖縄（波照間島）と北海道（根室市落石岬）の大気温室効果ガス観測事業維持や、任務を終えた富士山測候所施設活用としての富士山頂大気二酸化炭素観測（2009年以来継続）など、気候変動の原因物質である温室効果ガスの観測に関するさまざまな研究を、国環研という恵まれた研究環境の中で行うことができました。

このような研究の経歴のおかげで、2004年から編集が行われたＩＰＣＣ第４次評価報告書（ＡＲ４）では気候変動の科学を扱う第１作業部会の第３章海洋観測の執筆者を、2011年から編集が行われた第５次評価報告書（ＡＲ５）では気候変動の影響を扱う第２作業部会の第６章海洋システムの執筆者を務めました。第３作業部会は温暖化対策を扱います。ＩＰＣＣの評価報告書の編纂では、作業部会毎に４回行われる執筆者会合など大勢の世界的な気候研究者がたびたび集まりながら意見を交わして研究論文を評価し、その時点でもっとも適切と考えられる気候に関する科学的な情報を取りまとめます。2007年にＩＰＣＣは、その気候科学への貢献からノーベル平和賞を受賞して注目を集めました。私もＡＲ４編纂に関わったことから、ノーベル賞のレプリカが記された感謝状をＩＰＣＣからいただきました。

気候変動に必要な広い知識領域について　―経験を講義に生かすこと―

2015年の弘前大学への着任以来、若い学生諸君の教育にはじめて本格的に取り組むことになったのですが、地球環境防災学科での専門教育と並んで、教養教育の講義が大事な役目と考えるようになりました。地球環境防災学科では、それまでの教員構成ではできなかった海洋を理解するための講義を行っています。地球の表面の７割を占める海は気候変動の問題ではその大きな熱容量が重要です。温暖化で増える地球の貯熱量の実に90%は海水温が高まることで蓄えられます。そのため、温まった大気の熱がどの程度海に移るかで地球大気の昇温が決まります。海と大気の熱交換が遅い時期に大気の温暖化の進行が早まり、早い時期にはあたかも温暖化が停止したかのように世界平均気温の上昇が遅くなります。2000年頃から約10年間がそのような原因から温暖化の進行が遅くなった期間で、そのために温暖化懐疑論が頭をもたげたこともありました。海洋の理解は地球システム全体の理解に重要であり、専門教育ではそこに力を入れています。もう一つ気候変動における海洋の重要な役割が二酸化炭素吸収源としての作用であり、工業化以来人類が排出して来た二酸化炭素のおよそ半分を海が吸収してきました。

ＩＰＣＣの評価報告書が出版されると国連語ではない日本語への翻訳は、日本が行わなくてはなりません。毎回のＩＰＣＣ評価報告書出版後に、少なくとも要約部分だけは日本語訳を関係省庁が作成します。その際ＩＰＣＣの編纂作業に関わった研究者が訳の正確さを確保するために協力します。2007年のＡＲ４の時にはより詳細な本文まで日本語で読めるようにしたいと考え、第２作業部会報告書の本文790ページの翻訳を国環研の研究者らと協力して行いました。大変な作業でしたが、英語を直接読むよりは読んでもらいやすいものができたと思います。とはいえ、ＩＰＣＣ評価報告書の本文は一般の人向けには専門的過ぎることもよくわかりました。

2013年から2014年のＡＲ５では３つの作業部会の全文をあわせると4790ページとなり、ＡＲ４の倍近い分量になりました。全文の和訳は膨大過ぎてどの作業部会分についても行われませんでしたが、政策決定者向け要約（作業部会毎に元の英文30ページ程度）、技術要約（作業部会毎に同じく60から80ページ程度）の日本語訳が作られました。その結果、統合報告書を含めた全政策決定者向け要約が約120ページの冊子にまとめられました。私は第１、第２作業部会の和訳に協力してそのことを知っていたため、教養教育の講義の教科書にすることを思いつき、着任２年目の2016年以来「気候変動と現代社会」というタイトルで、気候変動科学の全体像を知ってもらうことを目的とする講義を始めました。

大学に着任するまでは、一般の人に知ってもらうアウトリーチ活動は、研究のサイドビジネスのように考えていました。当然ですが、１時間ないし２時間で自分の専門の範囲を中心に、すなわち二酸化炭素や炭素の地球循環とその気候変動における意義を話していました。大学の講義を引き受けるとしても１回から３回程度の回数の講義なので、温室効果ガスの観測や炭素循環について話していました。地球温暖化の影響や対策を専門とする人と組むシリーズもののこともありました。還暦の年に始めた弘前大学での講義ですが、実は始めてみてからその重要性に気がつき、今は本当に大事な仕事と思うようになりました。それというのも、講義の時間が15回あると120ページの冊子のほぼ全文を口に出して読むことができるのです。ＩＰＣＣの報告書の編纂においては、私のような自然科学研究者は半分以下を占めるだけであり、工学や社会科学の研究者が人間社会への影響や、温暖化対策技術の評価をします。技術は実現性のみならず、可能な範囲でその経済性も評価します。ＩＰＣＣの３つの作業部会の報告書の全体をあわせて始めて気候変動科学に必要な知識がカバーされることが、講義をすることでまさに実感されました。

気候変動に対する人の理解－将来に向けて最も大事なこと―

一般の人も異常気象とその被害が増加傾向にあるように感じていると思い

ます。そのこともあって気候変動、地球温暖化のことはマスコミが頻繁に取り上げます。テレビニュースの気象コーナーは、異常な暑さに地球温暖化が関係しているだろうとか、最近は温暖化で集中豪雨が多くなっているので注意が必要だ、のようにいいます。気候科学の立場でいうと、前者は当たっているのですが、後者が完全に当たっているとはいえません。20世紀以降の気候変動は、280ppm 程度で安定していた大気中の二酸化炭素濃度が最近には400ppm を越すまでに高まり、メタンや一酸化二窒素などその他の温室効果ガス濃度も高まったために起こっています。現在、暑い日が増えて寒い日が減っていることに人間が原因の地球温暖化が寄与していることは高い確信度でいえますが、地球温暖化が既に日本の大雨を増やしたかどうかを高い確信度でいうことは、現代気候科学ではまだ難しいのです。特に、個別の大雨災害について地球温暖化が原因かどうかを特定することは難しく、最先端の研究課題になっています。一方で、今後温暖化対策が十分になされないと温暖化が一層進行し、今世紀中盤以降に大雨災害を引き起こすような降水現象の変化が起こることは非常に高い可能性でいうことができます。地球の温暖化傾向は、湿潤な地域で豪雨を増やし、乾燥地域で干ばつを増やすような傾向が、今後続く可能性が高く、これから20年後、30年後には、その傾向がいよいよ明らかになるでしょう。そのことで、地球温暖化を食い止めなくてはならないという世論が、今よりずっと高まると思います。

多くの人が陥る認識の問題に、温暖化対策が進まないと今世紀末には4度の昇温が避けられない、あるいは前述のような大雨災害が増える可能性が高いというような気候科学の結論を聞いて分かったつもりになることがあります。気候に関する講演会などでも、中心的な話題はここになります。２度、あるいは、４度のような地球平均気温上昇の本当の意味、地球環境にどんな影響が現れ、どのような人たちが困難に直面し、それを防ぐ対策には何があるのかまでは考えることなく、現象を理解した気分になる人が多いようです。先進国で普通に暮らす人の問題として温暖化の問題が受け取られると問題です。温暖化の影響をもっと強く受けるのは開発途上国の人々、あるいは先進国社会の中では社会から取り残された貧困層の人々であることにまでは考えが至りません。日本の問題として捉えても、富裕層は空調の備わった住居で生活するので熱波の影響を受けにくいし、氾濫の危険のある地域から安全な地域に居住地を移す経済力があれば水害の被害は受けにくくなります。途上国ではこのようなことがずっと深刻に貧富の差として現れ、早い段階から現れると考えられます。さらには途上国への最大の影響は、温暖化が食糧不足の問題をより一層深刻にすることです。このことから、困難な国際関係が生じる懸念も高まります。

ＩＰＣＣは主に21世紀中と21世紀末の影響を報告書にまとめていますが、対策の遅れは22世紀以降の地球環境にさらに大きな影響を与えることになり、大規模で不可逆な事象の発生可能性が高まることについても述べています。例えば、グリーンランド氷床の全面融解が起こると海水面は７ｍ上昇し世界の都市の存立基盤が崩壊する恐れがあります。21世紀末に予測されるのはおよそ２度から４度の気温上昇ですが、対策の遅れは22世紀以降、温暖化の進行が続くことを意味するので、閾値を早い時期に越す懸念がいよいよ高まります。

最後に強調しておきたいことは、地球温暖化の22世紀以降の帰結が２度の地球平均気温上昇であれ、それが４度であれ、いわんや６度であっても、その状態でとどめるには化石燃料起源の二酸化炭素排出を実質ゼロにしなくてはならないという、決定的な事実です。パリ協定の議論で21世紀中に世界の二酸化炭素排出を実質ゼロにする方向が示されたことはこのことを受けていて、実現されれば温暖化を食い止め世界平均気温上昇をおおむね２度程度に収めることができるでしょう。例えば、それが50年ほど遅れて22世紀半ばに二酸化炭素排出をほぼゼロにして４度の世界平均気温上昇でとどめるような経路も報告書には示されています。これより排出ゼロにする時期が遅れて４度の気温上昇では納まらない経路も示されています。つまり、化石燃料を使い続けて二酸化炭素を排出する社会を続けることは４度の気温上昇、これは大規模な被害をもたらす気候変化を十分に引き起こす変化なのですが、それを許容する世界であるとしてもあとたかだか150年程度しか化石燃料の使用は許されません。以前は化石燃料資源の枯渇が問題にされたこともありましたが、気候変動の問題から人類が化石燃料資源を使い尽くす懸念はなくなりました。それより、いかに早く世界のエネルギーシステムを全面的に再生可能エネルギーへと変えることができるかが重要です。

世界の科学技術においても、豊かさ、快適さ、便利さを求める技術開発より、持続可能な将来世界のための技術開発へ、特に最重要分野は再生可能エネルギーとエネルギー利用効率向上に、世界の技術開発が向けられるべきと私は考えます。そのためには、多くの人が気候変動の科学の全体像からその真実を知ることが重要です。このことを「不都合な真実」としてアピールする企画もありますね。全体像を学んだ人は、地球の持続可能性に目をむけ、必要のない二酸化炭素排出につながるエネルギーの浪費はやめるでしょう。そして、個人のレベルから国家、国際社会のレベルまで、その流れをつくるための大学教育での気候変動の講義は有効で、このような講義を日本全体に広めたいと考えています。幸い弘前大学では毎年200名を越す学生がＩＰＣＣ報告書を読んで理解し社会に出て行っています。同じような講義を100の大学で実施すると、毎年２万人の国民が気候変動問題の全体像を理解します。このことで、国民的な流れを作り、日本が世界を変えてゆくことを願っています。

最後に、2019年秋には台風15号と19号で日本各地に大きな被害がもたらされ、経験を相当に上回る風や雨の被害が発生したことから、人々の関心が気候変動と気象災害の関係に注がれています。科学的解明はこれからです。近い未来から今を振り返ると、21世紀前半に気象災害が増加したこととその気候変動との関連性が明確になるでしょう。関心が高まった今こそ、人々の関心を気候変動問題に集めるだけでなく、気候の問題の正しい理解を人々に広めることが、私たち気候科学研究者の務めであると思っています。

参考文献

・ＩＰＣＣ第５次評価報告書統合報告書　政策決定者向け要約　原文
https://www.IPCC.ch/report/AR5/syr/
和訳は環境省ホームページ
http://www.env.go.jp/eARth/IPCC/5th/ からダウンロードできます。

Lecture 7　土壌を巡る水・熱・物質
―私達の暮らしを支える土壌―

加藤　千尋

はじめに

読者の皆さんは、“土”“土壌”と聞いてどのようなことをイメージしますか。農学生命科学部１年生の土壌に関する講義の第１回目に学生さんに、同じ質問をしました。

どこにでもある。都市部にはあまりない。
乾いていたり湿っていたりする。
地面にあるサラサラした感じのもの。石が混ざってザラザラ。
柔らかい。ふかふかしている。硬い。
雨のたびにグラウンドがドロドロになって部活で困った。
土砂崩れなどの災害。
服に付くと汚れる。
作物が育つところ。生物にとって必要不可欠。

紹介したのは回答の一部ですが、質感ひとつとっても、「サラサラ」、「ザラザラ」、「ふかふか」、「硬い」など幅があり、人によって思い浮かぶものが異なることが窺えます。「汚れる」、「雨になるとドロドロ」、「災害」などマイナスのイメージもありました。最後の３点は、私達人間の暮らしと土壌の関わりの一例です。私たちの暮らしには古くから土が欠かせませんでした。土器や土木施工などの材料として、また、食料生産の場、衣食住を支える基

かとう　ちひろ　　農学生命科学部　助教
持続可能な食料生産や気候変動への適応等、農業や土壌に関わる諸問題の解決を目指し、主に農耕地の土壌環境（土壌水分や地温、ガス環境など）の観測やシミュレーション、土壌保全に関わる研究を行っています。

盤として利用してきました。

このように、「当たり前」の存在に思える土壌ですが、いま、世界では「土壌劣化」が進み、将来、人類を支え続けるための土壌の不足が危惧されています。土壌劣化とは、人間の活動・行為（過剰な森林伐採、過放牧、過剰な作物栽培、不適切な工業活動など）によって土壌侵食や土壌中の栄養分や有機物の損失、土壌汚染、大型機械の使用による土壌の圧縮などが生じることです。土壌劣化は、土地の生産性や生物多様性の低下を招きます。国際連合食糧農業機関（FAO）は、今、世界の農地の33%が「中程度」または「深刻」な土壌劣化の状態にあり、世界で毎年およそ1000万ヘクタール（日本の総面積の４分の１強）の肥沃な土壌が失われていると警鐘を鳴らしています。このような状況を踏まえ、国際連合総会において、世界中で市民や政策決定者を含むあらゆる人が土壌に関心を持ち、その役割と重要性に理解を深める機会として、2015年を国際土壌年（International Year of Soil）とする決議文が採択されました。さらに国際土壌科学連合は、2015～2024年を国際土壌の10年（International Decade of Soil）と定めました。

土壌の重要な役割の１つに、水、熱、物質が出入りし、エネルギー輸送や物質循環が生じる場となっていることが挙げられます。しかし、地中に入った水、熱、物質を通常は見ることも感じることも難しく、なかなかイメージがつかないというのが実際のところかもしれません。ここでは、土壌を水・熱・物質が行き交う場所と捉え、土壌中の水・熱・物質移動現象を、農業や自然生態系との関わりも踏まえて概説したいと思います。

「当たり前」ではない土壌

土壌は、風雨や紫外線などによって岩石（＝母材）が砕かれたり、化学反応を起こしたりして生じた細かい“かけら”や火山灰などが堆積し、そこに動植物の遺骸由来の有機物が加わることによって、時間をかけて生成されます。気候条件によりますが、大体、１cm の土壌が生成するのに100年かかるとも言われています。単純に計算すれば作土15cm が作られるために1500年かかることになります。また、土壌と聞いて思い浮かべるものが、「サラサラ」していたり、「ふかふか」していたり、あるいは黒かったり茶色かったりと他種多様なのは、土壌の生成が母材に含まれる鉱物の種類、気候、植生、地形、そして時間に左右されるためです。大まかにいえば、高温多湿地域は、岩石の風化作用が進みやすいといえます。

地球を半分に割ってみると、内側から、内核、外核、マントル、地殻に分けることができます。このうち、土壌は１番外側、地殻に存在します。地球の半径は約6400km、地殻はその外側の30～40km 程度です。さらに土壌は地殻の外側の数 cm ～数 m です。地球の７割は海ですが、もし土壌を海も陸も関係なく均平にならしたとすると、その厚さは約18cm と見積もられています。地球の半径6400km のうちの18cm（地球の半径の0. 000003%）ですので、非常に薄く、土壌は地球の“皮膚”ともいわれています。ちなみに、FAO の土壌深さマップによると、日本は全国的に１m ～数 m の土壌が存在しており、これは世界の中では“Deep（深い)”または“Very deep（とても深い)”と分類されています。

土壌を巡る水・熱・物質

１．土壌の環境は植物や土壌微生物の住環境

今どこか野原にいるとして、ここでできる限り深い穴を掘り進めていくとしましょう。始めのうちは、植物の根が絡みながらも土壌が比較的柔らかく簡単に掘ることができますが、次第に岩石が多くなり、岩盤にぶつかります。また､途中で水がしみだす､すなわち地下水がでてくることもあります。いま掘り出してきた断面のうち、大気と岩盤の中間に位置する土壌は、水（雨、雪など)、熱（太陽放射など）のほか、地下水、肥料や排水、海水、動植物の遺骸など様々な由来の物質が行き来します。図１に、気象と土壌環境の関係の概略図を示します。図１に示すように、気象と土壌中の現象は相互に影響を及ぼしあっています。

雨・雪や、熱、物質は、地下に入るとそれ以上は追うことができなくなりますが、人知れず土壌中を移動し、土壌水分や地温、土壌中の物質濃度の分布などを変化させていきます。土壌と岩盤（母材）の違いの１つは有機物の

有無であり、土壌では特に地表面に近いほど、植物根、土壌動物、土壌微生物が多く生息しています。表層土壌１g 中（１円玉１枚の重さ）には、平均で１億個体の土壌微生物がいると報告されています。すなわち土壌水分や地温は、植物や土壌微生物の住環境と考えることができ、作物生産性や土壌微生物活性を変化させます。

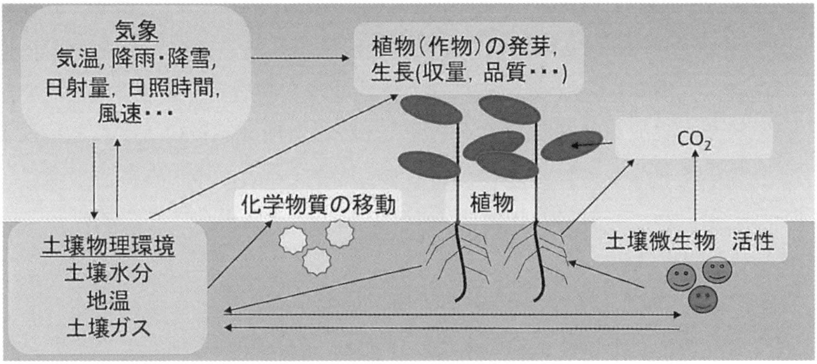

図１　気象と土壌環境の関係

２．土壌の水分、温度環境と作物栽培

ここでは農地（畑や水田）の土壌をイメージして、話を進めたいと思います。土壌が乾燥したとき、植物は地中に根を張り巡らせ、比較的水分の多い地中深いところから水を得てある程度は生き延びますが、それにも限界があり、やがて植物は枯れます。他方、土壌水分が多すぎる場合も、根の周りは酸素不足となり、植物にはストレスです。この酸素不足は、作物（植物）の光合成速度の低下や落葉、生長の抑制などを引き起こします。

土壌の「水はけ」や「水もち」を決める要因の１つに、土壌を構成する土粒子の粒の大きさの組成（土性）をあげることができます。後述するように、径が２mm 以下の粒子を、その大きさによって小さい方から「粘土」、「シルト」、「砂」と呼びますが、一般に、粘土が多いほど水持ちが良い（保水性が高い）土、砂が多いほど水はけが良い（透水性が高い）土です。ただし、例えばその土壌が踏み固められていれば、「水はけ」は低下するように、土壌の状態にも左右されます。

地温に関しては、たとえば種子の発芽には、種類によって必要な温度が異なることが知られています。種子の発芽の３要素は、「水」、「温度」、「空気」ですが、土壌を使って栽培するとなれば、「水」と「空気」は土壌水分状態、「温度」は地温ということになります。また、発芽時のみでなく、栽培期間中の地温が作物の収量に影響することも知られています。例えば、同じトウモロコシ畑で（すなわち同じ気象・土壌条件で）、地中にヒーターを埋設して深さ10cm の平均地温を15℃から30℃程度まで変えた場合、27℃程度までは地温が高いほど収量が高くなったという研究結果が報告されています[1)]。ただし、気候や土の種類などの条件によって、最適な地温は異なると考えられます。ちなみに地温の変わりやすさも土性に依存するところが大きく、また、同一の土壌であっても水分状態によっても温度の変化しやすさが異なってきます。

“適度な”土壌水分状態のとき、大概、地温が高いほど土壌微生物の活性は高くなります。土壌微生物の中には作物の生育に関わる種類もいます。例として「窒素の無機化」を担う土壌微生物を挙げることができます。窒素（N）は肥料の３要素の１つで、植物の正常な生育に欠かせません。動植物等の遺骸や有機質肥料に由来するタンパク質には窒素が含まれていますが、このままでは植物は吸収することができません。タンパク質中の窒素は微生物の働きによって、土壌中でアンモニア態（NH_4^+）を経て硝酸態（NO_3^-）に変化します。これを窒素の無機化と呼び、植物はこの無機化した窒素を吸収し、栄養分として利用しています。したがって、微生物による窒素の無機化は植物の生育に重要な役割を果たします。無機化速度も温度に依存し、30～35℃程度までは地温が高いほど無機化は早く進みます。

３．土壌に入った物質の行方は？

先述のように、土壌には様々な要因で物質が入ってきます。例えば、肥料、廃棄物から溶け出した物質、鉱山排水、海水、また雨雪にも物質が溶け込んでいます。ここで、肥料の場合は植物が吸収する前に流れてしまうと肥料をやる効果が減るため、土壌がある程度肥料を保てる（保肥力を有す）ことが望ましいでしょう。また、土壌に入ってくる物質の種類、量、濃度によっては、土壌汚染や地下水汚染の原因となります。汚染の被害を食い止める、あるいは最小限にするには汚染物質がいつ、どこに、どれくらいあるかを把握することが重要です。

このような物質の動きを考えるうえで密接に関わるのが土壌中の「粘土」の存在です。読者の皆さんの中には、粘土と聞くと、自由に変形できる粘っこい油粘土や紙粘土を思い出す方がいるかもしれません。これらの粘土の正体は、細かい粒子です。

土壌は、様々な大きさの粒子の集合体であり、その径によって大きい方から「砂」「シルト」「粘土」に分類されます。学問分野等の違いによって統一されてはいませんが、土壌学の分野では「砂」0.02～2mm、「シルト」0.002～0.02mm、「粘土」0.002mm（2マイクロメートル）以下と定義されることが多いです（2mmを超えるものは、礫と呼び、土壌に含めません）。たとえば、髪の毛の太さは0.06mm、赤血球は0.008mm程度です。ちなみに、粘土をビー玉の大きさと仮定すると、砂は3階建ての建物くらいの大きさに換算できます。土壌には、これだけ大きさの異なるものが混ざっています。ガラス瓶等に土と水を入れてよく振った後に静かに置くと大きい粒子から順に沈みますが、最後まで沈みにくく、水を濁らせている粒子が粘土です。

さて、この粘土が、土壌の保肥力や水に溶けたイオンの土壌中での振る舞いに関係があるのは、多くの粘土が電気的にマイナスであるからです。肥料成分の多くは、水に溶けると陽イオン（電気的にプラス）となり、逆の電荷、すなわちマイナスの電荷を帯びているものに引き付けられます。そのため、粘土を含む土壌は、肥料成分を蓄える力、「保肥力」があります。保肥力は、粘土の量だけでなく、粘土の種類（粘土の素となる鉱物の種類）も影響します。

他方、カドミウムや銅、亜鉛のような重金属も陽イオンです。したがって、保肥力の高い土壌はこれらのいわゆる汚染物質も蓄えやすいと言えます。日本のように雨が多い場所であっても、鉱山排水などに由来する重金属汚染された土壌は、表層（地表面から深さ10cm程度）に汚染物質が集中していることが多いですが、この理由の1つは、重金属のイオンが粘土や土壌中の有機物に吸着されやすいことが挙げられます。また、重金属が吸着した土粒子自体が移動することもありますが、多くの場合、土壌の「ろ過効果」によって表層付近にとどまります。言い替えると、土壌は汚染物質の拡散を防ぐ役割をはたしています。一方で農地の場合、表層は作物の根が集中する部分であり、汚染物質が取り除けない場合は、土壌に吸着した汚染物質が溶け出さないようにすることが重要です。

おわりに

以上、ここでは、土壌を水・熱・物質が行き交う場所と捉え、私たちの足元で絶えず生じている水、熱、物質移動現象と、私たちの暮らしとの関連の一端を紹介しました。土壌はどこにでもあるようで実はそうでもなく、また、簡単には再生できない貴重な資源です。直接、間接的に私たちの暮らしを支える土壌について、そこで生じている様々な現象に時には思いを馳せることも必要でしょう。

参考文献

１）Allmars, R. R. et al. Early growth of corn as affected by soil temperature, Soil Science Society of America Proceedings, 28, 1964,271-275.
２）藤原俊六郎『新版　図解　土壌の基礎知識』農文協、2013年。
３）宮﨑毅、長谷川周一、粕渕辰昭著『土壌物理学』朝倉書店、2006年。

おすすめの資料・本

・Food and Agriculture Organization of United Nations (FAO), Soils Challenge Badge, 2015, http://www.fao.org/3/a-i3855e.pdf
子供から学生などの若い世代を主な対象とし、年齢や理解度に応じて、土壌の性質や現状を学び、土壌をより深く知るための情報、アクティビティ、議論のヒントが含まれています。平易な英語で記述され、図も多く、読みやすく構成されています。

・ジョン・スタインベック著、黒原敏行訳『怒りの葡萄　新訳版』早川書房、2014年。
1930年代のアメリカ、大恐慌の時代に、グレートプレーンズにおいて、過剰な農地開墾、作物生産によって深刻な土壌劣化、ダストボウル（砂嵐）が生じ、耕作不能となって人々が故郷を追われる過酷な状況が描写されています。

Short Essay 1　海外留学のすすめ

澤田　真一

今から30年以上も前、半年間のニュージーランド留学を終えて帰ってきた日本は、私にとってもはや「自明な国」ではなくなっていました。常識だと思っていたことが日本の外では案外非常識で、普遍だと信じていたことが実は日本に特殊なことであることを知ってしまったからです。大学３年時の留学体験がきっかけとなって、卒業後にニュージーランドの大学院で学ぶこととなりました。海外での経験は、確実に私の考え方と生き方を変えました。心の内なる複数の価値観の対話を、思想家ハンナ・アレントは「思考」と呼びました。海外留学を通して君たちは、新しい価値観を身につけることができます。今までの価値観と、新たに獲得した価値観との間で有機的な対話がなされるならば、君たちは創造性に富んだユニークな人生を送ることになるでしょう。

ブラジル人作家パウロ・コエーリョは、小説『星の巡礼』の中で、「異国への旅」を「再生」にたとえています。人は言葉の通じない外国人になった時に、自分がまるで「子宮から生まれてきたばかりの赤子」のように無力であることを思い知らされます。今まで味わったことのない孤独と不安に苛まれます。けれども君たちは、その時のフラストレーションを、自分の成長のためのとてつもないエネルギーに変換することもできるのです。今まで海外に送り出したゼミの学生たちはみな、この「人生からの贈物」としての「試練」を経て、ひとまわり大きくなって帰ってきました。彼らはひとり一人が使命を果たし、新たな知恵をもって旅から帰還してきた「英雄」です。

さわだ　しんいち　　人文社会科学部　准教授
ニュージーランド文学、英文学
青森県八戸市出身。先住民族 (マオリ)、女性、性的マイノリティの作家たちが紡いできた共生の思想が主な研究対象。訳書に『クジラの島の少女』(共訳、角川書店)、著書に『オーストラリア・ニュージーランド文学論集』(共著、彩流社) がある。

西洋の思考の枠として機能してきた聖書は、神が言葉を発することで世界は創られたと教えます。創世記にしるされた天地創造のエピソードは、この世界が言葉でできていることを象徴的に物語っているのかもしれません。言葉でできている世界の強者は言葉を持つ者、弱者は言葉を持たぬ者です。私たちの周りには、「差異」に基づく「差別」ゆえに言葉を奪われてきた人、あるいは言葉を発することができない多くの人々が存在します。真にグローバルな人材とは、高度な外国語の運用能力を用いて地域と世界をつなぐことができるばかりでなく、異国の地で自由に言葉を話すことができない不自由を体験してきたがゆえに、言語的弱者に寄り添うことのできる人のことを言うのだと思います。今の時代が本当に必要としているのは、そのような人間ではないでしょうか。

Short Essay 2　学び

倉又　秀一

４年間、放送大学青森学習センターの所長を務めました。放送大学は通信制の正規の大学ですが、全国に50ケ所の学習センターがあります。青森県では弘前大学構内にあり、いろいろな面で弘前大学の協力を得ています。放送大学で学ぶ人は、高校を卒業して通学制の大学へ通う学生さんたちとはいろいろな面で異なります。年齢が異なることもさることながら、学びたいという意欲が高いです。高校を卒業してすぐ仕事に就いて、大学で学びたいという意志を持ち続け、キャリアアップのため仕事をしながら学ぶ人、大学は一度卒業したが仕事上必要な分野を学ぶ人、定年退職を機にようやく時間的な余裕ができて入学した人など、目的を持って放送大学で学ぶ人が多くいます。それに対して、高校卒業後すぐに大学に進学した人の中で、確固とした目的をもって入学する人は、資格系の分野に進んだ人を除いてそう多くはないのではないかと思います。しかし、年齢や経験の違いがあるので、比較するのも酷だとは思います。私も大学に入学した時、大学で学ぶ目的をしっかり持っていたわけではなく、なるべく先の可能性を狭めるようなことをしないようにしていました。その中で、面白く思えるものを見出していったように思います。今思い起こし、余計なことをそぎ落として文章にするとこんなことになりますが、紆余曲折がありました。ある方向性を決めるには、時間や経験が必要な場合が多いということだと思います。

所長になって青森学習センターの花見に出かけ、年配の放送大学の学生さんにまず尋ねたのは、カルチャーセンターや、県や市が主催する寿大学や市

くらまた　しゅういち　　理工学研究科　名誉教授
1948年東京生まれ。学部と大学院を異なる大学で学び、研究のため海外で11年を過ごした後、弘前大学に着任。
著者からのメッセージ「弘前がこれまでで一番長く住んでいる場所になり、最近は青森県生まれの明治末の天文学者一戸直蔵と前原寅吉の紹介にも努めています。」

民大学でなく、なぜ放送大学で学ぶのかということでした。系統立った内容の深さ、講義の時間のかけ方など、一流の講師陣によるものでなければ得られないものが多いという答えでした。

同じような疑問を持つ人は多いようで、試験を受け落とされることもあるのになぜ放送大学で学ぶのか、という質問に対し、落とされるからこそ自分の学びの程度がわかりいいのだ、という答えであったと聞いたことがあります。年配の方の余裕もあるのかもしれませんが、ただ受け身で話を聞くだけではなく、自分の学びを評価する姿勢は貴重なものだと思います。

学習センターでは放送大学を認知してもらい、学生数を増やすために一般向けの講演会を開いています。皆さんが興味を持たれるようなテーマを選んではいますが、講演に来てもらう人を集めるのはなかなか大変です。ちなみに、青森市の寿大学との共催で講演会を開き、健康に関連したテーマだと会場の定員いっぱいの300人くらい集まります。

しかし、この種のイベントに来られる方は、そこで満足されている方が多いような気がします。さらにもう一歩進んで放送大学で学ぼうという気をなかなか起こせない印象があります。これは学習センター所長の観点で否定非難されるものではありませんが、同じルートで開催案内などを流したのに、三内丸山遺跡に関する講演会では参加者の人数が四分の一以下になってしまうのは大変不思議な気がします。興味の幅が狭すぎるのではないかと心配になってしまいます。いろいろなものに興味を持つことは、何か自分の学びたいものを見つけるのに必要であるし、たとえ年配の人でも生活をより豊かにしていく上で必要なことではないかと思います。

所長を経験し、自分のこれまでを振り返り思うのは、学んでいく上で必要なことは、自分が何を学び、それをどう生かしていきたいかを知るために、いろいろなことに興味を持ち、時間をかけて経験を積むことではないか、ということです。探し続けることが必要であり、答えはそう簡単に見つけられるというものではないと思います。

コラム

弘前大学にようこそ

Column 1　大学ってどんなところ

濱田　茂樹

大学１年生の春、キャンパスには第一希望の進路を諦めてやる気を失っている自分が居ました。夢への執着と一生懸命やってきた自分に妥協しなければという思いが葛藤し、このまま大学に居るべきか悶々とした毎日を過ごしていたのを記憶しています。大学２年生の時、恩師から「酵素学」の面白さを熱く語られ、残りの大学生活を賭けてもいいかなと思えるものを見つけました。しかし、研究者になろうとは全く考えていませんでした。研究が面白い、ただそれだけでした。

学生時代、塾講師のバイトをしていたことがあります。教師を目指していたわけではありません。他のアルバイトよりほんの少し給料が良いという理由からです。将来の職業として教員をイメージすることは全くありませんでした。それが今……。研究者と教員を肩書きにする自分があるのは、大学時代の沢山の出会いと経験が、その後の人生の岐路として１つ１つ働いているからです。大学は、どこに入るかも大事かもしれませんが、入った大学でどんな価値観を見つけ出すかが、もっと大事だと思います。弘前大学が、皆さんにとって大事なことを見つけられる場所であったらいいなあ。

現在、私の研究室では、お米の性質（美味しさや食感、成分）はどうやって決まるのだろう、もっと利用価値の高いお米を作ろう、を目指して研究しています。また、お米のご飯以外の食べ方を考えようと米粉パンの研究もしています。でも、これは自分が昔からやっていた酵素研究ではありません。以前勤めていた研究所で、上司にある時、「明日からグルテンフリー米粉パンの研究してね」と言われました。全くの専門外です。米粉パンって？小麦

はまだ　しげき　　農学生命科学部　准教授
酵素化学、植物生化学が専門分野です。お米の成分（デンプンやタンパク質）の制御とその利用に関して研究しています。
みんながもっとお米好きになるような魅力的なお米を開発したいと思います。

粉パンと何が違うの？から研究が始まりました。小麦粉に頼らずに米粉パンを膨らますにはどうしたらいいのか？毎日そればかりを考えていました。ある日、放置してカビだらけにしてしまった米粉生地を証拠隠滅のために捨てようと思って焼いたら、見たことのないくらい膨らんでしまい、そのまま上司にカビのことは言わずに食べてもらいました。私は食べませんでしたが……。すぐにスーパーに行って麹菌を買ってきて再挑戦。やっぱり膨らみました。研究を進めて行くうちに、カビの出す酵素が重要だということが分かりました。米粉パンが酵素研究に繋がった瞬間でした。予想外のことにもちゃんと理由があり、それを証明していく研究の奥深さ。だから研究は面白い。こんな感動を、これからも学生と一緒に共有していきたいです。

Column 2　弘前大学の考古学

上條　信彦

考古学は過去の人の生活や文化、社会を主に地中に埋まっているものから明らかにしていく学問です。地中に埋まっているものを掘り出し、どこから、どのような状態で発見されたかを記録していく作業を発掘調査といいます。発掘や整理などのフィールド調査を成功させるためには、チームワークが最も重要です。チームワークのなかで協同力やプロジェクトの推進力が鍛えられます。これまで、北海道、北東北の縄文時代から弥生時代を中心に数多くの遺跡を調査してきました。これによって世界的に注目される縄文文化の実態と、次の時代である弥生時代への変化過程について、各地域環境への適応を視点に戦略的に解明しています。

考古学の情報はマスコミでも取り上げられることが多いので、一見ロマンを感じる学問かもしれません。しかし、モノに秘められている文化を理解するとなると、何も語らない「モノ」ですから、我々がモノに語りかけなくてはなりません。学問の現場は、ひたすらモノとことばの間で格闘しています。実は、このモノに語りかける技術を学ぶことができるのが、「学び」の醍醐味なのです。そのために多様な方法があるのも考古学の特徴です。発掘はもちろん、理化学的な分析や実験なども行います。「過去のことを明らかにするためには手段を選ばない」といってもいいでしょう。当の私も縄文時代の食料加工が研究テーマですので、野山でドングリを拾い採集量を計算し、土器で煮てその付着物を分析します。また考古学のモノを観察する視点は、世界共通ですし、現在にも応用できます。よってグローバルな視野が得

かみじょう　のぶひこ　　人文社会科学部　准教授
日本考古学
1978年長野県生まれ。東アジア先史時代の食料加工技術の研究。縄文時代を中心に稲作限界域の青森県でなぜ縄文人が稲作を始めたのか興味を持っています。
著書：『縄文時代における脱殻・粉砕技術の研究』（六一書房、2015年）

られるのも特徴です。実際、ゼミを巣立った学生の進路も、研究テーマが多彩であるのと同様、様々です。土偶や石棒の卒業研究を書いた学生が卒業後、海外の大学院で精神文化や文化遺産をテーマに活躍している人がいます。さらにモノの観察眼が認められ警察の鑑識に配属された人もいます。

もうひとつの醍醐味は文化財を通して、その価値を知り、文化「財」の保護・育成する能力を養うことができることです。本学は実習や研修旅行を通じて、学生一人一人が、文化財に直接触れ、調査や研究ができる特色があります。実習室だけでなく展示室や分析室があり、直接、土器や石器などに触れ、実践的に調査方法や研究方法を学びます。例えば、発掘品の洗浄や注記（ラベリング）、拓本、実測図の作成、写真撮影、トレース（鉛筆で書いた実測図にイラストレータなどのグラフィックソフトを使って線をなぞること）、版組へと移っていきます。このような一貫した調査技術の学びにとどまらず、学芸員資格の取得とともに保存処理など自然科学的分析を含めた多彩な学びを総合的に深めることができます。以上の体制は全国の大学でも珍しく、北海道・東北地区では唯一といっても過言ではないでしょう。

文化財は必ずしも貴重なものでばかりではなく、ヒトの「日常」についてモノを通じて学ぶ学問です。したがって研究をするうちに「自分をとりまく社会とは」という問いにもつながっていきます。多彩な研究環境を持った本学で学んだことが、将来生かされることを期待しています。

図　発掘調査の風景（巻頭カラー）

Column 3　青森市にもある弘前大学

伊髙　健治

弘前大学には、長らく青森市内のキャンパス、すなわち、青森キャンパスはありませんでした。2009年に旧青森市民図書館だった建物を青森市から無償で借り受ける形で、寒冷地特有の新エネルギーシステムに関する研究・教育・実践を行う北日本新エネルギー研究センターが発足しました。翌年、北日本新エネルギー研究所への昇格・食料科学研究所との統合を経て、現在では地域戦略研究所となっています。

この旧青森市民図書館だった建物のはす向かいには、青森市中央市民センターという建物があります。プラネタリウムという今どき珍しい設備をもつこの建物の裏手側に回ってみると、「弘前大学医学部発祥之地」という大きな碑があることに気がつきます。弘前大学医学部創立五十周年を記念して建てられたものです。

この場所は、1944年に設置された青森医学専門学校が開校した場所です。青森市浦町の野脇国民学校校舎の一部を使って授業が開始されました。しかし、太平洋戦争末期である1945年７月28日、北海道産の石炭の本州陸揚げ港である青森市を目標とした青森大空襲によって附属病院（元青森県立青森病院）・寄宿舎が焼失しました。旧制青森医専はＧＨＱの審査によって、Ｂ級医専と判定され、廃校の予定でありましたが、存続のためＧＨＱ、国、県、市への陳情が繰り返し行われ、波瀾曲折を経ながらようやく戦火を受けなかった弘前市へ移転という条件付きでＡ級判定となって存続となりました。その後、弘前医科大学に昇格し、現在の弘前大学医学部に引き継がれてきて

いたか　けんじ　地域戦略研究所　教授
1968年愛知県生まれ。一旦企業に就職したものの、大学院に入り直し。現在、酸化物・有機材料などの幅広い材料で、太陽電池・熱電・蓄電などのエネルギー変換材料の研究に従事。研究室のホームページは、http://www.iri.hirosaki-u.ac.jp/sections/sustainableenergy/advancedenergymaterials

います。ちなみに青森県師範学校や青森青年師範学校（弘前大学教育学部の前身）も、大空襲の時には青森市浪打にあり、戦後、弘前に移転しています。

60余年の年月を経て、このような地に弘前大学の一部として研究所ができたことは、何かの縁を感じます。普段、このような道路脇や敷地の片隅に置かれている石碑に足を止める人は多くはないと思いますが、たまには足を止めてみるのもどうでしょうか。

図　弘前大学医学部発祥之地の碑（巻頭カラー）

おわりに

弘前大学出版会編集長　髙　瀬　雅　弘

時代が平成から令和へと移り変わって間もない2019年５月31日、弘前大学は創立から70周年を迎えました。それに関連して様々な記念事業が行われ、創立60周年からの10年間のあゆみを中心にまとめられた『弘前大学七十年史』も刊行されました（本書は弘前大学附属図書館をはじめ、県内各図書館の他、弘前大学学術情報リポジトリ*にてオンラインで読むことができます)。

この節目となる年に、私たち弘前大学出版会でも記念になる本を作ろう、という提案をされたのは、前編集長の足達薫先生（現東北大学大学院文学研究科）でした。ではいったいどのような本を作ったらいいのだろう？

私たちが考えたのは、中学・高校生を中心として幅広い年代の読者の皆さんに、大学での学問の雰囲気を感じてもらえるような本でした。できるだけわかりやすく、教室でのレクチャーの息づかいが感じられるような、そんな本を作りたいと思いました。でも、ただ各学部のレクチャーを羅列しただけではどうも面白くありません。何か本を形作る骨格のようなものが欲しい、と考えていたところ、この本の制作ワーキンググループメンバーの一人である、澤田真一先生（人文社会科学部）が５つの頭文字Ｃからなるコンセプト、

“Learning Can **C**reate, **C**onnect, **C**hange, **C**ure and **C**omprehend the World.”
「学問は世界を創る、つなぐ、変える、癒す、理解する（分かる)」

を考案してくださいました。これこそがこの本を通して私たちが皆さんに伝えたいメッセージです。

そして、学内の多くの先生方のご理解とご協力をいただき、33のレクチャーエッセイと15のショートエッセイがここに集まりました。これらはいずれも私たちが自信を持って皆さんにお届けできる、学問の世界への招待状ですが、それでも弘前大学で日々行われている数多くのレクチャーのほんの

一部に過ぎません。また、紙の本の性質上、教室の熱気やライブ感をそのまま感じ取っていただくこともできません。もっと深く知りたい、直接体験したいという方は、ぜひ大学においでください。

この本を作るにあたり、ご協力いただいた執筆者の先生方には厚くお礼申し上げます。「学術論文調ではなく、できるだけわかりやすい文体で」という私たちからの注文にもお応えいただき、感謝いたしております。

弘前大学長・佐藤敬先生には、本書の初稿にもお目通しをいただいたうえで、私たちが目指すものを体現された、素敵な序文をお寄せいただきました。心より感謝申し上げます。

2019年は、弘前大学出版会が設立されてから15周年という年でもありました。これまでに250点あまりの書籍を刊行してきましたが、これらは事務局の職員、学内の教員からなる編集員が力を合わせて作り上げてきたものです。この本もまた、弘前大学出版会が総力を挙げて取り組んだ、ひとつの結晶です。私たちはこれからも、「よい本」を皆さんにお届けできるよう、一歩ずつあゆみを重ねてまいりたいと思います。

2019年12月26日
弘前大学出版会

＊『弘前大学七十年史』（弘前大学学術情報リポジトリ）
（https://hirosaki.repo.nii.ac.jp/?action = pages_view_main&active_action = repository_view_main_item_detail&item_id=5719&item_no = 1&page_id=13&block_id=21）

弘前大学レクチャーコレクション
学びの世界へようこそ

2020年３月19日　初版第１刷発行

著　者　弘前大学出版会
装　丁　弘前大学教育学部　佐藤光輝研究室
　　　　土屋　牧子

発行所　弘前大学出版会
〒036-8560　青森県弘前市文京町１
Tel. 0172-39-3168　fax. 0172-39-3171

印刷・製本　小野印刷所

ISBN 978-4-907192-86-0